DONGBEI SHIFAN DAXUE JIAOYU KEXUE
BOSHI LUNWEN WENKU

课程改革中的学校文化

——一所学校的个案研究

● 唐丽芳 ∥ 著

KECHENG GAIGE ZHONG
DE XUEXIAO WENHUA

东北师范大学出版社
长 春

图书在版编目（CIP）数据

课程改革中的学校文化/唐丽芳著. —2 版. —长春：
东北师范大学出版社，2015.4（2024.8重印）
ISBN 978 - 7 - 5681 - 0360 - 2

I.①课… II.①唐… III.①课程改革—教学研究—
中学　②中学—校园文化—建设—研究　IV.G632.3
②G637

中国版本图书馆 CIP 数据核字（2015）第 007182 号

□责任编辑：李国中　□封面设计：吴　晶
□责任校对：孙丽春　□责任印制：刘兆辉

东北师范大学出版社出版发行
长春净月经济开发区金宝街 118 号（邮政编码：130117）
网址：http：//www.nenup.com
东北师范大学出版社激光照排中心制版
河北省廊坊市永清县晔盛亚胶印有限公司
河北省廊坊市永清县燃气工业园榕花路 3 号（065600）
2015 年 4 月第 2 版　2024 年 8 月第 3 次印刷
幅面尺寸：170mm×227mm　印张：19　字数：263 千

定价：58.00 元

东北师范大学教育科学博士文库
顾问委员会
（以姓名笔画为序）

丁　刚　　车文博　　史宁中　　叶　澜
刘海峰　　陈学飞　　陈玉琨　　吴康宁
沈德立　　陆有铨　　劳凯声　　林崇德
杨治良　　钟启泉　　顾明远　　张斌贤
黄希庭

序

　　学校是教育体系中最基本、最重要的要素，学校改革是教育改革的核心所在。任何教育改革方案的推行，教育改革目标的实现都须要在学校落实。从2001年开始逐步在全国推行的新一轮基础教育课程改革，其实施的效果更是突出地反映在学校之中。本次课程改革提出许多新的理念、目标与方法。这些改革在理论上和方案的设计上都有许多亮点，改革的方向符合社会的进步与发展，适合国际教育改革和课程改革的总的趋势。但关键的问题在于实施，好的课程改革方案只有在现实的教育情境中被人们接受和理解，特别是在学校这个层面上得到落实，才能真正体现其价值。课程改革的成功与否，不是看改革方案是否先进和完美，重要的是要看在实施层面上能够实现的程度，特别是在学校层面所发挥的作用。从国内外基础教育课程改革的经验和研究成果看，学校文化又是课程改革实施过程中一个极为重要的因素。一方面课程改革需要有与之相适应的学校文化作为基础，另一方面也可能通过课程改革促进学校文化的重建。以往的研究更多的关注改革方案具体内容的落实，如课程的选择，方法的运用，评价的改进等等，很少关注学校文化在改革的进程中所起的作用，以及课程改革对学校文化的促进作用。唐丽芳博士的论文《课程改革中的学校文化——一所学校的个案研究》，正是从这个角度，从一个学校的案例入手，深入研究基础教育课程改革与学校文化的关系，用实地研究的方法，深入考察一所普通中学的学校文化，研究和分析在课程改革实施过程中学校文化的实然状态，与课程改革之间的关系，从而在理解学校文化状态的基础上，分析和思考课程改革所需要的学校文化，以及学校文化与课程改革之间的互动。

唐丽芳博士前后用了一年多的时间，深入一所中学作实地研究，通过访谈、观察、参与学校的各种活动，搜集实物和文献资料等方式，较为具体地从不同的角度了解这所学校的现实状况，从大量的材料中揭示出这所学校的文化特征，以及与课程改革之间的关系，研究发现与课程改革相适应和与课程改革发生冲突的学校文化特征。前者包括良好的社区环境，富有敬业精神的教师文化，注重教师专业能力提升的管理文化，鼓励教师合作的制度文化。这些文化特征推进了课程变革的实施，促进了学校文化开始转化，如教师传统观念的动摇和行为选择的多元，教师合作的机会开始增多，对学生主体地位的认可与实践，教师课程资源意识的增强等。后者包括升学主义主宰的考试文化，优胜劣汰的竞争文化，注重权力等级的权威文化，高压力与高期望的危机文化，层次分明的差别文化和遵守传统秩序的保守文化等。这些文化对课程改革实施产生了强烈的制约作用，成为学校变革的障碍：学校的历史和现实的压力导致教师难以放弃升学率，导致教师对课程改革的怀疑；学校浓厚的升学率情结导致与课程改革目标的悖离；以竞争为主的教师文化导致教师专业发展的保守与孤独；权威文化导致教师对课程参与和决策的疏离；危机文化导致教师对改革的风险趋避；差别文化违背了课程改革的道德目标；保守文化使得传统规范约束下的课程革新步履维艰。并且后一类文化特征似乎在这所学校起主导作用，对学校的运行和教师的行为产生非常大的影响。在此基础上，研究者提出推进课程改革进程中学校文化重建的策略与路径。

这项研究的可贵之处还在于所用的研究方法。学校文化是一个很难研究的问题，学校的物质文化（如学校环境，校舍及教室的布置等）比较容易看到。而学校文化更重要的方面是这所学校共同追求的价值，学校内部的精神，人们的习惯，以及人与之间的关系等等。对于这些深层次的东西，不用较长时间去考察，不到现场进行深入的研究是很难作出判断的。本书所提供给读者的正是作者用一年多的实地研究看到的一所学校的真实情景。书中展示的学校现场中发生的故事，使读者有一种身临其境的感受，体会到学校内部的群体活动和支配他们行动的内部动力和外部压力。这些鲜活的故事恰是学校文化的具体表现，从这些第一手资料和作者对这些资料的整理和归纳的结论中，人们可以清楚地感受到一所学校的文化特征。

基础教育课程改革是一项复杂的系统工程，改革目标的实现需要艰苦和长期的努力。我们不能要求所有的学校所有的人都能切实地参与和适应课程改革，正像课程专家富兰所说，"假设冲突和不同的见解不仅是不可避免的，而且是成功改革的基础"，"不要希望所有的或大多数人都进行改革"。我们也不能假设所有的学校或大多数学校的文化都与改革相适应。相反，我们应当假设，改革需要一种新的学校文化，而这样的学校文化在多数学校中还没有形成，正需要通过改革促进和建立一种新的学校文化。因此，在改革的初期学校文化与改革之间的冲突是必然的。合理的方式是承认这种冲突，用积极的态度面对这种冲突。在课程改革的过程中，逐步实现学校文化的重建。只有当学校文化有了明显的改变之后，我们才能看到改革的真正实施。学校文化的重建需要一个过程，改革的真正实施也是一个漫长的过程。

本书为我们提供的案例，以及作者对于发生在学校的现象的解读，可以使我们更具体地理解学校文化与课程改革，可以促使我们从一个新的视角来审视基础教育课程改革，以及改革实施的过程所带来的一系列新问题。

马云鹏

序

　　每一个时代都有属于他们自己的问题，"问题就是时代的声音"（马克思语）。我国经济体制改革中出现的突出问题提示我们要深入研究国有企业改革，尤其是国有企业产权改革的问题。企业是人力资本与物力资本的一组特别合约，所以，国有企业产权问题不仅包括物力资本产权，也应该包括人力资本产权。如果仅仅明晰了国有企业物力资本的终极所有权，但人力资本产权没有得到承认并受到应有的重视，人力资本不能被正确评价和激励，将极大地影响企业整体效率的提升。因此，系统地研究企业人力资本股权激励问题，以股权的形式让人力资本所有者从经济上真正实现其自身所拥有的知识和技能的产权，对于目前我国深化经济体制改革，建立和完善现代企业制度，特别是建立符合中国国情的现代企业产权制度有着重要意义。

　　刘桂芝博士的研究课题"企业人力资本股权激励"具有重大的理论价值和实践价值。因为，价值就在于对社会重大问题的回答和解决。

　　关于本书提出的主要学术观点，作者在文章中已有详细的论述，在这里我想谈一谈本书的几个创新点。

　　首先，视角的创新。本书把现代企业理论、人力资本理论、产权理论、激励理论有机地融合在一起来研究企业激励的问题，在几个问题的交叉点上新辟出了一个研究人力资本问题和企业激励问题的崭新视角。为了探寻这一研究视角，作者下了很大的工夫，作了很大的努力。

其次，在前人研究的基础上，作者在研究的深度上起到了推动的作用，提出了自己独到的新观点。本书是第一本综合分析各类人力资本股权激励的学术专著，在把企业家人力资本、核心技术人力资本和普通人力资本加以区别的基础上，分别论述了如何从产权的角度给予其股权激励。

第三，本书的价值不仅体现在学术上，还在于它的现实针对性。它结合薪酬体系的设计而尝试分析了各类人力资本的股权激励问题，使理论分析落在了实处。

本书是作者在多年研究成果的基础上，作了较多补充修改而成的。

刘桂芝博士精力旺盛，思维敏捷，勤于学习，勇于创新，在我的印象里最为深刻。她为人师、为人女、为人妻、为人母多种角色集于一身，而又都做得十分到位。从她身上，我感受到了在现代社会中知识女性的力量。

李顺荣

摘 要

　　我国当前的基础教育课程改革和学校优质与现代化的需求，使学校文化的重建成为必然，学校文化成为课程改革研究领域里一个不可回避的问题。要研究课程变革下的学校文化，涉及几个相关的问题：学校文化的现状如何？实然学校文化形成的原因有哪些？实然学校文化对学校的课程改革产生了怎样的影响？如何借助学校文化的改造来推进课程改革？围绕这几个相关的问题，本论文从学校文化的分析视角入手，以"学校的历史"、"学校的愿景与目标"、"学校的制度规则"、"学校的人际关系规范"以及"教师的教学实践"几个维度为主，采用观察、访谈、文件分析和问卷调查等多种研究手段，深入地分析了一所普通中学在新课程改革背景下学校文化的实然状况、形成的原因、对新课程改革的影响以及学校文化的变化历程。

　　研究的数据表明，在物质条件基本满足的条件下，这所学校的学校文化对课程改革产生了重要的影响，并且这种影响具有一定的复杂性、隐秘性和长期性。个案学校的文化中有积极的、适应与推进课程改革的因素，也有消极的、阻碍课程改革的因素。从力一场分析的角度看，消极的力量占据了主流，积极的学校文化特征彰显的程度较小。因此，在这种文化的影响下，学校的课程实施程度不高。

　　个案学校消极的文化特征是，升学主义主宰的考试文化、优胜劣汰的竞争文化、注重权力等级的权威文化、高压力与高期望的危机文化、层次分明的差别文化以及遵守传统秩序的保守文化。这些文化对课程改革实施产生了强烈的制约作用，成为学校变革的障碍：学校的历史导致教师难以放弃升学率和对新课程的怀疑；学校浓厚的升学率情结导致课程改革目标的背离；以竞争为主的教师文化导致教师专业发展的保守与孤独；权威文化导致教师对课程参与和决策的疏离；危机文化导致教师对改革的风险趋避；差别文化违背了课程改革的道德目标；保守文化使传统规范约束下的课程革新步履维艰。积极的文化特征是：良好的社区环境；富有敬业精神的教师文化；注重教师专业能力提升的管理文化；鼓励教师合作的制度文化。这些文化特征推进了课程变革的实施，促进了学校文化开始转化：教师传统观念的动摇和行为选择的多元；教学文化有了一定的转变；教师合作的机会开始增多；对学生主体地位的认可与实践；教师课程资源意识的增强。

学校文化的形成是学校主观选择和客观文化生态环境多种因素相互作用的结果。校长的办学理念和管理方式，教师和学生固有的价值观，家长和社会的期望以及教育行政部门的干预等，这些都构成学校文化的影响因子。因此，对于课程改革来说，要借助学校文化的力量来推进课程实施，实现课程改革的最深层次变革——学校文化的变革，关键是要促进实然学校文化向着理想学校文化的转化。对个案学校的所为进行分析发现，虽然学校做了很多，但是其失败之处在于没有营造一种支持改革的文化环境。因此，个案学校的启示就在于，课程改革如果要借助学校文化的力量，从改革干预的角度讲，要关注以下几个方面：识读、评估与理解当前的文化；寻找学校文化重建的策略和路径；抓住当前文化冲突时期的机遇；着眼于合作的教师发展；注重权力关系的改变；培育学校课程实践的英雄；给教师以全面的支持。

关键词：课程改革　学校文化

Abstract

Nowadays it is necessary for the school culture to transit and rebuild because of the need of the curriculum reform and the quality of school. The school culture plays a crucial role in the curriculum reform. It refers to the following questions. The present situation of the school culture. How to form the school culture? What kind of influence do the current school culture has on curriculum? How to advance the curriculum reform with the transformation of the school culture? According to these related questions, from the analyzis of the school culture, it indicates dimensionality of "the history of school", "the goal of the school", "the rule of school", "the norm of relation in school" and "teachers' teaching practices" with the qualitative research method, and analyses the present situation, the cause of forming, the effect to the curriculum and the change of the school culture of a middle school since the curriculum reform appears.

The statistics shows that the school culture has an important effect on the curriculum reform on condition that material is enough, and this effect has a certain complexity and permanence. There are active factors and negative factors in the culture of case school. The negative factors play a dominant role, so the curriculum implement isn't good.

The representative cultural characters of case school are as follows: exam culture, competition culture, authority culture, crisis culture, status difference culture and conservative culture. All the cultures prevent the implement of curriculum reform. The history of school lets teachers not give up the rate of entering the high middle school, and results in the teachers' doubt of the curriculum reform; the rate of entering the high middle school leads to the disaccord between the goal of curriculum and present curriculum implement; crisis culture lets teachers avoid the reform; difference culture contravenes the moral goal of curriculum reform; conservative culture lets the curriculum reform face a lot of difficulties. From an optimistic point of view, good local surrounding, the teachers' culture with the spirit of dedicating themselves to their studies, manage culture of improving the teaching, rule culture of encouraging teachers to cooperate. The entire culture promotes the implement of curriculum change and the transfer of the school curriculum. The traditional idea of teachers will change and their action will be of multiplicity, and the teaching culture also changes, the cooperation between teachers becomes more, the idea of student—centered will be accepted and carried out.

The effect between subjective select of school and objective culture surrounding forms the school culture. Some factors form the school culture such as the concept of opening schools and the management method, the value of teachers and students, the expect of parents and society, and the intervention of the government. Thus it is critical for curriculum reform to improve transform from the sudden school culture to ideal school culture in order to advance the curriculum implement and achieve the deepest change—school change with the help of the school culture. Form the case, many jobs have been done in school, but it is failed to build a culture surrounding to support the reform. So we should pay attention to the following: reading, evaluating and understanding the present culture; looking for the way and strategy to rebuilding the school culture; grasping the conflict of present culture; paying attention to the cooperation among teachers; paying attention to the change of the leadership; cultivating the hero in school practice; supporting the teachers fully.

Key words: curriculum reform school culture

前 言

　　世纪初开，新风若炽，新人辈出，新作频仍。沐浴着改革开放的春风，立足于东北师范大学的沃土，不辜负时代的期望和祖国的重托，东北师范大学教育科学学院的一批中青年教师在教育科学研究中成长迅速，成果喜人。近年来，一批中青年教师勤奋努力，孜孜以求，立教不忘治学，攻读博士学位，成为终身教育立交桥上的佼佼者。这批中青年教师攻读博士学位期间，选择了立意深刻、具有重要理论和实践价值的题目，结合自身的研究方向，试图探讨和解决我国教育和心理学界的重要课题。在他们多年的潜心研究和导师的悉心指导下，完成了一篇篇具有较高学术价值的博士学位论文。

　　为使这些博士学位论文能发挥更大的社会效益，展示东北师范大学教育学科的研究成果，我们专门设立东北师范大学教育科学博士文库。博士文库的设立，一方面可以鼓励中青年教师从事科学研究，希望他们能够在已有研究的基础上再接再厉，奋发有为，另一方面是为了丰富学术研究，为学术研究注入新鲜血液。教师的成长发展是一所学校和学院发展的关键，有好教师才会有好大学。好教师乃至大师是培养出来的，倘若通过我们的激励与培养能够塑造出一批引领学术发展，成为教育科学研究中坚的教师或大师来，那将是日后发展的巨大财富。愿博士文库的设立为中青年教师的成长与发展铺路搭桥。中青年教师基础扎实，思想敏锐，学术视野宽阔，他们看问题的视角，解决问题的思路，对问题的观点往往打破常规，具有开拓意义，这对丰富学术研究，启迪、砥砺后学皆有重要的意义。即使是他们在学术研究中存在的缺点和问题，对他人也同样具有重要的警示或启发意义，这是一笔无形的财富。我们希望将这笔无形的财富积累起来，以此进一步丰富我国教育科学研究的学术园林，使其更加丰富多彩，绚烂多姿。

首批获东北师范大学教育科学博士文库专项基金资助的优秀博士论文有：

王小英的《儿童游戏的意义》；王凌皓的《中日近代道德教育理念比较研究》；李力红的《认知风格的理论与实证研究》；杨兆山的《马克思人的解放思想的时代价值———科技革命视野中人的解放问题探索》；张明的《青少年感觉寻求人格特质的研究》；姚伟的《论儿童观的时代性转换》；路海东的《小学生数学应用题解决的认知与元认知策略及其训练研究》；唐丽芳的《课程改革中的学校文化———一所学校的个案研究》。

衷心祝福这批中青年学者撒下辛勤劳动的汗水，收获硕果累累，衷心祝愿更多的中青年教师蓬勃向上，早成栋梁。

东北师范大学教育科学博士文库编委会

目　　录

导　论

研究的背景与缘起

一、研究的背景

（一）研究的背景

1. 近景——我国基础教育新课程改革

历史进入 21 世纪的知识经济时代，原有的工业经济教育模式的弊端逐渐暴露出来，要求对教育进行改革的呼声也越来越强烈。越来越多的人认识到，如果不对基础教育进行改革，将会严重影响国家的经济和社会发展。而课程改革则是教育改革的核心。世界各国，特别是发达国家，例如美国、英国、法国、德国、加拿大、瑞士、瑞典、日本等，在课程改革的理念、课程目标的确定、课程结构、课程内容、课程管理、课程评价等方面，都进行了相对较大的改革。在世界教育改革的背景下，基于对中国基础教育现状调查的思考，2001 年 6 月，我国颁布了《基础教育课程改革纲要（试行）》，这标志着新中国成立以来最大规模、最具革命性质的第八次课程改革拉开了序幕。这是指导国家 21 世纪前 10 年基础教育课程改革的纲领性文件，其中蕴含的创新的表征和价值追求将成为中国基础教育的目标追求。在《纲要》中，提出了这次课程改革的具体目标[①]：

---

① 基础教育课程改革纲要（试行）. 教育部文件教基 [2001] 17 号.

"改变课程过于注重基础知识传授的倾向，强调形成积极主动的学习态度，使获得基础知识与基本技能过程的同时成为学会学习和形成正确价值观的过程。"

"改变课程结构过于强调学科本位、科目过多和缺乏整合的现状，整体设置九年一贯的课程门类和课时比例，并设置综合课程，以适应不同地区和学生发展的需求，体现课程结构的均衡性、综合性和选择性。"

"改变课程内容'难、繁、偏、旧'和过于注重书本知识的现状，加强课程内容与学生生活以及现代社会和科技发展的联系，关注学生的学习兴趣和经验，精选终身学习必备的基础知识和技能。"

"改变课程实施过于强调接受学习、死记硬背、机械训练的现状，倡导学生主动参与、乐于探究、勤于动手，培养学生收集和处理信息的能力、获取新知识的能力、分析和解决问题的能力以及交流与合作的能力。"

"改变课程评价过分强调甄别与选拔的功能，发挥评价促进学生发展、教师提高和改进教学实践的功能。"

"改变课程管理过于集中的状况，实行国家、地方、学校三级课程管理，增强课程对地方、学校以及学生的适应性。"

这六个改变，着眼于课程政策、课程理论、课堂教学（包括教学规范、评价制度乃至教材生产方式）的转型，意味着中国教育的革命性质的范式转变，体现了教育思维方式的根本变革。从文化的角度来分析，它体现了课程文化的一次重要的转型，标志着课程价值观由片面发展向全面发展的取向转变，课程文化观向科学与人文融合的取向转变，课程生态观向回归生活世界的取向转变，课程内容观向多元的选择取向转变，课程实施观由忠实取向向缔造取向的转变，课程政策观由专治向民主管理的取向转变①。可以说，这种转变，在当前的传统学校文化背景下，是难以实现的。因为，对于任何一项改革来说，从课程生态的角度看，需要适宜的条件使其运行和实施。这就像一粒饱满的种子，需要肥沃的土壤才能生根发芽，才能茁壮成长。对于新课程来说，我们将其定位于"一次革命性的转变，一次重建式的改革"，是一次价值取向上的改革。

---

① 靳玉乐. 新课程改革的文化哲学探讨. 教育研究，2003（3）：67~71.

那么，这样的改革，就要求有新的学校文化的支持。试图把一套新课程嵌入到旧有的学校文化中去的做法，是很难实现预期的改革目标的。研究者认为，要实现成功的课程变革，需要学校文化的重建。

2. 远景——学校优质与现代化

"实现学校现代化的转型"这个命题的提出是基于对中国社会发展进入新时期的特征和走向的把握。本世纪中国社会的生存环境发生了巨大的变化，近 20 多年来中国社会经历了并还在继续进行着一场深刻的转型性变革。有研究者这样来概括现今教育面临的转型时期的社会特征：经济结构的转型与城市化建设的推进；区域性发展的极不平衡，以及多元文化多种价值并存的民众心态①。转型社会的变化特征，深深地渗入到社会生活中的各个层面，最终将落实到具体的个人身上，影响、改变着人们的观念态度和作用世界的方式。观念是指导人们的社会活动的一种精神动力。它产生于现实社会，反映现实生活，同时，它又是指导和激励人们从事某种活动、参与某种实践的重要思想根据。在社会转型时期，观念的变化就内部而言，是人们的价值体系发生变更；就外在而言，则表现为行为方式、生活方式的明显改变。人们的这些变化，可称为最深层次的转型，即中国人的生存意识和生存方式的转型②。作为在社会中生存的一个重要的组织机构，学校的发展也必然要随着社会的变革而不断的变化。"我们的社会生活正在经历着一个彻底的和根本的变化，如果我们的教育对于生活必须具有任何意义的话，那么它就必须经历一个相应的变革。"③从今天的现实来看，社会环境背景对教育产生了巨大的影响，学校无论是为实现在经济全球化、社会信息化背景下的社会主义现代化和民族复兴的伟大事业，还是为满足新时期每个人生存、发展的需求，都迫切要求创建不同于"产业社会工场型"学校的现代型学校，即学校教育的整体形态、内在基质和日常教育实践要完成由"近代型"向"现代型"的转换，实现学校教育的现代化发展。而学校要实现优质与现

---

① 裴娣娜. 我国基础教育现代化发展的根本转化. 北京大学教育评论，2004（2）：63～69.

② 黄书光. 中国基础教育改革的文化使命. 北京：教育科学出版社，2000：52.

③ 杜威教育论著选. 赵祥麟，王承绪编译. 北京：人民教育出版社，1981：28.

代，根本的变革在于学校文化，要全面认识与认真分析现有的学校文化，在此基础上建构适合时代发展的学校文化。

（二）内蕴的文化冲突与新的文化诉求

无论是着眼于近期的基础教育新课程改革，还是着眼于远期的学校优质与现代化，都会发现其中内蕴的实然的传统学校文化与应然的理想学校文化之间的矛盾和冲突。这种冲突形成了实然学校文化发展的内部动力。

1. 实然的传统学校文化表征——近代产业社会的工场型学校

学习型组织大师彼得·圣吉认为，很多有着好的指导目标的变革计划没有取得成功的根本原因不是缺少时间，不是缺少金钱，也不是人的智力因素，而是人的最基本的思维方式。传统的机器式的思维方式，把组织看做一部机器，把公司看做赚钱的工具，把管理者看做操作机器的人。这种思维方式带来了组织变革的障碍，使新的程序与流程的引入最终都成为徒劳。同样的，传统学校文化的价值追求和思维方式也带来了教育变革的障碍。面对新课程改革，原有的传统学校文化模式已经失范，这种主导的文化模式由稳定期进入怀疑期、紊乱期，产生了一定的文化冲突和危机。那么，原有的传统学校文化体系是什么特点？为什么从前它适应教育的发展，今天却成为教育变革的藩篱？

从社会发展的角度来看，我们把传统学校文化概括为"近代产业社会的工场型学校"。近代型学校在中国初建于清末民初，是模仿西方工业社会学校形态而形成的，它的建立对于中国教育制度的发展起到了不可估量的作用。工场型学校基本特征和价值追求是"按工业化、批量性生产的模式来'塑造'学生；统一的目标，基本划一的课程与教科书，整齐排列的通用教室，严格规定的课时与教学周期，按规定执行的教育、教学过程；学校的基本任务是知识的传递和培养社会不同领域需要的规范化人才"①；学校是一个封闭的、缺少刺激的体系。

---

① 叶澜. 实现转型：新世纪初中国学校变革的走向. 教育学（人大复印报刊），2002（10）：10～14.

工场型学校在学校文化方面呈现出以下一些突出的表征[①]:

(1)物质文化。物质文化是学校文化的表层文化,作为学校教育理念和价值追求的外在显现,表现出一定程度的工场型学校的特征,例如:学校教室的安排类似于工厂,学生要按照某种标准如年龄、性别等来使用不同的教室,学生缺乏活动的自主权;教室内部的桌椅摆放以典型的秧田型结构为主,教师的讲桌高高在上,其暗含的信息是教师中心、知识传授。

(2)制度文化。学校的教育制度既带有明显的西方制度化教育的痕迹,同时又受到中国传统文化的影响。其特征和缺陷主要表现在三个方面[②]:第一,追求效率。工场型学校强调效率,追求以最小的成本获取最大的利益。工业化的理念使学校蜕变为"工场",学生沦为可以任意塑造的原材料,过程性的意义被结果掩盖,学生的生命意义被放逐。第二,强调服从。制度化教育以组织的科层化为核心,科层制对每个人的权利和义务都有明确的规定,不允许科层个人随意扩大行动的域值并表现出一定的能动性,行为过程被简化为一系列的命令——服从过程,个人在科层体制中被彻底地物化为原子了。在这种制度化的体制下,个体生命的能动性、丰富性和潜在性被禁锢在命令——服从的枷锁中。另外,建立在血缘关系和宗法制度之上的中国传统文化,又有着明显的权威取向。第三,注重统一。在制度化教育中,制度而非人成为关注的焦点。学校中盛行的烦琐、刻板、划一的制度规范,从一般的教学常规到课堂提问,事无巨细,均在制度的严密监控之下。人陷入了由制度之网构筑的"铁笼"之中。而且,我国教育制度的划一性还受到我国传统思维的重集体、强调整体的一致性思维方式的影响。

(3)观念文化。这是学校文化的核心,其中最具决定作用的是价值观。在近代的工场型学校中,"工场文化"的思维方式使其把学校等同于加工厂,把教育等同于生产过程,把教师等同于工人,把课程等同于工

[①] 学校文化的分类很多。在这里,我是按照学校文化的表现层次,将其分为物质文化、制度文化和观念文化。其他分类在论文的第二章"理论支点:学校文化和课程实施的理论述评"部分有详细阐述。

[②] 苏鸿. 基础教育课程改革与学校文化重建. 课程·教材·教法, 2003(7): 10~14.

厂生产线，学生成为工厂的产品。这一教育的过程暗含着一系列违背人性的假定。它歪曲了教育的本质和教育培养人的价值追求，在这种工具主义的教育观念下，学生被看成灌输、加工的对象，是知识的被动承受者，是工厂的"标准件"。教师被看成机械模式下仅具有熟练技术操纵机器的工人，不需要专业技能，不需要创新。工场型学校文化对人的最大的摧残即是培养了一批"单向度的人"，包括单向度的教师和单向度的学生。

近代工场型学校文化自清末民初产生起，直到今天，仍然是学校文化的主导模式。新中国成立以后，虽然对近代的工场型学校进行了一定的改造，但是新中国成立以后的半个世纪中，我国的经济基本处于以农业经济为主的阶段，并没有完成国民经济工业化的转型，在教育方面的投入和开放程度也都远远不足，因此学校在面对着既无内在转型的需要，也没有外在压力的情况下，其整体形态、内在的基质和日常教学实践并没有发生转型性的、革命性的改变。因此，面对轰轰烈烈的全国范围的素质教育改革，绝大多数学校仍然在盲目追求升学率；课堂教学基本上还是教师讲、学生听；培养人才的规格上仍然是一刀切，学校缺乏明显的个性；教育管理上仍然是以集权和专制为主。

2. 理想学校文化的诉求

可以说，新课程所面临的现实文化生态环境表现出一定程度的文化滞后①。学校的价值追求、教师的行为表现、家长与社会的期望都滞后于新课程所要求的理想文化。那么，从新课程的目标追求入手，要实现真正的变革，就必须克服"文化滞后"现象，必须伴随着学校文化主体群体行为的重建。目前，关键的一点是我们须要明确新课程所要求的理想的学校文化特质是什么。学校文化转型主要"转"在哪些方面。

（1）由封闭走向开放。学校组织的一个最突出的特点是封闭，缺少刺激。尤其是公立学校，由于缺少市场竞争的体制，学校发展的危机意识往往不强。因此，以围墙为标志，学校将自我与社会隔离起来。而当

---

① 文化滞后是乌格朋（W. F. Ogburn）提出的，用来指一种非平衡的、非系统的现代化过程，指个人生活行为跟不上物质方面的变迁，跟不上现代社会的需要。

今时代，学校不可能一如既往地保持封闭，固守早已被科技、社会变革及其产生的巨大压力所冲破的领地。学校要希望促进未来教育的发展，就必须以开放的心态，积极面对周围世界的繁杂、艰难和迅速变迁的现实，作出自身的调整和改革。从教育改革的角度来讲，一项系统的教育改革，不仅仅是学校乃至教育系统内部的问题，而且是以学生为纽带，牵动着千家万户，牵动着整个社会的问题。改革的顺利推行，需要学生家长的密切配合，需要社会提供资源上的支持，需要大学、科研部门对学校的指导和帮助，需要行政部门在政策和资金上的保障。霍尔（Gene E. Hall）和霍德（Shirley M. Hord）指出："学校不是一个孤岛，⋯⋯学校需要外部支持。改革是一个复杂的、动态的、消耗资源的过程。没有一个组织，不管是一所学校还是一家国有企业，可能拥有取得改革成功所需要的所有专家和资源。⋯⋯当学校教工懂得怎样利用外部资源，学校外部的人员能够意识到他们在促进每一所学校取得改革成功中的重要作用时，改革的过程就会更加容易，保持成功的可能性也会提高。"[①]因此，在实施新课程改革的过程中，学校也必须意识到外部援助与支持的重要性，确立一种开放的学校文化。这种开放在学校结构层面上说，体现在两个方面：一是向外的，对网络、媒体的开放，对社区、社会的开放，以及学校之间、相关教育机构的相互开放。主动向家长、社会宣传新课程的基本理念，更新家长的教育观念，使学校外部人员能够以一种新观念、新的角度去评价学生的发展和学校的教育教学工作；了解学校的教育目标和学校的发展需求，意识到自己在教育系统中的重要作用，主动地为学校提供帮助和支持，从而实现学校、家庭、社会教育功能的密切配合和优势互补，共同为学生的发展创造丰富的教育资源。二是向内的，在管理上向师生的开放，使教师能够公开地承认自己在尝试新的做法中的困惑，坦诚地交流彼此的感受和建议，使学生敢于向教师表达内心的困惑和自己学习上的困难，主动寻求老师的帮助；教学活动中向学生发展的可能世界开放，愿意接受新事物，愿意尝试新的教与学的方

---

①　马延伟. 学校文化重建与课程改革［硕士学位论文］. 长春：东北师范大学教育科学学院，2003.

式，愿意接受新的理论与实践探索。这种开放不仅打破了学校的封闭状态，也能够促使学校结构形态由宝塔型向扁平型转换。

（2）由接受走向学习与探究。传统社会是静态社会，这种背景下的学校制度重维持，重控制而忽略创新。未来社会是急剧变革的社会，学校在内部与外部的不断变化的环境中必须加强学习，注重研究，追求创新。因此，学校需要改变过去只重教而不重研究的倾向，通过构建学习型组织和完善教育制度，使学校现有的维持型、控制型制度体系转变为学习型、研究型制度体系。学校应该成为一个学习型组织，成为供成员继续学习和成长的社区。在这个学习社区中，成员能够不断地充实自我，激发工作热忱和组织承诺，自我实现，自我超越；同时发挥团队学习优势，激发集体洞见，共塑愿景，引导组织永远发展，不断地挑战自我，以发展的眼光，在危机与挑战中发挥创造性，善于利用外在的变化为学校的发展开辟新的路途。

现代教师所面临的挑战，不但具有高度的不可预测性与复杂性，而且越来越难找到一套"放之四海而皆准"的应变通则。因此，教师要树立终生学习的理念与意识，保持开放的心态，将学校视为自己学习的场所，通过工作与学习的结合，不断地对自身的教育教学进行研究，对自己的知识与经验进行重组，解决自身在教育、教学中遇到的问题。

从课程实施的角度看，传统的忠实取向的课程实施观强调期望的课程改革结果应当是忠实于原计划的，课程评价就是确定课程设计预期的结果是否真正达到。若教师执行了规定的课程变革，则实施就是成功的。这种实施观下，教师的任务就是如何将这些规定的课程落实，以达到确定的教育目标。教师的角色是一个忠实的接受者和执行者，不需要根据自己的条件和自己对课程的理解进行调适和创生，因此教师依靠自己工作经验的积累完全可以胜任。而新的课程改革强调改革是一个过程，要求教师成为课程的研制者和开发者，而不再仅仅是传统的教书匠和课程的执行者。这也就意味着课程实施的过程也是创新的过程。改革意味着形成新的理解和按照新的方式行事。如果教师正在运用新的课程计划或者教学实践，他们就必须学会如何实践它。这样，学习是改革的基础和必然结果。因此,教师需要不断地研究、学习与探究,根据自己的情境对课程方案进行调适。

(3)由竞争走向合作。合作的氛围能够带来教师职业动机、工作热情的差异,影响课堂教学的质量和学生的学业成绩以及学校整体的办学水平。当学校面临深刻的教育改革时,那些具有合作精神的组织就永远比封闭组织更加具有生命力。变革的本质是学会新的思考和做事的方式,领会新的技巧、知识和态度等,这种变革必然会给教师带来众多的不确定感和焦虑感。教师通过合作,互相交流有关变革意义的看法,能够使他们在一个更好的条件下乐于接受、调整变革。因此,现代学校,无论是从改革的角度,还是从学校发展的角度,都需要构建合作的环境,建立关怀的、信赖的、有共同目的的关系规范,增加同事之间的对话、讨论和协商,以发展合作的精神和文化。

(4)由反对话走向民主的对话文化。学校内部最基本的人际关系包括学生之间、师生之间、教师之间、教师与学校管理者之间以及教师与家长的关系。在机械论世界观、科学主义思潮以及我国封建社会"师道尊严"、"官本位"等思想的综合作用下,传统的师生关系以及教师与学校管理者之间的关系是一种"统治与被统治的关系"[①],是一种主客体关系。在这种关系中,人表现为一种"工具"性存在,人与人之间是一种单向的信息传递[②]。哈贝马斯认为:"只有主体之间的关系才算得上相互关系。因为主体之间的关系是互动的、双向的,而主体与客体的关系是分主动和被动的,是单向的,因此不能称为相互关系。"[③]我们倡导学校民主,学校不仅将民主作为一种有效的管理方式,强调尊重、信任与接纳、交流、公平竞争、沟通与合作,更加重要的,民主已经成为学校成员的一种生活方式,学校成员在互相尊重、互相合作的基础上来处理彼此的关系。这种交往关系是以交往双方互为主体为前提的,主体之间是

---

① 联合国教科文组织,国际教育发展委员会编著. 学会生存. 北京:教育科学出版社,1996:107.

② 刘慧. 交往:师生关系的新概念:当代教育转型中师生关系的理论探讨. 山西大学师范学院学报,2001(4):78~81.

③ 余灵灵. 哈贝马斯传. 石家庄:河北人民出版社,1998:179~180.

平等的对话关系。只有在这样平等的、尊重的、民主的关系之中，才能实现人的主体性以及个性的发展和张扬。

新课程改革追求教师的成长，倡导教师参与行动研究，提倡调适和创生的实施理念，这些目标的实现都必然要求有一种民主的氛围，构筑信任的心理环境。新课程改革要求转变学生单一、被动的学习方式，提倡自主的、探究的、合作的学习方式，宗旨在于培养学生自主学习、自主谋求发展的意识与能力，还学生的主体地位。只有在师生之间形成平等的交往关系的前提下，才能真正实现学生主体性的解放。

可以说，由封闭走向开放，由接受走向探究，由竞争走向合作，由反对话走向民主的对话文化，这些只是理想学校文化的框架图景。在这个强调多元的文化世界里，我们也倡导学校文化发展的多元。在此，借用"马赛克"的概念来说明。马赛克是由共同的框架和胶水粘连起来的不同形状和颜色的多种元素构成。在马赛克图像中，学校和学校系统应在共同的框架之下，努力建设各自的特色。而这种特色则为文化的多样化、地区的区别以及社区的特长增添了光彩，也增强了学校成功地适应变动的情境的能力。与此同时，共享的框架则提供了强烈的整体意识，这种整体意识能为学校及学校系统带来和谐一致的氛围。由此可见，尽管每个个体的形状和色彩为马赛克带来了种种独特的特征和利益，但是，如果没有共同的框架，马赛克无疑会分崩离析[①]。

二、研究问题的产生

对课程变革中的学校文化的研究大体经历了"实践——理论——实践"的过程。最初研究这个问题的想法来源于新课程实施情况调查的实践启示。带着研究问题，诉诸国内外教育改革理论和实践，发现有关学校文化的研究的确是教育改革过程中的焦点研究问题，而国内对这个问题却鲜有深入的探索。在这个理论支点下，我的视角又回到当前的课程

---

① 冯大鸣. 美、英、澳教育管理前沿图景. 北京：教育科学出版社，2004：125.

改革实践,以教育改革的最基本单元——学校的课程实践为研究对象,从而确定自己的研究问题框架。

我对自己研究问题的定位如下:这是新课程改革研究中的一个"真问题"①。课程改革以来,经常听到的一句话就是"新课程改革要改变的是一种文化",更深入的是也有很多人提到要重塑学校文化。实际上更深层次的含义是当前学校文化阻碍了新课程的实施。这让人想起社会领域的改革,每到改革的深处,也总是要提到文化的变革问题。可见,文化变革与社会变革之间的密切关系。教育改革也同样如此。尽管经常提到学校文化变革的问题,但是很少有人系统、深刻地反思当前的学校文化对课程改革的影响过程,例如当前的学校文化有哪些不适应新课程改革的地方?有哪些推进课程改革的地方,为什么要改变文化观念,等等。当然,对于如何从学校文化的角度来推进课程变革,也鲜有切实可行的措施。这是一个应该引起大家关注的问题,其对新课程的进一步推进有着非常重要的作用。

(一) 实践的要求——新课程实施情况调查的启示

从 2001 年 9 月新课程正式走入实验区开始,教育部分别于 2001 年 12 月、2003 年 3 月和 2004 年 11 月组织专家进行了三次大规模的国家评估。我的导师承担了教育部《义务教育课程实施与实施进程的评价》课题,使我有机会参与到调查结果的分析以及调查报告的撰写工作中。在国家第三次组织的调查评估中,我以教育部协调员的身份参与了直辖市重庆的调查。通过对评估结果的分析以及在实验区的切身感受,我发现新课程改革在学校和课堂层面实际运行的过程中,与传统的学校文化之间存在着复杂的关系。一方面,新课程改革与现实的学校文化之间发生了强烈的冲突。例如:现实的学校制度、教师的某些观念和习惯以及领

---

① 吴康宁提出四种类型的问题:异己的问题;私己的问题;炮制的问题;联通的问题。他认为真正的问题,必然是外在的标准即对教育理论发展或教育实践改善是真问题,以及内在标准即对研究者自身来说,都是"真"问题。问题的"内在标准"、"主观标准",是考虑研究者自身的探究意愿与探究能力,根据这种意愿和能力来确定研究的问题。参见:吴康宁. 教育研究应研究什么样的"问题":兼谈"真"问题的判断标准. 教育研究,2002 (11):8~11.

导的管理作风等，都从某种程度上表现出与新课程的不适；另一方面，现有学校文化的某些方面在新课程改革中得到了更大程度的张扬。例如，原有的教师集体备课制度、师徒制度等。可以说，学校文化从正向和负向两个不同的方向影响着新课程的实施。学校文化中的某些要素阻碍了新课程改革的实施；某些要素又为新课程改革提供了良好的实施条件。这个结果的发现，使我产生了要深入研究学校文化对课程实施的影响这个问题的想法和愿望。

1. 新课程与传统文化难以兼容

场景一："我问的是如果不知道该怎样计算。"

某小学三年级数学课，老师给出题目：如何计算一年有多少天？学生甲：30 天×4＋31 天×7＋29 天。老师微笑：很好。学生乙：30 天×12＋7 天－2 天。老师：不错，也是一种方法。学生丙：老师，我们都知道一年有 365 天，不用式子去算！——哄笑。老师严肃地说：我问的是如果不知道该怎样计算。不再理睬这名学生，继续讲课。

场景二：学校的象征物

到某课程改革实验校调查，在学校的宣传栏内，赫然贴着今年中考考取重点学校的学生的照片和他们留给学妹、学弟的"警世语"。

某学校的围墙上，挂着醒目的条幅：某某同学，在全省数学竞赛中获冠军；某某同学，在全省物理竞赛中获第二名……

场景三：期末考试后

期末考试结束了，按照规定，区教师进修学校要组织各校教学校长开会。大会上，学区教师进修学校的一位负责人站在台上宣读各校各个学科的优秀率、及格率及其在全区的名次，下面的校长全都低头不语。

场景四：坐在门外的被评课人[①]

在一所国家级课改实验区的学校听完一位教师的课后，大家开始认真地分析起老师的课来。我想起一个问题，想了解一下讲课老师的想法，突然发现讲课老师不在，四处搜索，发现她坐在门外，身子一多半在门后，使劲伸着头……

---

① 季萍. 学校文化自我诊断. 北京：教育科学出版社，2004：15.

场景五：圆桌——低头——等待

某校,听完课之后,按照规定,大家要坐下来研讨。为了更方便大家的交流,学校故意弄成圆桌式。可是老师坐下来之后,大多数是低头,等待着某个人发言。主持人问了几遍,大家对这个课有什么看法,有什么建议,都没有人应答。

……

这样的例子不胜枚举,是学校里司空见惯的事情。对于一项大规模的课程改革来说,也许这仅仅是一件微不足道的小事。但实际上小事背后却刻着深深的文化烙印。为什么教师带着预设的问题框架走进课堂?为什么学校总喜欢宣传升学和竞赛的佼佼者?为什么学区要以"率"给学校排名?为什么教师不愿意在讨论会上发言?实际上它表征了新课程改革遭遇的强大的学校文化的阻碍,传统的教师主导范式的教学文化、注重升学的考试文化和评价文化。课程改革由计划走向实施,很多学校都发现出现了类似的问题。有人在反思:为什么好的理念无法推进?为什么问题解决不了?其实,深入地分析会发现,这些问题都是与学校文化相关的。例如人的行为、关系、结构、策略、环境等,当学校处理这些问题的时候,就会发现一个新的维度——学校文化的本质——价值与形式。

2. 新课程改革优越的软环境

新课程改革实施的条件特点是:软环境相对优越,而硬环境相对薄弱。这一结论来自于新课程改革实验三次国家级评估的数据。通过对"课程实施的困难"、"课程实施的有利条件"和"课程实施的不利条件"等问题的调查发现,以新课程改革为契机,教师之间正在形成一种同事合作的文化氛围。2001 年 12 月评估调查结果发现,在"当您在教学中遇到困惑或困难时,您通常会?"一题中,教师的选择分别为:自己想办法解决占 16.3%;与其他教师交流占 79.8%;请领导帮忙占 0.5%;向专家请教占 2.1%;暂时搁置占 0;其他占 1.1%。在回答"教学工作中与同事交流的频率"上,选择"经常"、"有时"、"很少"和"从不"的比率分别为 82.7%,16.5%,0.5%,0.3%。从教师选择的困难解决的求助对象以及交流的频率上看,领导和专家在教师困难解决方面的作用是非常小的，相反的，教师同伴的作用却非常大。2003 年调查结果进一步证实了课程实施的这一优势条件：80.2％的教师认为实验以来与同事的讨论和交流"明显增加"，72.7％的教师当遇到困难时能够寻求同事的帮助和支持。

另外，对新课程实施的有利条件调查中，也发现了目前形成的教师合作文化对新课程实施的影响。2001 年调查排在前三位的分别为："领导重视"、"学校文化氛围好"和"教师业务能力强"。2003 年排在前 3 位的分别为"领导重视"、"教师的业务能力强"和"学校文化氛围好"。两次评估调查的结果基本反映了我国目前实施新课程的一个优越条件，即各级领导的重视以及学校文化的支持，而且这一优势不受年级、地区、学历、教龄等因素的影响。这一结论，与国外和港澳台的研究有所差异。

基于以上积极与消极两个方面文化特征的表现，我产生了深入、系统研究"课程改革下的学校文化"的想法。

（二）理论支点：文献研究的佐证

1. 学校文化是课程理性的生存环境所在

课程从本质上说是一种特定的文化形式，它是人们基于一定的社会观、知识观和学生观等作出的价值选择，并集中体现出一定的课程价值取向。它不可能是一种抽象的话语或纯粹的知识活动，它具有自己的文化性格。任何课程体系的构建，都不是"价值中立"或"文化无涉"的纯粹知识活动，它必须具有价值参与其间的生存环境。任何课程理性的合理运用是与适用的文化环境相结合的，一定的课程必然需要本土文化的认同。也就是说，课程理性中必然包含着设计的合理性和运行环境的合理性两层含义。英国学者霍姆斯、麦克莱恩在深入探究各国教育改革举步维艰的深层次原因时说，由于人们对"什么知识最有价值"、"什么人应该接受教育"等具有不同的主张，因此学校里的保守思想往往阻碍了新思想在学校的发展[①]。面对当前这样一个大规模的课程改革，课程的设计者和研究者往往关注课程目标、课程编制模式、课程实施和课程

---

① 丁钢. 价值取向：课程文化的观点. 北京大学教育评论，2003（3）：18～20.

评价等技术的问题，而忽视了课程与具体文化境遇之间的冲突和困扰。尽管他们也会考虑到课程的"文化处境"问题，考虑到尽量设计和实施符合特定文化环境的课程体系，但是，在"普遍真理性"的目标下，课程的文化处境问题又显得那么微不足道，往往遭到冷落，被一笔带过。任何课程执行的环境却不理会这种冷落，无论是拒斥或接纳，都站在各自的文化立场上去对待那种傲然于世的普遍性理性原则或真理。因此，在考虑课程理性的时候，不可忽视的一点是课程的文化处境与生存环境，这是一种"文化解释"的课程理性。

新课程改革的诞生经历了对国外教育改革的考察，也经历了国内基础教育现状的调查这样一个过程。但是，作为一个新生事物，一个性质上不同于以往的课程，是否具有与其相适应的生存环境是决定其"理性"和"生存"的最重要的条件。本研究中提到的"文化解释"的层面，主要是从狭义的微观的学校文化来阐释。因为，学校是课程改革的最基本单元，这里的人的价值、观念和信仰决定了课程改革的理念能否真正走入课堂。而这一点，恰恰是证明新课程"理性"的最有力的证据。

2. 学校文化是课程改革的前提和保障

美国社会学家欧内斯特 R. 豪斯（Ernest R. House）提出三个主要的革新的观点：技术观点、政治观点和文化观点[①]。课程改革不是如何拟定目的以及如何使教师达到目的的问题，而必须考虑实施机构的制度规则及其中成员的价值、观念，才能落实。有效的课程改革不仅要改变

---

① 技术观点关心的是产品，经常将创新过程看成机械性的。其主要目标是追求更大的效率。这一观点的特点是，它相信从"技术"上可以发现解决学校问题的方法，而技术的合法性和相关性可以被应用于不同的情景。那么，这里的关键问题是寻找达成最有效的特定目标的手段。"手段"经常被看成一种结果，通常表现为教学援助或者方法等形式。政治观点强调学校改进是权力、权威和利益竞争的过程。利益冲突可以被视为是个体水平的、群体水平的或组织水平的。学校发展便成了资源分配问题。改革要求有足够的共同利益作为调停的基础。政治观点的结果之一是，人们的注意力不再仅仅集中于诸如某一创新的"质量"之类的问题上，而是扩展到致力于创新的思想、组织和环境之间的互动上。文化观点认为，对改进过程而言，一个群体、组织或社区中逐渐形成的价值观和规范十分重要。首要的目标之一是维持和保护组织的价值观和规范。文化观点把人们的注意力集中到被各种思想影响的组织上。理解学校中规范和价值的形成、工作架构的形成、人际关系的发展与维持以及对变革与革新思想的解释等等，都十分重要。

教师的教育价值，也要改变教师之间交互作用的类型及学校的内在组织。因此，课程改革还要采取政治观和文化观。传统的课程改革策略偏重技术观，认为只要课程发展者设计一套推行的工学和机制，新课程就能够依照"法"和"令"而执行。例如，在新课程标准实施以前，教育部通常规定了许多相关的办法，拟定配套的措施，企图以改革新方案的合理性、科学性，增强改革的合法性，并期望一套改革机制能够嵌进既存的学校文化和组织机构内部发生作用。这种技术观缺少人的因素和组织内的因素的考虑，始终撼不动保守、根深蒂固的学校的稳定机制，使改革流于表面和肤浅。我认为，在当前的课程改革中，在已经具备一定的政策支持和技术保障的前提下，我们的当务之急是关注改革的文化取向，尤其是学校层面的文化，了解教室的现实，探讨教师如何诠释改革的意义，揭示教师对改革隐含的假定和信念。只有这些假定和信念被质疑、被挑战或被替代，才能产生真正的改革。"没有革'心'，革新不易。"

"当文化反对你的时候，想做成任何事都几乎是不可能的。"没有学校文化的支持，改革只能是肤浅的、表面的和形式化的。学校文化才是学校发展和学生学习的关键。它通过教师、学生、家长和管理者在无意识中形成的行为规范，默默地、强有力地影响着学校的发展，激发人们共同完成改革的使命。任何改革，其成功与否的关键都在于既有的学校文化对新思想、新观念的制约作用。如果不考虑既有的主流文化因素，不彻底地质疑、挑战或替代学校教育中隐含的价值、信念和假定，就必然导致新技巧适应旧规范，使改革流于形式，甚至失败。

课程改革的成效要在学校、课堂层面的具体教学活动中得到检验。一些比较成功的学校改革的经验告诉我们：一所学校改进的成功与否，不在于有多少外援可以利用，更不在于有多少自上而下的指示和要求必须完成，而在于校内教师的能力是否有较大的提高和学校协作文化是否真正的建立。阿因斯考（M. Ainscow）等人深入教学前沿，与教师一起开展各项学校改进工作。他们的经验表明，任何变革（不管是外加的还是内发的）得以成功的唯一条件就是参与改革的学校要能够创造出适宜变革生存与繁荣的生态环境①。新课程的引入,对既有的文化是一种威胁和挑战,它强迫人们将既有文化与新的文化进行对比。而现实的情况是"我们有一个从根本上说是保守的教育系统。教师的培训方式、学校的组织形式、教育层级的运作方式以及政治决策者对待教育的方式都很容易导致维持现状和难以变革的制度。在这种情况下,变革的尝试将导致排斥或表面化,最多也不过是眼前小小的成功。"② 因此,课程改革成功的一个前提条件是我们需要培育与生成一种与新课程所倡导的主体存在的意义、个性意识、民主意识、合作与创新意识相适应的新的文化生态环境,实现由封闭到开放、由竞争到合作、由反对话到对话、由接受到探究的学校文化模式的转型。可以说,新的学校文化的生成,成为新课程改革成败的至关重要的影响因素。否则,新课程的成长将成为"无源之水,无本之木"。学校要想发生持续的变革,就必须形成一定的文化和风气。

3. 学校文化的变革是课程改革的最深刻的境界

课程改革是一个复杂的动态过程。根据国外课程学者的研究,课程实施工作,至少应包含五个层面的改变:即教材的改变,组织的改变,角色的改变,知识与理解的变化,价值的内化。只有这五个方面都产生了与课程方案一致的变化,才能算是有效的课程实施,才能是真正走入实践的变革。

教材的改变是课程实施的第一个层面,也是最直接、最明显的要素。教材的改变包括与新课程方案相适应的内容、编排顺序、呈现方法和教学方法等方面的改变。组织方式的改变是课程实施的第二个层面。组织方式包括学生的分班与分组的安排、空间与时间的安排以及人员的分配等方面的内容。角色或行为的改变是课程实施的第三个层面。这一方面的改变是课程实施取得实质性效果的重要标志。仅有教材和组织方式的改革是不够的,只有与课程实施有关人员的角色或行为发生转变才能使

---

① M. Ainscow, D. Hopkins, G. Southworth&M. West, *Creating Conditions for School Improvement*. London: David Fulton Publishers, 1994.

② 富兰. 变革的力量:透视教育改革. 北京:教育科学出版社, 2000:11.

课程的理念与目标真正得到落实。课程实施的第四个层面是知识和理解的改变。"知识与理解"是指课程实施者对课程及其相关知识的理解与把握。从理论上认识课程的各要素的意义及其关系，了解一个新课程方案提出的基本理念以及这些理念的依据和作用。认识课程的目标、内容与方法的实质及其反映的理念与基础。价值的内化是课程实施的第五个层面，是指课程实施者将新课程提倡的价值观内化为自己的价值观，完全变成自觉的行为去执行课程的各组成要素。

可以看到，教育变革的这五个层面是缺一不可的，因为它们只有组合在一起才能体现出实现了一个或一组特定的教育目标。不包括这些变革层面的改革可能根本不是有意义的变革。从教材的改变到价值的内化，还是有一个层次的差别的。如果从文化的角度看，教材的改变属于物质的变化，组织的改变属于制度的改变，而从角色、行为、知识、理解到价值的内化，则属于文化观念的变化。对于一项改革来说，只有真正的实现了文化的变革，变革才不会因为改革计划的终止而停止，才能成为学校里教师、学生的生活方式而得以持续下去。

4. 学校文化是从整体上把握课程改革的命脉

课程改革是一次整体的综合的改革，会促使学校全面的发展。而学校文化恰恰是从整体上把握学校发展的最好的视角。

在选择学校文化这个角度的时候，我主要考虑了两个维度：这次课程改革的性质和课程实施的影响因素。从课程改革的性质看，我认为这是一次"重建式改革"、"价值取向的改革"①，必然涉及深层的价值观和文化的改变。从课程实施的影响因素角度考虑，根据国外众多学者的研

---

① 按照麦克尼尔的理解，课程变革存在着五种类型：（1）代替（substitution）。一种因素可能被另一种早已经存在的因素所代替。（2）更改（alteration）。当一种改革被引进到已经存在的资料中，这时的改革叫做"更改"。这种改革希望进行较小程度的改变，从而使改革容易被采用。（3）扰乱（perturbations）。这种改革有扰乱性，但教师往往能在相当短的时间内调节自己以适应改革。（4）重建式改革（restructuring changes）。这种改革会导致系统本身的变更。（5）价值取向的改革（value orientation changes）。这是一种参与人员基本的价值取向的改革。参见：John. D. McNeil. *Curriculum: A Comprehensive Introduction*. Harper Collins College Publishers, 1996.

究,课程实施的影响因素中都包含着学校层面的影响因素①。为了能够从整体上把握学校层面的实施情况和影响因素,我选择了"学校文化"这个维度。试图通过对新课程改革背景下实然学校文化的实地考察,以及实然与应然学校文化之间的差距分析,探索建立符合新课程理念的学校文化的途径和措施,从而为新课程改革的生长提供适宜的生态环境,促进成功的课程改革。

从我国建国以来课程改革理论研究看,尽管对于课程改革的动因、条件、内容以及课程改革的模式都有所涉猎与研究,也取得了相当的研究成果,但从学校文化的视角系统研究教育改革的文章还不多见。无论是在理论上,还是在实践上,人们都将更多的注意力放在政策与命令、技术支持等外部的手段上,更多地考虑了改革的效率和合法性,而很少关注学校内部的改变,即合作、情境性、自治性、意义和价值。新的课程改革,从课程实践上看,其关联极其复杂。它不仅触及课程结构、课程内容和课程管理这些客观层面的问题,更与学校重建的广大层面有关,教师的观念、假定以及教师的专业自主能力的提升都是十分关键的。因此,对新课程改革的探索,应该放在学校重建的架构中来考虑,即从学校文化重建的角度来考虑,课程改革应该是基于学校文化,通过学校文化,为了学校文化。

(三) 历史的明鉴

1. 国外教育改革的研究证实了学校文化是影响课程实施的关键因子

通过对国内外大量文献的阅读发现,学校文化在教育改革中是一个

---

① Fullan 和 Pomfret (1977) 认为,影响课程实施的因素包括:(1) 变革方案的特征:清晰度、复杂性;(2) 实施策略:在职培训、资源支持、反馈机制、参与;(3) 采用单位的特征:采用过程、组织氛围、环境支持、人员因素;(4) 宏观的社会政治特征:设计、激励系统、评价、政治复杂性。Snyder et al (1992) 认为,影响课程实施的因素包括:(1) 变革的特征:需要与相关性、清晰度、复杂性、计划的质量与实用性;(2) 校区层面的因素:校区的革新史、采用过程、管理部门的支持和教师发展与参与、时间与信息系统 (评价)、社区及委员会的特征;(3) 学校层面的因素:校长、教师之间的关系、教师的特点与取向;(4) 外部环境:政府机构、外部协作。Fullan (2001) 认为,影响课程实施的因素包括 (1) 变革特征:需要、清晰度、复杂性、质量/实用性;(2) 地方特征:校区、社区、校长、教师。

十分关键的影响因子。面对一项大规模的课程改革，似乎可研究的有很多，如领导团体、专家的支持、教师专业发展等。西方国家在这个方面的研究重点，有一个转向的过程。从 20 世纪 70 年代起，国外对于教育改革的研究焦点，开始转向对于学校文化的研究。Lezotte 对有效学校的研究；Rutter 和他的同事对学校风气与学生学术成就相关关系的研究；Fullan、Rossman、Corbett 和 Firestone 对组织文化与教学成功之间关系的研究；Bryk、Lee、Holland 和 Mclauplin 对大量学校效果的研究等等，许多教育学者经过理论与实践探索，得出相同的结论：学校文化与教育改革之间存在着密切的关系：学校文化是教育改革成功的必要前提条件。在一所学校文化支持变革的学校中，往往比那些学校文化对变革起着消极作用的学校，教育改革成功的可能性更大。学校是一个复杂的社会体系，不能将其视为由不同零件组合成的大机器。它有自己的情境限制，有成员的情感价值，这些都是比改革方案本身的特点更需要被重视的事情。在改革之前理解学校文化是最首要的目标，其比教导教师熟悉新的教学策略和课程设计方法更重要。如果我们关心教育改革，就必须关心学校文化，尤其是教师文化，否则即会带来教师对课程改革的抵制。因为人们都习惯自己原有的思维和行为方式，这些习惯了的东西总是有惯性的，影响人们对后来革新了的事物的认同与接受。改革的过程是一个文化重建的过程，是一个要求教师形成新的价值、信仰和形式的过程。尽管这是一项巨大的工程，但这是有效变革的唯一途径。

2. 中国新中国成立以来七次课程改革的历史经验证实了忽视学校文化的代价

新中国成立以来，中国共进行了七次大规模的课程改革，在一些方面取得了很大的发展和进步。例如，确立了面向 21 世纪的基础教育课程目标；初步改变了以往只有"学科课程"、"必修课程"的模式，增加了"选修课程"、"活动课程"；考虑社会政治、经济和学生发展的需要，选择现代化的课程内容；初步推动了教科书的多样化等。但是，中国的基础教育课程始终无法摆脱应试教育学校文化的束缚，包括最具革命意义的素质教育的实施，都成为一种形式化、表面化的时尚。原有学校文化的核心是应试教育的学校文化，这种精神实质深深地扎根于教师、家长、学生的心目中，从根本上影响着学校的理念追求、教师的教学价值观、教学方法和师生关系。因此，每一次的教育改革，都只能是制度、器物层面的改变，都是把新的制度纳入到旧有的观念体系中。从文化变迁的阻力看，器物和制度层面的变革阻力较小，而一旦涉及思想、感情、精神，原有的学校文化的惰性就表现出来。这种改革，一旦改革的计划中止，教师的行为就又回复到原来的状态，即变革是一种"应试化"了的变革，难以深入到文化的层面。因此，素质教育实施中不断出现"新瓶装旧酒"、"穿新鞋走老路"的现象。因此，从新中国成立以来课程改革发展的情况看，要真正的实现改革的目标，需要彻底改变原有的应试教育的学校文化，营造一种适宜改革生长的学校文化环境。

三、本研究的价值定位

"在世界各地，改革和革新都是教育界最迫切关心的问题。改革和革新是今天关于教育问题讨论的主题之一。"[①] 这是 1977 年第 35 届国际教育会议总报告员查尔斯·赫相尔在关于世界教育问题的长篇研究报告中的开场白。但是更多的改革往往面临着失败的结局。如一项研究指出，各种关于教育、教与学的陈旧态度在改革之后仍然根深蒂固，年级制度、分科教学、固定课表以及科层管理结构等"学校教育的基本元素"也未因此受到根本性的冲击[②]。个别学校虽然一度表现出色，显示出改革的巨大功效，但随着时间的推移，变革的能量逐渐"损耗"，最终总是回归当初，与其他学校并无二致[③]。

20 世纪是改革的世纪，改革的关键在于探索如何促成成功的变革。

---

① 袁振国. 教育改革论. 南京：江苏教育出版社，1990：1.
② D. Tyack&W. Tobin. *The grammar of schooling*：*Why has it been so hard to change?* American Educational Research Journal，1994，31 (3)：453~457.
③ D. Fink. *Good schools /real schools*：*Why school reform doesn't last?*. New York：Teachers College Press，2000.

改革的时代，赋予学者一个研究的使命：如何能够使改革走得更远。在我国，自 2001 年 6 月《基础教育课程改革纲要（试行）》颁布以来，研究课程改革的人林林总总。哲学的研究、课程史的溯源、课程理论的论证、改革实践的批判……可谓全面。在本研究中，我选择了学校文化的视角作为研究的切入点，探讨实然的学校文化状况及其对课程变革的影响，以及在变革的挑战之下，学校文化的动态发展过程。

本研究具有很强的现实性和实践性，对于解决社会转型时期基础教育现代化发展过程中课程的改革与学校的发展问题具有一定的理论与实践价值。其创新主要体现在以下两点：

理论的创新。从学校文化的视角探讨促进成功的课程改革，这在国内还比较少。大多数研究以宏观的理论研究为主，本研究则站在微观的立场上，通过对一所学校的个案考察，生动地再现了课程改革在学校的发展历程和实施状况，以及学校文化在这一段历程中呈现的样貌。所得结论丰富和完善了学校文化研究的相关理论，同时对于我国的课程改革理论中课程改革的动力、条件和课程改革模式、课程实施干预和管理等也有一定的补充作用。

实践的启示。理论创新的成果在于实现对于实践的指导。"学校是课程变革的真正单元"，本研究基于个案学校的深描所探讨的课程变革背景下学校文化建设的理论以及课程改革实施的管理理论，其对当前的学校文化建设实践将有重要的借鉴价值。同时，也为新课程改革从启动、实施到制度化的过程中，如何借助学校文化这一关键的因子来实现成功的变革提供参考。

第一章

研究的问题与方法

一、研究问题的阐述及研究的基本思路

（一）研究问题的阐述

本研究的主要目的在于分析新课程改革背景下学校文化的实然状态以及学校文化对课程改革的影响，探索如何通过学校文化的塑造来推进课程改革实施。

根据研究问题的性质与特征，采用质化的个案研究方法。我选择的具体的研究方法是"工具性的个案研究"①，就是通过对若干个案的深入研究，根据个案表现出来的特性，认识和理解提出的问题。因此，明确研究的问题是研究的前提条件。Stake（1995）对个案研究中的问题作了具体的分析。他将个案研究中的问题区分为"基本研究问题"和"具体研究问题"。所谓基本研究问题"是指我们具体面对的问题情境，甚至是我们头脑中闪现出来的感觉到需要解决的问题"。"具体研究问题"是在基本研究问题的基础上更进一步的细致的问题。一些具体问题是直接针对我们的研究目标的。研究问题并不是简单的和清晰的，它是与政策、社会、历史和特殊的个人环境相连的。这些概念对于个案研究是重要的。

_____

①　具体的研究方法请见本章的第二部分："研究方法的选择"。

研究问题可以引导我们观察，甚至迫使我们找出个案的具体问题、有冲突的表现以及人类事件的复杂的背景。研究问题帮助我们将瞬间发生的事情扩展，帮助我们用历史发展的眼光看一件事情，帮助我们认识人类的相互作用中所渗透的问题。"研究问题的表述为认识个案研究提供了一个强有力的概念结构。"① 按照这样的思路，对本研究的研究问题作进一步的思考。

基本研究问题：课程改革中的学校文化。

在具体的研究中，我通过对一所个案学校的调查，通过该所学校的"学校历史、愿景与目标"、"学校的制度规则"、"学校的人际关系规范"和"学校教师的教学实践"几个方面，来呈现学校文化的现实面貌及其对课程实施的影响，从而探索如何借助学校文化来推进课程改革的实施。出于研究的需要，我把基本研究问题分为以下三个具体研究问题。在每一个具体研究问题下，又可以衍生出更加具体的研究问题。

1. 学校文化的现状如何

（1）学校的历史状况是怎样的？

（2）学校的愿景与目标怎样？

（3）学校的制度规则如何？

（4）学校的人际关系规范如何？

（5）学校教师的日常教学生活如何？

（6）学校文化的总体面貌如何？

2. 实然学校文化对课程改革产生了怎样的影响

（1）学校的历史对课程改革产生怎样的影响？

（2）学校的愿景与目标对课程改革产生怎样的影响？

（3）学校的制度规则对课程改革产生了怎样的影响？

（4）学校的人际关系规范对课程改革产生怎样的影响？

（5）学校教师的日常教学生活对课程改革产生了怎样的影响？

（6）学校文化中对课程改革的有利因素与不利因素有哪些？

---

① 马云鹏. 课程实施探索：小学数学课程实施的个案研究. 长春：东北师范大学出版社，2002：83.

3. 影响实然学校文化形成的因素有哪些

4. 如何借助学校文化来推进课程改革

（二）研究的基本思路及框架

基于本研究的目的和对研究问题的分析，形成本研究的基本思路和框架如下：

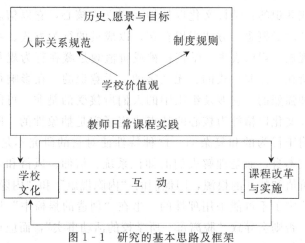

图 1-1　研究的基本思路及框架

二、研究方法的确定——质化的个案研究法

（一）质化的研究方法

本研究主要采用了质化的研究方法。所以选择质化的研究取向，有以下几个原因。

1. 学校文化的本质特性决定了质化研究方法的选择

"对研究对象的认识，是人们选择、改造或更新方法及方法体系的根据和出发点；对象观的转变和对对象认识的深化，往往导致研究方法论的突破性进展。"① 西方的学校文化研究方法论呈现出从量化到质化的发

---

① 叶澜著. 教育研究方法论初探. 上海：上海教育出版社，1999：14～15.

展取向，这除了与整个社会领域、教育领域内研究方法的斗争有关外，与人们对学校文化本质的认识也有关系。①。通过学校文化理论研究发现，对学校文化本质的认识一直没有一个共同的结论。有人曾经分析，造成学校文化本质不统一的一个重要的原因是研究者自身的角色——作为学生、教师、家长、管理者，从自己特有的情境出发形成了对学校教育的信仰和取向②。但是从中外各种不同的定义中，我们能发现有一点是可以达成共识的：学校文化以精神和观念为核心，它以信念、价值观等不同的"内隐概念"方式得以存在，以成员的行为方式、习俗和仪式等"内隐规矩"得以表现。学校精神或价值观是藏在行为规范背后的文化的根基所在，是非正式的、无文字的、无意识的，在影响行为中却是非常明确和强烈的。它涉及组织中的人们所接受的是非、可能、理智和荒唐。学校文化以精神为核心的特点决定了它是抽象性的、阐释的、独特的、依附于行为的和复杂的，这种特性使对它的研究不是研究行为、制度、仪式本身，而是理解人们的知识系统、信仰、风俗和习惯，研究产生组织价值和特征的根源，即他们的"内隐规矩"和"内隐概念"。研究的内容决定了不可能采用理性的、坐在"创造的摇椅中"加以分析的研究方式，否则会导致"脱离每一所学校的活动事实"，而应该借鉴人类学、社会学等学科的研究方式，回到学校事实本身去，"在活动的事实中寻找文化"③，使学校文化"成为每个人的感同身受"。"人是悬挂在由他

---

① 从西方和我国对学校文化研究的整个历程看，"学校文化"的内涵像"文化"的概念一样，充满了争议和变数，是一个混沌的意义世界，由此也造成了学校文化研究的一个很大的缺陷。具体有关西方和我国对学校文化本质研究的争议见论文的第二章："理论支点：学校文化本体论追问"。

② Jon Prosser. School Culture. Paul Chapman Publishing Ltd, 1999：6.

③ 这是1976年萨林斯在其发表的《文化与实践理性》中提出的口号。他对理论界的文化观念进行了清算，他认为，一个多世纪以来提出的各种文化定义以及文化分析框架根本没有揭示西方的文化事实，只是把文化抽象为各种"本质的东西"，这些"本质的东西"虽然可以用来认识、维护和美化现实生活机制及其意义支撑，但同时也遮蔽了西方的文化现实。所以他呼吁理论界不应该在对那些"陈腐的文化概念争论不休"，而应该正视西方社会的文化现实。因此，提出"在事实中考察文化"，呼吁回归社会生活事实。而韦伯和熊彼特两位经济学家和社会理论家同样运用了这个方法。他们直面经济组织的活动事实，体会其中的精神动力。无论这种精神动力被描述为价值观、伦理规范，还是被描述为习俗、礼仪、行为方式，其都是精神动力的不同表现。韦伯在20世纪初期通过考察美国新兴资本家的经济活动，发现有些从事经济活动的人是为了以务实的方式实现上帝的恩泽，为人类创造财富与幸福，由此经济便成了"天职"，直到今天，这种经济文化精神仍体现在一些著名企业家的工作伦理中。

们自己编制的意义之网上的动物，我把文化看做这些网，因而认为文化的分析不是一种探索规律的实验科学，而是探索意义的阐释性科学。"①（人类学的）阐释如果是为了建立对现实的理解的话，那么把它从现实——此时或彼地具体的人说了什么；他们做了什么；他们遇到什么；整个忙忙碌碌的世界——分开，就等于让它失去应用性，成为空无。②这正是一种质化的研究，一种解释的转向。质化研究的特点更加适合对它的研究。

Patton（1991）指出，质化研究属于现象学的范式，试图解释事件对被研究者的意义，"用质化自然探究法，以归纳的和整体的方式了解在各种特定情境中的人类经验"③。以现象学为理论基础的质化研究认为，"现象论者一方面认为社会现象受到社会与历史脉络的影响，因此研究者所建构的理论，必须在适切的社会与历史情境中加以理解；另一方面，他们认为社会研究者应该尊重研究对象的个体意识与生命意义，设法从研究对象的内在观点出发，探究他们如何经验世界，借以理解他们对生活情境所赋予的意义和价值"④。正如梅科特和莫洛斯（1994）所强调的，质化研究的重点是"通过仔细观察人们的语言、行动和记录来理解"，"用叙述性的或描述性的方式更接近地再现参与者所经历的情形"。这种研究的范式认为，个人的思想和行为以及社会组织的运作是与其所处的社会文化环境分不开的。如果要理解个人和社会组织，就必须把其放置到丰富、复杂、流动的自然情境中进行考察，任何事件都不能脱离其环境而被理解。因此，强调研究必须在自然的情境下进行，对个人的"生活世界"以及社会组织的日常运作进行研究。研究者必须与研究对象有直接的接触，在当时、当地进行面对面的交往。质化研究的自然主义探究传统及其对意义的解释性理解都使它更加契合学校文化本身的特性。

---

① 格尔兹. 文化的解释. 上海：上海人民出版社，1999：5.
② 格尔兹. 文化的解释. 上海：上海人民出版社，1999：5.
③ Patton, M. Q. *Qualitative Evaluation and Research Methods*. London：Sage，1990：31.
④ 黄瑞琴. 质的教育研究方法. 台北：心理出版社，1991：8.

2. 西方学校文化研究方法发展历程的启示

西方学校文化的研究方法大致经历了质化研究——实证研究——质化研究三个发展阶段。

（1）质化研究的起源。沃勒（W. Waller）是最早提出"学校文化"这一概念的美国学者。我们不仅关注他在学校文化方面的一些认识，而且更加关注他对学校文化研究的开创性方法。1932 年，沃勒在他的《教学社会学》一书中首次使用了"学校文化"一词。沃勒关注学校生活的各个侧面，包括教师与社区的关系、教师与学生的关系、学生与学生的关系以及教师相互的关系，研究一般社会所没有的特殊的人际关系的形成和独特的文化生成。他的意图是描述学校这个场所生成的教师文化的偏差性，批判非人性化的教师，提出必须恢复教师的人性。沃勒这本书的最突出的特点就在于他运用了写实的手法来描述教师的意识与行为。他拒绝当时流行的定量方法，而采用定性的方法逼近并记叙教师文化。他追求的"科学方法"是生动活泼地叙述兴趣盎然的事实，抽取产生这种事实的"因素的构造"。①

（2）实证研究的发展阶段。学校文化研究的实证阶段大体在 20 世纪 60～70 年代。受当时教育研究领域实证主义主流思潮的影响，对学校文化的研究主要采用的是一种逻辑实证主义的方法。他们认为学校组织现实的背后有一些合理的、合乎逻辑的系统秩序，对这种秩序的发现一定要采用研究的方法，重视测量、采样、半实验性的方法和量化的方法，而不能通过内省或重现经验来获得。"普及知识只能通过讲求实际的科学研究，而不是通过内省或者主观经验来获得。"② 量化研究的主要代表安德森（Anderson）认为，早期学校文化的失败是由"单一模式"、不充分的测量和太少的变量所致，改善统计设计是促进有效学校研究的重要渠道，包括测量、变量的选择和控制、统计分析等手法③。量化研究方法的典型代表是人们通过问卷的方式来测量学校文化。当时出现了几种比

---

① 佐藤学. 课程与教师. 钟启泉译. 北京：教育科学出版社，2003：262.
② 佐藤学. 课程与教师. 钟启泉译. 北京：教育科学出版社，2003：156.
③ Jon Prosser. *School Culture*. Paul Chapman Publishing Ltd，1999：7.

较典型的问卷。例如，安德鲁 W. 哈尔平和唐 B. 克罗夫特的组织气候描述问卷（OCDQ）；乔治 C. 斯特恩（George C. Stern）的组织气候指标（OCI）等。虽然人们对学校文化的量化研究方法的批判有很多，例如：脱离学校活动的具体事实，很难了解到学校文化的深层表现；测量的因素结构来自于严密的推理过程而不是来自于学校的实验研究；数据分析和解释的程序太过烦琐等，但谁都无法否定量化研究阶段学校文化研究的发展。

（3）质化研究的发展阶段。20 世纪 70 年代后，学校文化的研究对传统研究人员提出了非常让人头疼的问题：文化的因素很敏感，又看不见，学校内部的人员对其了如指掌，认为它是不证自明的，但在实际中它是无形的。此时，人们意识到收集、分类并总结组织内重大历史事件所得的数据，它们与目前行为的关系，组织英雄对当今思维的影响，以及传统和组织神话的影响，这些任务都不适合用量化的分析方法。有人批判学校文化的量化研究就像"瞎子摸象"，必须摒弃逻辑实证主义那老一套的确定性。学校里的人有选择权和自由权，会出现意想不到的后果、多重价值和冲突，这些都会影响文化。因此，学校文化研究中质化方法的兴起成为一种必然。80 年代，质化研究的方法战胜了量化的研究方法，成为学校文化研究的主流范式。研究者开始避开传统的正式理论过程和传统的半实验性的研究方法。他们不是发放调查表，收集数据，而是深入学校，去查看学校里发生的事情，与学校里的个人谈话，了解他们的生活体验。通过这种丰富而形象的记述，对发生在学校的事情以及人们在此种情况下如何应对为其提供深刻的见解。像此时学校文化研究的典型代表，富兰（Fullan）、萨拉森（Sarason）等人都主张，研究者有必要走进组织内部，与人们进行详谈；观察他们的行为；找出他们所认为的重要话题；倾听他们所使用的语言；了解他们的生活体验；挖掘出反映他们所赞同的假定、信仰和价值观的象征，甚至可以采用直觉的方法。在质化研究阶段，对学校文化的研究获得了飞速的发展，其中对有效学校和学校改革运动的研究是突出的典范。

尽管我们对学校文化研究的方法按照其发展的阶段大致作了三种分

类，但从实际上看，在每一个阶段，实证研究与质化研究这两种研究的方法与取向都并不是截然对立与分开的。这种研究发展的路向为今天的学校文化研究提供了很好的启示。

3. 对当前课程研究方法局限性的超越

"课程是实际"。施瓦布（Schwab）曾经批评当前的课程研究由于过度地、毫无批判地依赖理论而濒临死亡，他强调要从实际的思考方式出发重新探讨课程问题，而实际的思考在方法、问题、内容和结果等方面都与理论不同。理论是将真实的事件以抽象的、理想化的方式呈现出来，忽视了每个具体事件的特别性、个性和不一致的部分。而课程处理的是具体个案中的真实事件、真实的行动和真实的师生，它们是比理论更生动、更丰富的事情。因此，课程研究需要"实际"的艺术。在我国目前课程研究中存在着理论化趋势。"从文化学的视角看课程研究，它过多的趋向于书斋文化，缺乏对田野文化的关照，已经发生着越来越深的文化隔离，寻求文化的沟通必须对研究的取向进行改造，理智的改造思路是走进田野。"① 目前课程研究中的书斋式倾向，使课程研究的理论与实践产生了严重的疏离，造成了课程研究的空洞和薄弱。

倡导课程研究走进田野，正是基于关注课程在实践中的选择和行动提出来的，这不仅可以了解既有的选择和行动，也可以把握新课程遭遇的新的选择和行动。作为一位还未曾真正在第一线实践过课程与教学的研究者来说，我希望自己能够走进课程生活，走进学校、教师群体和学生群体中去体验课程，去获得课程的体验。

另外，本课题的研究借鉴了国外已有的研究成果。因此，更加需要避免一种简单的移植倾向。因为一项在一个国家中取得显赫成绩的教育改革措施，不一定能在另一个具有不同文化背景的国家中取得成功。如果仅仅从理论到理论的异地移植，脱离了它得以具有价值的实践基础，用它来导引、改造我们的课程实践，就不可避免地会产生主观主义、教条主义和形式主义。因此，课程研究应该走进实践，立足于自己文化的

---

① 杨启亮. 走进"田野"：课程研究理论化趋向的改造. 教育学（人大复印报刊），2003（1）：3～6.

中心来研究实践，并且有效地服务于实践。

（二）工具性个案研究的取向

"探究处于众多个案中的一项个别案例，洞识众多不同世界中的一个世界所取得的成就，就能发现这些成果虽小却来之不易。而倘若没有这样的志向，客观性就会成为虚妄的借口，宽容就会成为虚设的伪装。"① 采用个案研究的方式，更加有助于深入地、细致地、长期地考察学校文化的真实情况。因为学校文化，特别是观念文化，属于深层次的文化，处于学校文化主体的无意识状态下，它必然需要通过长期的观察与访谈，才能挖掘出深层的文化内涵。文化的发展，也是一个长期的积淀过程。考虑研究问题本身的特点以及本人的研究精力和研究的时间与资源所限，工具性个案研究的取向和方法适合于本研究。

"进行质化研究并不一定要论证什么，重要的是从实际的事物中发现什么。""质化方法的深度和详尽特征，典型地源于小数目的个案研究，其数目小到不足以作有信心的类推。个案被选择来作研究，乃因其在研究目的之下具有特别的意义。"② "在个案研究中我们所关注的重点是我们能从单一的个案中学到什么特殊的东西。"③ 个案研究更注重研究的过程，注重对研究对象自身的特点和周围环境进行深入的考察。个案研究重点在于描述对象的自然的变化过程。在个案研究中，按照 Stake（1995）的观点，分为本质性（intrinsic）个案研究和工具性（instrumental）个案研究。本质性个案研究是针对已知的一个特殊个案进行的研究。"我们对它感兴趣不是因为研究它可以了解其他的个案，也不是为了得出一般的结论，而是因为我们需要认识这个特殊的个案。我们对这个个案本身的固有的特性感兴趣。"④ 工具性个案研究是"我们有一个要

---

① 格尔兹. 文化的解释. 上海：上海人民出版社，1999：17.
② Patton，M. Q. *Qualitative Evaluation and Research Methods*. London：Sage Publicetions，1990：53～64.
③ Stake，R. E. *The Art of Case Study Research*. Thousand Oads；Sage Publications，1995：236.
④ Stake，R. E. *The Art of Case Study Research*. Thousand Oads；Sage Publications，1995：3.

研究的问题，一个疑难的问题，一个需要对其建立一般性理解的问题。并且感到可以通过研究特殊的个案深入地认识这个问题。这种个案研究是对一些事情的理解。在这里个案是作为完成任务的工具，所解决的问题不是这个特殊的个案本身。"①

本研究的研究目的是想通过一所学校的个案研究，探索当前新课程改革背景下的实然学校文化状况及其对课程变革的影响，探索学校如何实现学校文化重建与课程改革成功的双赢局面。我们关注的重点不是这所学校，即个案本身，而是将该个案作为认识问题的工具，通过描述、归纳和解释的方式，概括出研究对象的一些特征，从中透视一般性的结论。

三、研究对象的选择

究竟以什么样的标准来选择研究的对象呢？我考虑的因素比较多。本研究采用的是以质化研究为取向的工具性个案研究的方法，主要的目的是通过对个案的考察，回答所提出的问题。因此，在研究对象的选择上以质化的个案研究对象的选择标准来确定。Stake（1995）认为，个案研究中样本选择的"首要标准是我们能从中学到最多的东西。根据我们的目标，确定哪些个案可以使我们理解，使我们作出结论，甚至能使我们得出概括性的结论。我们进入实地工作的时间总是有限的，如果可以的话，我们需要选择那些能够更容易进行我们研究的个案。"② Patton（1990）提出质化研究主要采用"立意抽样"或"目标抽样"的方式，"立意抽样在于选择信息丰富的个案作深入的研究，这样的个案是指样本中含有大量对研究目的至关重要的问题的信息"③。

---

① Stake，R. E. *The Art of Case Study Research*. Thousand Oads：Sage Publications，1995：4.
② Stake，R. E. *The Art of Case Study Research*. Thousand Oads：Sage Publications，1995：169.
③ Patton，M. Q. *Qualitative Evaluation and Research Methods*. London：Sage，1990：53~64.

　　根据我所研究的问题以及上述确定质化的个案研究样本的信息丰富、容易、方便原则，我选择了吉林省长春市××区的一所普通中学作为自己的研究对象[①]。所以觉得这所学校能够符合自己的选择标准，是基于这样几个原因。首先这是一所中学。我将自己研究的对象限定在中学，是基于义务教育阶段课程改革实施情况三次调查的结果。在教育部组织的三次新课程实施状况调查中，均发现中学和小学在课程实施程度上有差异，包括教师对新课程理念的认识，对新课程倡导的教学方式和评价方式的认同等[②]。明显的趋势是与小学教师相比，中学教师在各项指标上的表现都悲观一些。也就是说，在课程实施中，中学受传统应试型学校文化的影响比较大，面临的压力和障碍比较大。全国调查的数据表明，初中学生家长中对新课程改革持"非常支持"和"基本支持"态度的比例分别为10.6％，43.7％，明显低于小学生家长的29.7％，55.8％，而持"有些担心"和"很担心"态度的比例分别为29.6％，8％，明显高于小学生家长的8％，0.3％。因此，我提出一个暗含的假设：如果一所中学的学校文化能够在课程改革的促动下出现转变的迹象，那么小学实施的情况相对来说会更好，课程改革成功的希望会更大。其次，一个考虑是方便原则。这所学校是导师课题的实验学校，因此，从情感上讲，

①　关于这所学校的具体情况请参见论文的第三章："为了什么而奋斗——学校的愿景与目标"。

②　全国义务教育阶段课程实施评估调查结果显示，小学与初中教师在调查的很多指标上表现出非常明显的差异。明显的趋势是，与小学教师相比，初中教师对课程与教材的适应，对新课程教学、评价理念与方式的认可程度相对低，评价变化的程度小。例如，对新课程评价方式的认可程度，初中教师认为新课程提倡的目标多元、方法多样的评价方式，"受条件限制，暂时不能做到"（20.8％，7.8％）和"操作困难，很难做到"（9.6％，1.9％）的比例明显高于小学，而"完全可以做到"（7.1％，17.6％）和"创造条件，可以做到"（62.4％，72.1％）的选择比例低于小学。从学生评价的方式看，小学采用"平时表现为主，参考考试成绩"的评价方法高达76.2％，而初中仅为30.9％；小学"考试成绩为主，参考平时表现"的方法选择比例为8％，而初中为60.8％。也就是说，小学更倾向于对学生的过程性评价，初中重结果性评价。对教师的评价，初中采用"主要看考试成绩"一项的比例明显高于小学（19.6％，5.1％），而"通过教师自评、领导评价、学生评价和家长评价等多种渠道"的选择比例低于小学（66.7％，79.3％）。从学校整体和对班级评价方式改变的程度看，小学变化的程度较大，选择"发生很大变化"的比例超过一半，而初中仅为29.7％；"基本未变"小学仅为0.9％，而初中为12.4％。以上数据表明，初中相对于小学，评价方式改变的程度要小。参见：马云鹏，唐丽芳．基础教育课程改革的成就、问题与对策——13个国家级课程实验区问卷调查与分析．中国教育学刊．2004（1）．

能够得到校长的支持。再次，这所学校所在的区域是长春市经济和教育发展最好的一个区域。因此，从课程实施的影响因素角度看，受经费、物质资源的影响相对小，更容易分析学校文化等其他因素对课程实施的影响程度。这是一所普通的学校，它的代表性更强。

文化意义是由特定文化群体中的所有成员共同拥有的，其可以在任何一个成员、事件或人造物品上表现出来，渗透于学校的各个角落。因此，对学校内部研究对象的选择，我采用非概率抽样的方式。在前后研究的一年多时间里，我不断地对该学校教师群体在任何时间和任何活动中的行为表现进行观察。当然，其中也会考虑样本的代表性。例如对教师学科、年龄结构、教龄和年级等因素的考虑。

四、资料收集的方法与过程

（一）进入现场

1. 与"守门员"的接触

"守门员"是指那些在被研究者群体内对被抽样的人具有权威的人，他们可以决定这些人是否参加研究。在进入现场前，对"守门员"的了解是重要的一环。我的研究对象是一所学校，因此，这所学校的校长便成为我研究的"正式的合法守门员"①。在正式研究开始前，由于这所学校刚刚参与了导师的一项研究课题，另外我通过学区教师进修学校干训部主任的介绍，对这所学校校长的个人风格、管理特色及其对新课程改革的态度以及学校的办学情况有了一个初步的了解。2003 年 9 月 27 日，我正式走入研究现场，与我的"守门员"正式接触，见面的地点是该校

---

① 研究表明："守门员"一般可以分为"合法的守门员"和"不合法的、自己任命的守门员"两类，在"合法的守门员"中又存在"正式的"和"不正式的"两种类型。所谓"正式的合法守门员"是指那些对被研究者来说具有正式权威头衔或职位的人。"非正式的合法守门员"是指那些没有正式官衔的人，但是他们在被研究者群体内享有很高的声誉，受到其成员的广泛尊敬。参见：陈向明. 质的研究方法与社会科学研究. 北京：教育科学出版社，2000：151～152.

校长的办公室。为了能够得到学校对我的重视，导师陪同我来到研究现场，校长很热情地接待了我们，并且详细地介绍了学校参与导师课题的进展情况以及学校的发展状况。之后，经校长引见，我认识了学校的副校长和科研室主任，经商议确定我在学校的角色——一方面做我自己的论文，另外也帮助学校做科研课题。这正契合我对自己角色的定位。这个角色的定位，几乎确定了我今后在这里与被研究者的关系："局内人"与"局外人"的双重角色。

　　在与"守门员"的第一次接触中，我产生了一个顾虑：由于我的"守门员"是学校的领导和权威，那么由他把我带入研究的现场，会不会影响我今后与教师的接触。正是基于这样的想法，在以后的研究过程中，我尽量避免与校长、副校长走得更近，以此取得教师对我的信任。

　　2. 我的角色："局内人"与"局外人"

　　在质化研究中，对研究者与被研究者之间关系的认识，持不同科学范式的人有不同的看法。但是汉莫斯里（M. Hammersley）和阿特肯森（Atkinson）的研究表明："可以被接受的边缘人"（即"局内人"与"局外人"的双重身份）是最理想的选择，两种角色之间所形成的张力使研究者既有一种归属感，又有一定的个人空间。

　　"局内人"——学校科研室工作人员。这所学校科研室在编有两位教师，其中科研室主任同时还兼职做教导处主管文科的主任。事实上科研室主任是他的"副业"。另外一位教师是从事实际工作的人。他的工作内容一般会涉及这样几项：撰写学校的科研课题申报和结题报告（这样的工作很少，我在学校的一年多时间里，仅有两次）；为了迎接上级的科研检查，整理、撰写学校的科研资料；响应上级的科研论文比赛，收教师论文和评审费用；替教学副校长打印一些资料。由于常规性的工作比较少，工作量比较小，科研室的一位老师足以应付，所以实际上我的工作更加少。从这个意义上说，我的"局内人"身份并不明显。

　　"局外人"——自由观察者。更多的情况下，我是这里的"局外人"，是一个观察者。在这所学校里，我似乎是一个拿到了皇上令牌的人，可以自由地出入教师群体。半年后，这里的老师习惯了我的存在。从情感上说，他们把我当成"自己人"，而我身份的特殊就在于是一个与他们没有任何利害冲突的"自己人"，这使我在很多时候都能够获得一些真实的资料。另外，学校文化本身的特性也使"局外人"的身份更适合一些①。一个组织内的成员对于该组织的文化往往处于无意识的范畴之内，他们往往不能意识到本组织的特性。因此，研究者以一个观察者的"局外人"的身份来研究会更加客观。但是，在研究的最初阶段，"局外人"的角色还给我的研究带来了很多障碍，有一些隐秘的、敏感的问题我就难以了解到内幕。

（二）资料收集的主要方法

在质化的个案研究方法范式下，秉承"在活动的事实中考察文化"的原则，在学校实地考察的一年时间里，我主要采用了访谈、观察、收集实物和问卷调查等方法收集资料。由于文化是无所不在的，它渗透与体现在学校及其成员的方方面面，包括语言、行为、动作和象征性物品等。学校文化的这种特性实际上为我的研究带来了很大的难度，由于个人精力的有限，很难全面地关注到学校和教师的各种工作和活动。在进入实地之前，基于自己的理论基础，我在头脑中勾勒了一个大致的研究框架，对于学校文化我究竟应该关注哪些因素有一个初步的想法，也就是说，我的研究并不是没有任何设计的完全开放的研究。但这只是一个研究的框架，在实地研究的最初阶段，我几乎对学校的所有方面都有所涉猎和了解。研究的过程是一个逐渐聚焦和归纳的过程，到研究的中期阶段才形成自己的真正研究问题。因此，不能够否定我走了很多"冤枉路"，但实际上这些资料作为背景，使我对这所学校有一个全面的了解。

1. 访 谈

访谈是我运用的主要方法之一。通过访谈法，能够直接了解到学校和教师的历史、教师对一些问题和事件的想法和看法以及教师的情感和

---

① 怀特曾经指出，在我们的生活中，无意识是一个重要的领域，它大体可以分为两种：除了深藏于我们自身的机体组织内的行为决定于无意识层次之下外，还存在另一类同样是无意识的行为决定因素——超机体的文化传统。因此，对于这种组织内成员的无意识范围内的"文化传统"的研究，"局外人"更加适合。

感受等。访谈主要采用正式访谈与非正式访谈两种方式。从 2003 年 9 月末到 2005 年 1 月的一年多时间里，我正式访谈的教师共计 30 位，其中包括学校的校长、副校长、书记、教导处主任、教导处干事、学生处干事以及包括数学、语文、外语、政治、历史、地理、生物、音乐、体育、信息技术等大部分学科在内的教师。非正式访谈由于时间不定，内容也有长有短，我没有确切地统计过。非正式访谈绝不是随意聊天，访谈的内容看似"无计划"，实际上大体还是围绕自己预先设计的研究提纲进行的。学校文化研究内容的广度，使我的访谈提纲设计起来非常困难，其随着不同的访谈对象而有所变化。访谈的问题基本上可以分为结构性访谈、半结构性访谈和开放性访谈。下面我以对一位老师的三次访谈为例来说明。

第一次是非正式访谈，在我去和她约第二天听课和访谈的时间时，顺便聊了几句。其中涉及这样几个问题：她的个人经历、教学风格和特点、课程改革以来教师教学的变化以及集体备课情况。

第二次访谈，结合第一次的非正式访谈以及我对这位教师的了解，我访谈了下面几个问题：（1）讲讲您在这所学校几起几落的故事和经历，以及您当时的感受[①]。（2）您教过好班，也教过差班，从教师来说，有什么感受？学生氛围、文化是否有差异？（3）现在这里工作的感受。（4）您喜欢什么样的文化氛围？例如领导和教师之间、教师之间、师生之间应该怎样？这里缺什么？（5）介绍一下您管理班级以及与学生相处的经验和故事。（6）目前课程改革在学校的实施情况。您觉得自己做得怎么样？主要的障碍在哪里？你期望得到什么帮助？（7）说一说学校里没有强制要求而大家都能主动去做的事情，或者你根本不想做但是大家都这样做你也不得不去做的事有哪些。（8）你对学校未来发展有什么期望？

---

① 问这个问题是因为在第一次的非正式访谈中，李老师在介绍个人经历的时候，提到了一句"我也不是一开始就受重视的，也有过三起三落"。当时我没有意识到这句话的重要性，所以并没有详细地追问，后来在资料整理和分析的过程中，发现其实这个故事深刻地反映了学校实施新课程以来校长和教师在文化观念上的一个转变。因此，在第二次访谈时，我详细地问了这个问题。

2004 年 9 月，这位老师调走了，我觉得这还是一个值得研究的问题。对此，我又采用电话录音的方式对她进行了第三次访谈，主要包括以下问题：(1) 为什么调走？(2) 你认为两所学校的差异在哪里？你在新学校工作的感受。(3) 这所学校值得你留恋的地方是什么？

在这里，呈现这样一个例子是想说明，虽然研究对象的特点使我的研究没有一个固定不变的访谈提纲，但是总体上其是围绕着学校文化的基本要素和学校的课程实施情况进行的。

2. 观　察

观察与访谈是我在研究中使用最多的两种方法。我研究中的观察有两类：参与型观察和非参与型观察①。"从扎根在人类日常生活的有关事实中发掘实践性真理和理论性真理"，在自然的情境中对学校的文化模式和学校课程实施现状形成一个感性的认识。从公开和隐蔽的角度来说，除了课堂观察外，我的观察大多属于无结构性的观察。这种开放的无结构的观察活动，使我能够根据当时的具体情境调整自己的观察视角和内容。例如，我经常到教师办公室里观察教师的活动。在观察之前，有一个初步的观察提纲，例如：办公室里有多少教师？他们一般都做什么？一般都谈哪些话题？怎样批改作业？怎样备课？等等。但是对办公室里意外情况的观察，例如临时一位家长来访和教师批评学生等，对这些事情的观察则要根据具体的情况来确定。可以说，一所正常运转的学校，每天都有许许多多的事情发生，而我们选择什么来观察，我们会注意和关注哪些东西，这和自己的理论前设与生活经历是有一定关系的。"你能不能观察到眼前的现象取决于你运用什么样的理论，理论决定着你到底能观察到什么。"② 因此，对这所学校状况的呈现，仅仅是我——一个有着一定理论前设的研究者视域中的学校。

---

① 质化研究中的实地观察可以分为两种：参与型观察与非参与型观察。参与型观察是观察者和被观察者一起生活、工作，在密切地相互接触和直接体验中倾听和观看他们的言行。这种观察比较开放、自然和灵活。非参与型观察不要求研究者直接进入被研究者的日常活动。观察者通常置身于被观察的世界之外，作为旁观者了解事情发展的动态。这种观察比较客观，但会受到"研究效应"的影响。

② 赵慕熹. 教育科研方法. 北京：北京教育出版社，1991：44.

3. 收集实物

任何实物都是一定文化的产物，都是在一定情境下某些人对一定事物的看法的体现。因此，可以把这些实物收集起来，作为特定文化中特定人群所持观念的物化形式进行分析。在实地研究的一年多时间里，我收集了大量的"正式的官方资料"和"非正式的个人类资料"。其中正式的官方资料包括学校的各种规章制度、上级颁发的一些文件、有关学校的一些统计资料和总结材料等。非正式的个人类资料主要包括教师的教案、听课笔记、业务学习笔记、学生的作业、考试卷、日记和周记、学校物理环境的照片以及学校举办的一些大型活动的照片等。通过对这些实物的分析，透视其中蕴涵的文化观念和规范。例如，论文第四章"我们的行动指南——学校的制度规则"，主要是运用收集实物的方法，通过对学校的教师奖励制度、教师竞聘制度和科研制度的分析，透视学校制度中折射出的文化价值追求。

4. 问卷调查

问卷调查是量化研究方法的运用。在借鉴国外学校文化问卷编制的基础上，我设计了自己的学校文化问卷，这仅仅是访谈、观察和实物分析的一个辅助研究手段。问卷设计包括这样几个指标：学校的历史发展、学校的愿景与目标、学校的人际交往、教师的日常教学、学校管理、教师专业发展以及对学生的假设。我采用 5 等级量表的形式对学校教师进行了调查。共发出问卷 88 份，有效问卷 65 份。

（三）资料的整理和分析

研究资料的整理过程和分析过程是不可分的，而对资料的分析过程实际上也就是写作的过程。这不是一个线性发展的过程，它们之间相互重叠、补充和循环反复，呈螺旋上升的状态。在整个研究的过程中，无论是访谈录音资料还是自己的观察笔记，我都力图做到材料一收集上来就立刻进行分析整理，包括自己的反思备忘录和对问题的分析笔记。但是在研究的初始阶段，我并没有形成自己分析问题的档案系统，只是按照原始资料的本来面目做好记录。到研究的中期阶段，我开始有意识地回头阅读原始资料,在阅读的过程中,我将自己事先设计的理论框架放到一边,怀着一种完全开放的态度全身心地"面对事情本身",寻找原始资料中的本土概念及概念之间的关系。在研究结果的呈现过程中我遵循了现象学写作的观点。现象学的写作通过引证我们最直接、最普通的经验,对那些最普通、最熟悉、最不证自明的东西实施结构化的分析。①我将在 L 学校听到的、看到的一些故事和事件,与自己的理论框架结合起来,形成论文的框架。

五、研究的效度和伦理道德

拉舍(P. Lather)曾经提出"反身性效度"的概念,它指研究者对自己的研究过程和决策行为进行反省的程度,目的是促使研究者对自己获得的研究结果的合法性进行挑战。②我的研究已经结束了,自己的研究结果与现实到底有多大程度的契合性?我的研究能算成一项好的研究吗?这是自己十分关心的问题,其几乎是衡量自己研究报告好坏的一个最重要的砝码。

(一)研究的效度

质化研究的一个重要理论前提是,"客体"不是一个固定不变的实体,它是一个与主体相互配合、适应、转换和变化的另外一个"主体"。研究者对事物的理解不是简单的主体对客体的认知,而是主体与主体在一定的社会文化环境中的重新相互建构。这是一个复杂的运动过程,主体间的理解受制于各自所处的研究情境。……当我们说某一研究结果是"真实可靠的"时候,我们不是将这一结果与某一个可以辨认的、外在的客观存在相比较,而是指这个结果的"表述"是否"真实"地反映了在

---

① 佐藤学. 课程与教师. 钟启泉译. 北京:教育科学出版社,2003:262,156,260,262.

② 陈向明. 质的研究方法与社会科学研究. 北京:教育科学出版社,2000:389～390.

某一特定条件下，某一研究人员为了达到某一特定目的而使用某一研究问题以及与其相适应的方法对某一事物进行研究这一活动。……当我们说某一结果的效度比较"高"时，我们不仅指该研究使用的方法有效，而且指对该结果的表述再现了研究过程中所有部分、方面、层次和环节之间的协调性、一致性和契合性①。质化研究对"效度"的认识是被研究者所看到的"真实"、他们看事物的方式、角度以及研究关系对理解这一"真实"所发挥的作用。

在研究的过程中，我关注自己研究的效度，通过寻找效度的威胁因素，并采取一定的检验手段来提高研究的效度。

1. 研究效度的威胁因素

（1）描述的准确性。这种效度主要受制于收集资料的环境和工具、研究者的个人状况、资料的收集与分析过程以及研究关系。在我的研究中，"描述"和"分析"是一个重要的研究方法。因为从质化研究的分类来看，我的研究问题"课程改革中的学校文化"，属于描述类问题和过程类问题，这是一种人类学和社会学的研究范式，经常运用的是整体民族志和扎根理论的策略，通过运用无结构访谈、参与型观察、实地笔记、文件、记录和照片等方式，对所研究的文化群体进行重点的分析。在我的研究中，涉及很多对教师行为、学校活动的描述。例如，对学校外部环境、对教师课堂教学过程的描述、"走进新课程教师论坛"上全校教师的表现、"一位教师批评学生的过程"、"一次教师集体备课"等等，对这些问题描述的准确程度，都会直接影响研究的效度。

研究工具的影响。在研究的过程中，我主要使用的研究工具是录音笔。由于描述问题更多地依靠个人的观察，例如，对教师课堂教学过程的观察，对班级家长会和教师集体备课等的描述，由于没有录像等辅助设备，个人的注意力范围有限，因此难免有观察不到的地方。另外，由于学校靠近马路，有的时候环境嘈杂，影响录音的效果，在整理的时候有些地方是凭着记忆整理的。还有些问题是采用随机访谈的形式，在平时的聊天和交流中获得的，这样的信息往往是在访谈一结束，就立刻找

---

① 陈向明. 质的研究方法与社会科学研究. 北京：教育科学出版社，2000：389～390.

一个最方便的地方把访谈的内容凭记忆整理出来。因此，也有可能影响信息的准确度。

研究者个人的思维方式和对问题的敏感程度。自己的批判思维方式、挑剔的眼光和对某些问题缺乏敏感程度，使我在收集资料的过程中有意无意地省略掉某些对研究问题至关重要的信息。例如，在"走进新课程教师论坛"中，一共举办了六次论坛，几乎每一位老师都说了自己正面的做法，而唯独一位老师，全部都说了自己对新课程的困惑和迷惘。起初，觉得这位老师所说的在杂志、网络和报纸上有很多，并不新奇，所以并没有给予过多的关注。而在后来整理资料的时候，忽然发现这是一些很宝贵的资料，其中反映了很多问题：教师对新课程的真正感受，这所学校开放和研究的文化状态。因此，我又回头整理这部分的录音。这就是缺乏敏感的表现。另外，个人的生活史对自己的思维方式也有一定的影响，我一直生活在象牙塔里，没有从事过一线的教学，所以对很多问题的理解往往停留在理论的理想层面，用这种挑剔和批判的眼光来看学校，往往会关注学校的消极层面。

研究效应的影响。由于我的参与，被研究者常常会改变自己的自然状态，从而带来了研究的"测不准效应"。有一次听课，目的是观察教师的课堂教学。结果下课后这位老师就向我反映说，原本这节课是没有设计后面的"学生互相解答问题"这个环节的，但是由于我来听课，临时安排了这样的环节。学生往往都知道，一旦有人听课，大家都要好好表现，这节课他班的学生就比平时要积极得多。教师和学生的这种"研究效应"，使我对课堂上师生互动的描述产生了失真的后果。另外，在访谈的时候，有的教师为了给我留下一个好印象，不愿意暴露自己的缺点，所以常常会"撒谎"，故意往自己脸上"贴金"。

（2）解释的确切性。研究者了解、理解和表达被研究者对事物所赋予的意义的"确切"程度是效度的一个重要标准。研究者应该站到被研究者的角度，从他们所说的话和所做的事情中推衍出他们看待世界以及建构意义的方法。我的研究目的是探索在新课程背景下，这所学校里的人的文化习惯、思维方式和行为规范，因此在收集资料的过程中，我总是尽自己最大的努力理解当事人所使用的语言的含义；在分析原始资料的时候，也尽量地使用他们的本土概念作为代码；在行文的过程中，真实地报告他们的意义解释。但即使是这样，我也对自己的解释有些惴惴不安。

研究对象言行不一致。人常常会出现言行不一致的情况。在访谈和观察过程中，经常会发现有的老师口头上拥护、信奉和倡导一套理论，而实际践行的又是另外一套。只观察研究对象的行为，有时候很难发现其意义。即使是将访谈和观察相结合，也很难判断自己所感受到的是否真正代表了对方的意思。例如，很多老师都承认在教学中，学生就是课堂的主人，一定要保证学生的主体地位，但是实际的教学，又常常会由于考试等一些原因而采取满堂灌、题海战术等违背自己意愿的方式。这时候，就要求研究者能够采用多种研究方法，调查不同的人，询问不同的情形来辨别信息的真伪，从而对问题作出解释。

研究者的理论前设。在质化研究中，尽管强调研究者要悬置自己的理论前设，用"画括号"① 的方式走进现场。但是研究者毕竟也是一个活生生的存在，他有自己过往的经历，有自己的价值判断，对某些问题有自己的前设和倾向，因此免不了会戴着一副有色眼镜去看待被研究对象。

理解与解释是大脑内部的活动。作为研究者，我们很难知道被研究者内部的大脑活动，也很难判断自己对对方意义的理解是否"正确"。并且，研究者始终处于"阐释学"的境地，对任何问题的理解都是主观与客观的结合。对研究者而言，他人的行为必须透过自己与其互动才具有意义，而意义则因时、地、人不同而有所不同。例如，在一次访谈一位从爱尔兰回来的英语老师时，在问到他回国后自己在教学上是否有什么变化的问题时，这位老师说了一句"教学就是这样吧，也就是这样"。根

---

① "画括号"方法来源于现象学的"现象学还原"。胡塞尔将"回到事情本身"，即无偏见、无前提的直观意识活动的方法论原则发展为一种操作性的原则，称为"现象学还原"。"画括号"方法是说将被研究的意识对象用"括号"括起来，即在基本问题没有弄清楚之前，我们暂不考虑以往或通常的观点、思想、看法，尤其是自然主义的态度，待基础弄清楚之后，再来决定对它们的态度。也叫做"终止判断"或"悬置"。参见：张志伟，欧阳谦．西方哲学智慧．北京：中国人民大学出版社，2000：155．

据这位教师说话的语境和前后说话的连贯意义，我判断他所说的"就是这样"应该就是"教师讲，学生听"的模式。因为我当时没有追问，所以到目前为止，只能作这样的解释和判断。

（3）个人生活史。"生活史研究最大的力量在于洞察个体的主观现实，让主体去为他（她）自己说话。"[①] 从自己的生活经历看，我没有参加过工作，也没有做中小学教师的经历，从前对教师生活境遇的了解也甚少。因此，个人的生活史决定了我在许多时候都很难真正地与教师共情，无法达到心灵的沟通与共融。这种对被研究对象理解的水平从某种程度上也会影响我对问题的解释力。

2. 研究效度的检验

针对以上这些效度威胁因素，我主要采用了以下几种检验的手段：侦探法、证伪法、相关检验法和收集丰富的原始资料。

（1）侦探法。这是借用法律中侦探人员侦破案件过程的一种方法。所谓"侦探"，是指一步一步地对可疑现象进行侦察，找到解决案子的有关线索，然后将线索放到一起进行对比，制定最佳的处理方案，然后对"罪犯"采取行动。研究中的侦探法也类似于这个过程，研究者按照研究问题的性质、目的和所依据的理论不断地对研究的各个层面和环节进行搜寻，找出有可能影响效度的威胁因素，对其进行检验，从而将其排除。例如，在我的研究中，对学校科研现状的研究，即是一个"侦探"的过程。在刚刚进入现场的几天里，我被学校"科研兴校"的办学目标所吸引，查看了学校丰富的相关文件资料，发现这所学校科研工作搞得有声有色，校本主导课题和学校协作课题共有十几项，教师也几乎做到"人人有课题"。我产生一个疑问：在中国目前中小学校科研现状的总体状态下，这所学校是否能够真正地做到这么出色呢？由此，我访谈了不同学科、不同年龄、不同性别和不同职位的教师，观察了几次教师"做课题"的过程，我发现了一些破绽。将这些资料综合到一起，我发现在学校完善的科研制度规范下，学校教师、校长对科研的态度和学校科研工作的

---

① 周宗伟. 高尚与卑贱的距离：大众社会中的学校文化研究［博士学位论文］. 南京：南京师范大学教育科学学院，2002.

实际状况。这就是一个侦破的过程。

（2）证伪法。所谓证伪法，是指在建立了一个假设之后，想尽一切办法证明这个假设是不真实的或不完全真实的，然后修改或者排除这一假设，直到找到现存条件下最为合理的假设。这也是一个常用的方法。但是质化研究中的证伪法绝不像量化研究中那样严格，只要找到一只天鹅是黑的就可以判定"天鹅是白的"的假设不成立。在我的研究中，学校这个群体的文化规范尽管是共性的，但是作为主体存在的人，也存在少数反文化的现象。因此，只要是多数主体的行为方式，就可以判断其是这个组织的文化模式。例如，对学校师生关系的研究，我便使用了证伪法。由于观察到这所学校的教师对学生的一个普遍称谓是"孩子"，结合教师的行为表现，我形成自己的初始判断——教师通过"孩子"这个称谓将师生关系界定在家庭似的"父子关系"范围内，以行使自己对孩子的权威和特权。在形成这个原假设后，我反复阅读原始资料，有意识地寻找那些有可能使该假设不成立的依据。结果发现资料里面其实还存在很多教师爱孩子的故事和表现，这就是一个反例，这样我需要对原来的结论进行修改，以适应原始资料的真实内容。于是，在原始假设的基础上，结合大量的资料，我形成这样的结论：在"孩子"这个特定称谓的背后，反映了教师两个方面的观念："爱学生"和"权威——不正常但常见的规训"。

（3）相关检验法。又称"三角检验法"，指的是将同一个结论用不同的方法，在不同的情境和时间里，对样本中不同的人进行检验，目的是通过尽可能多的渠道对目前已经建立的结论进行检验，以求获得结论的最大真实度。在我的研究中，最主要的相关检验方式是同时结合访谈与观察的方法。通过观察来获知被研究者的行为，通过访谈来了解被研究者的想法。有时是把观察到的结果放到访谈中进行检验，有时是把访谈的结果放到观察中进行检验。例如，对教师课堂教学情况的研究，经常的做法是先听教师的课，观察教师课堂的实际表现，然后再访谈教师，了解教师课堂设计的意图和教学机制的想法。对教师工作方式的了解，即是先通过访谈了解教师所谓的"重复性劳动"、"每天待在班级里"这种工作方式，然后再通过观察确认，在观察的过程中进一步访谈教师对这种工作方式的感受和形成原因。通过不同方法的相互补充和佐证，获得"真实"的资料。

（4）收集丰富的原始资料。丰富的原始资料可以为研究的结论提供充分的论证依据，进而提高结论的效度。这里所谓的"原始资料"，既包括从被研究者那里收集到的材料，也包括研究者本人在研究过程中所做的笔记和备忘录。因为质化研究的效度在很大程度上取决于研究者这个特殊的工具以及其所从事的研究过程，所以研究者本人对研究过程进行的反省对研究的效度也很重要。在实地研究的一年里，我通过多种方法，收集积累了大量的学校文件、教师教案、学生作业、日记、考试卷和教师反思日记；通过正式与非正式两种方式，访谈学校的教师，并且将访谈的全部内容，包括访谈时教师的部分语气和表情都一字不漏地整理出来；参与学校的各种活动（如家长会、教学公开日、教学检查、教师业务学习大会、学校每周例会、学区集体备课、学校集体备课、学校开学典礼、学校运动会、教师竞聘大会和名教师评比等），并且都做了观察日记，包括场景的细节、人物的语言、行为和自己当时的感受等。这些丰富的资料，使我在资料整理和成文过程中，随时能够回到原始资料中对自己的结论进行检验，尤其是当结论有争议的时候。

（二）研究的伦理道德

质的研究关注研究者与被研究者之间的关系对研究的影响，因此，研究过程中的伦理道德规范便成为一个不可回避的问题。从进入研究现场的那一刻起，直到论文写作完成，我始终没有忘记研究的伦理道德问题，并时刻提醒自己。例如，研究过程中一般要事先征得研究对象的同意，对被研究者承诺并践行保密原则，在任何情况下都不会向外人泄漏他们谈话的内容等。即使是长时间驻扎在那里，和几位老师的关系十分密切，也从不向他们提及有关其他研究对象的相关访谈内容。

在研究的过程中，自己也曾经面临两难选择，也一度被这个问题困扰。例如，在访谈前要征得被研究者的同意才可以录音这个问题，在访谈了两三位教师后，我逐渐发现，一旦提到录音的问题，教师马上就变得很敏感，有的老师虽然同意你录音，但是他在访谈中会回避一些比较敏感的、关键性的话题。因此，在后来的研究中，偶尔在涉及一些隐私问题（人际关系、对校长的评价、对待差生等）时，我也曾偷偷录音。

或者选择在与访谈对象一起吃饭、聊天这种随意的不设防的环境下，想办法诱导他说。往往在这个时候，我就很矛盾。尽管从我自己的道德品质讲，我会完全遵守保密的原则，这是自律，但是从研究的角度看，我总感觉自己犯了大忌。因为从质化研究的伦理道德角度考虑，首先要考虑研究的结果是否会给被研究者带来麻烦，研究中遵循的一个原则应该是"不论发生了什么问题，我们应该首先考虑被研究者，然后才是我们自己的研究，最后才是我们自己：被研究者第一，研究第二，研究者第三"[①]。所以，直到论文成稿，我心中还是有一些不安，我违背了这个原则。我试图回到理论上来为自己找一个充分的可以被谅解的理由。在质化研究中，关于"研究是否要事先征得被研究者的同意，研究是否应该向被研究者公开"的问题实际上也是有争议的，基本上可以分为五种类型：隐瞒派、公开派、情境—后果派、相对主义的观点、女性主义的观点[②]。不同派别对于这个问题有自己不同的观点。我把自己归属到情境—后果派，即研究是否公开，要视研究的具体情境和所产生的后果而定，要考虑研究进行时的各种条件以及有关人员之间的关系等因素。我遵循的原则是，如果当事人不会因此受到伤害，而我自己又能够获得更多的、更加有用的资料，我就可以采取一定的隐瞒行为。另外，我给自己赋予的使命是站在社会批判者的立场上，"要发现学校实施新课程的真实状况"，因此，我允许自己"为了获得诚实的资料必须不诚实"。

---

① 陈向明. 质的研究方法与社会科学研究. 北京：教育科学出版社，2000：435.
② 隐瞒派学者认为，在研究过程中，研究者可以使用任何方法来取得所需要的信息，包括撒谎、隐瞒自己的身份以及设计人为的研究情境等。公开派学者认为隐瞒型研究是不道德的，研究者没有权力侵犯他人的隐私，一切研究都应该对被研究者公开。情境—后果派对伦理道德问题持一种比较开放和灵活的态度，既不同意研究应该绝对隐蔽，也不同意研究应该绝对公开，认为对事情的判定必须考虑研究的具体情境以及所产生的后果，应该考虑研究进行时的各种条件以及有关人员之间的关系等因素。相对主义的观点认为任何伦理道德方面的判断和决策都是相对的，不存在统一不变的、绝对的伦理道德规范。研究方式的选择应该取决于研究者个人的标准，衡量研究者行为的唯一道德标准就是研究者自己的良心，而不是外在的科学家群体的规范。女性主义的观点认为，研究者与被研究者之间应该建立一种开放的、相互关怀的关系。研究中的伦理道德问题不是"隐蔽"与"不隐蔽"的问题，而是研究者是否能够真正做到与对方共情。参见：陈向明. 质的研究方法与社会科学研究. 北京：教育科学出版社，2000：426.

第二章

理论支点：学校文化
本体论追问

基于论文的基本研究问题"课程改革下的学校文化"，在研究中必然会涉及诸如学校文化的因素和结构、学校文化的功能、学校文化的表现模式、学校文化的建设、发展和变迁等。因此，在这一部分，我对有关学校文化方面的研究进行梳理，同时说明自己论文主体结构的呈现以及主要的理论支点。

一、学校文化的内涵

文化是很难描述的，我们所能看到的就是这个组织中的人的行为方式。那么，为了理解学校文化，我们试图从将学校作为一个组织的角度来理解。

（一）学校文化何以存在

在对学校文化的概念加以辨析之前，需要思考一下学校文化何以存在，也就是说"是否存在学校文化"这一问题。

"人之生，不能无群。"在人类社会中，人们依据血缘、年龄、职业、阶层等归属于不同的群体。这些群体既是"一种社会现象，又是一种文化现象"①。只要有社会群体存在，无论文化的表现形式如何，文化都是存在的。"所谓文化，就是一群人共同分享的价值和信念体系。任何一个特定的人群，如一个民族或一个组织都会形成自己的价值和信念，也即有自己的文化。正如埃弗雷特·休斯所说：'当一组人形成了共同的生活从而与其他人有了一定的距离，当他们占据了社会一个共同的敌人的时候，文化便产生了。'"② 从这个角度说，学校作为一种社会组织形式，自身总会蕴含着一定的文化要素，它既然是社会文化的载体，自身就会体现出文化的一些特征来。也就是说，学校是有文化存在的。但是，学校有没有相对独特的、区别于其他社会机构的组织文化特征呢？

美国学者西格尔认为，虽然学校并不是孤立的组织，它的运行结构不断受到外界环境力量的影响，它既不能独立地确立目标，也不能排除其他社会机构而完全独立地通过自己的努力来实现目标。然而，它作为一个教育区（educational community）是与其他区域相互作用的，它不会自动地对外部力量的影响作出反应，而是"像一个独立机构似的"行使职能。正因为如此，学校才"有其自身的文化——尽管它不是孤立封闭型的——这种文化包括参与者的行为规范和维持这些规范并以其为基础的价值观"。学校的相对独立性，使它在价值观念、思想行为等方面有着与其他社会群体不尽相同的文化特征，成为一种独特的文化类型。

沃勒在对学校进行分析的时候说，如果我们对现有的学校加以考察，会发现它们具有以下特点，这使我们可以把学校作为一个社会统一体来进行单独的研究：（1）它们有固定的人数。（2）它们有明确规定的政治结构。这种结构由学校独特的社会相互作用引起，又受众多的小型的相互作用过程的影响。（3）它们代表社会关系的一个紧密连接的网络。（4）它们渗透着一种同群感。（5）它们有自己特定的文化。

皮尔·达林（Per Dalin, 1993）认为，与其他的社会组织相比，学校作为一个组织有自己独特的特征：（1）教育目标是复杂的，它从来没有完全实现。目标的实现是一个长期的过程，而且很难测量与估计价值。

---

① 司马云杰. 文化社会学. 济南：山东人民出版社，1987：243.
② 伯顿 R. 克拉克. 高等教育系统. 王承绪等译. 杭州：杭州大学出版社，1994：83.

（2）学习过程是复杂的、渐进的过程，学习者要努力地适应教师的教学策略。（3）尽管教学的过程是复杂的，但由于研究与教学实践的脱节，大多数教师的教学倾向于传统的、安全的标准化实践。（4）教师有自己的自治权。（5）机械的、松散的组织，以单独工作为主。（6）缺少刺激。很多学校的教师只是每天重复自己的课堂教学，并不关心同事合作，他们将群体合作和计划性的工作看成一种外在的负担和来自于上层的任务。那些从事领导工作的人很少能感觉到来自于同事的支持。那么致力于合作的教师会发现这是无效的，需要很多的精力，没有什么回报。①

以上学者的研究都表明，学校作为一个社会机构，是有其独特的组织文化的。

（二）学校文化的界定

1. 文 化

据美国人类学家 A. L. 克鲁伯和 K. 克拉克洪的统计，在 1871～1951 年的 80 年间，严格的文化定义有 164 个之多。后来法国社会心理学家A. 莫尔的统计资料表明，20 世纪 70 年代以前，世界文献中的文化定义已经达到 250 多个。这说明"文化"的确是一个极其复杂的、歧义性极大的概念，使许多人感到文化是一个无法把握的东西。诗人 H. 约斯特（Heinz Johst）发出如此喟叹："当我听到'文化'这个词时，我就伸手去拿枪。"

有人对众多的文化定义进行了大致的分类：记述的定义、历史的定义、规范性的定义、心理的定义、结构的定义、发生的定义②。对于如何定义"文化"，塞缪尔·亨廷顿的态度似乎更加可取。他认为："在不同的学科和不同的背景之下，（文化）有着多重的含义。""我们关心的是文化如何影响社会发展，文化若是无所不包，就什么也说明不了。因此，我们从纯主观的角度界定文化的含义，指一个社会中的价值观、态度、

---

① Per Dalin. Changing the School Culture. the imtec foundation，1993：100～102.
② 殷海光. 中国文化的展望. 上海：上海三联书店，2002：28～41.

信念、取向以及人们普遍持有的见解。"① 在研究中，我倾向于从"规范性"的角度来定义文化，即从生存方式和生活方式的角度来定义文化。人总是文化的人，人总是生活在文化中，即时刻生活于无所不在的文化中。文化对人的行为具有一定的强制性、无意识的影响和作用（当然并不排除人对文化的主体性建构）。

例如，英国文化人类学创始人泰勒较早地把文化归纳为整个生活方式的总和。他指出："文化或文明，就其广泛的民族学意义来说，乃是包括知识、信仰、艺术、道德、法律、习俗和任何人作为一名社会成员而获得的能力和习惯在内的复杂的整体。"② 当然，泰勒对文化作为生活方式的总和的理解，主要偏重于文化的外在特征，而没有揭示文化的深层本质。也有一些学者则更加明确地把文化同人的稳定的生存方式联系起来。例如，美国学者菲利普·巴格比在《文化：历史的投影》中，把文化界定为"内在的和外在的行为模式"。克拉克洪对文化的理解更为明确地突出了生存方式的内涵。他认为，文化应当被界定为"历史上所创造的生存方式的系统，既包括显型方式又包括隐型方式；它具有为整个群体共享的倾向，或是在一定时期中为群体的特定部分所共享"③。维斯勒（Wissler，1929）认为"文化是一个社群或部落所遵循的生活方式"④。班纳特（Bennett）和杜明（Tumin）认为"文化是一切群体的行为模式。我们把这些行为模式叫做'生活方式'。生活方式是一切人群之可观察的特色"⑤。

2. 组织文化

学校作为社会大系统的组成部分，作为一个特定的社会结构，有其自身的组织特点。所以，本研究从组织文化的角度来定义学校文化。各学者对组织文化的定义也是多种多样。

杰奎斯（Jaques，1951）提出了一个较早的定义："（人们）做事的

---

① 塞缪尔·亨廷顿，劳伦斯·哈里森主编. 文化的重要作用：价值观影响人类进步. 北京：新华出版社，2002：3.
② 庄锡昌. 多维视野中的文化理论. 杭州：浙江人民出版社，1987：99～100.
③ 克拉克洪. 文化与个人. 杭州：浙江人民出版社，1986：6.
④ 殷海光. 中国文化的展望. 上海：上海三联书店，2002：33.
⑤ 殷海光. 中国文化的展望. 上海：上海三联书店，2002：33.

习惯与传统方法，它在一定程度上被组织的所有成员共同接受，并且新加入的成员必须学习接受，至少是部分接受，以便他们能被组织所接纳。"①

　　美国学者伦恩伯格（F. C. Lunenburg）在《教育管理：概念与实践》一书中指出，组织文化是作为一个组织之特征的所有信仰、情感、行为和象征，更具体地说，组织文化可以定义为共享的哲学、观念、信仰、情感、假设、期望、态度、规范和价值。组织文化中，至少包含着这样几个方面：可见的行为规章；在组织成员相互交流时，使用同样的语言、术语和礼节、仪式；规范，群体中的行为标准；主导价值，群体内共享的主要价值；哲学，引导组织如何对待其成员的政策；规则，组织内的行动指南，也可称为组织新成员的"枷锁"，它使要成为组织的人必须遵循特定的要求；情感，由组织成员相互作用或与外界相互作用而形成的氛围。

　　在《社团文化：社团生活的习俗与礼仪》一书中，德伦西·狄尔和肯尼迪·阿伦提出，文化是组织成员相互作用的共享价值和信仰系统、组织结构以及产生行为规范的控制系统。共享的价值——"什么是重要的"；信仰——"我们认为真实的是什么"；行为规范——"我们在这怎么做事"。在这里，他们提出了文化中的几个必要的因素：价值和信仰系统、组织的制度和规范。他们认为，"在文化定义的最核心之处是一种习得的无意识状态（或半意识）的思想模式概念，反映在人们的行为中并得到加强，默默地但有力地形成一个人的经验。"这种思维模式即指组织文化。

　　在《理解和改变学校文化的五个关键问题》中，雷夫 H. 科尔曼（Ralph H. Kilmann），玛丽 J. 萨克斯顿（Mary J. Saxton）和罗依·塞尔帕（Roy Serpa）认为，"文化可以被定为凝聚社团共享哲学、思想观、价值观、假定、信仰、期待、态度和规范"。"组织文化"是告知人们什么可以接受，什么不可以接受的规范，组织最珍视的主导价值观念

---

① 波特·马金，凯瑞·库帕，查尔斯·考克斯著. 组织和心理契约：对工作人员的管理. 王新超译. 北京：北京大学出版社，2000：227.

以及组织成员认同的基本假定和信念等。"组织文化是一个组织内部人们共同持有的价值观、信仰、态度、作风和行为准则的总称。""组织文化是反映在某一社会组织各级工作人员行为之中，并形成约定俗成的行为规范、价值观念、技能、知识、思想、感情和意见的总和。"

沙因（E. H. Schein）在《组织文化与领导》一书中对组织文化的概念进行了系统的阐述。他认为："组织文化就是一个组织最基本的思维方式——组织适应外部环境和内部融合过程中独创、发现和发展而来的思维方式，这种思维方式被证明是行之有效的，因而被作为正确的思维方式传输给新的成员，以使其在适应外部环境和内部融合过程中自觉运用这种思维方式去观察问题、思考问题和感受事物。"[①]

维尔克（Wilk，1989）曾经很好地表达了这一观点："（组织）可能对明确的行为模式并没有一个事先规定的规则，但组织中的人能很快学会遵从这一未见之于文字的规则，在某种程度上，这种行为模式已经在组织内无所不在了。组织也因此与其他组织有明显的不同，其成员对它有一种明确的认同，并形成正确的风气和感觉。一旦你了解了一个组织的文化，你就知道在组织内你的行为会遇到何种境遇。"他对组织文化的定义是："我们将一个组织的文化定义为一种不变的组织行为模式，它是一个整体，它连接、告知并提供一种前后一致的情境，即使组织中的每一个管理者都有其各不相同的行动时，也是如此。它有助于区别不同组织中的行为，但它没有记录在组织的正式规则中。"[②]

从各种不同的文化定义中，我们可以发现，尽管对组织文化的定义不尽相同，尤其是组织文化的要素，更是有争议。但是它们还是有共同的趋向：（1）组织文化的核心是观念和精神的层面；（2）组织文化包含组织行为规范。也就是说，规范和价值观构成组织文化两个必然的组成部分。规范，具体说明了组织成员的合法的行为规则。规范包括正式规范和非正式规范、语言的规范和非语言的规范，表明了绝大多数团队成

---

① E. H. Schein. *Organizational Culture and Leadership*. San Francisco: Jossy-Bass Inc., 1992: 12～14.

② 波特·马金，凯瑞·库帕，查尔斯·考克斯著. 组织和心理契约：对工作人员的管理. 王新超译. 北京：北京大学出版社，2000：227.

员对成为一名好成员应该如何行事的共同信仰。价值观是藏在行为规范背后的文化的根基所在，其虽然是非正式的、无文字的，在影响行为中却是非常明确和强烈的，它涉及组织中的人们所接受的是非、可能、理智和荒唐。

3. 学校文化

很多学者都尝试从组织文化的视角来定义学校文化。

"学校文化是教师、学生、家长以及管理者在共同工作、处理问题和实现目标的过程中所形成的传统、礼仪的复杂的网络。"

"学校文化是一所学校的成员共享的形式、价值和意义系统。"

Albrecht（1993）认为学校文化是一种学校生活的方式，包括所接受的价值观、信念和行为。

Deal&Peterson（1990，1993，1999）认为学校文化是一种内在实体（inner reality），而内在实体乃反映组织内成员关心的，包括什么事是愿意花时间去做的，如何进行庆祝以及谈论什么。学校文化是决定行为、价值观和信念的深层模式表现。

Pollard（1985）及 Pollard&Sarah（1993）的研究指出，文化是学校内人士的制成品，足以影响师生在课堂的表现，是我们"在这里如何做事"（Nias，et al.，1989）的另一种解说。

Prosser（1999）认为学校文化是复杂和重要的课题，而且看不到，摸不着，学校文化使学校成员做事有相同的目标和方向，有动员作用，使上下齐心。

Stolp 和 Smith（1994）认为学校文化是历史上形成的意义的模式，包括组织成员共享的形式、价值、信仰、典礼、仪式、传统和神话等。①

学校文化是使组织团结在一起的共同的方向，是使学校截然不同的特性（Schein，1990）。它是学校的信仰、实践和态度以及学校的故事。它是比见到的更显著的维度。它是在每所学校都能发现的却无法用语言表述的东西。

---

① Stolp, Stephen, Stuart C. Smith. *School Culture and Climate：The Role of the Leader*. OSSC Bulletin. Eugene：Oregon School Study Council，1994：57.

　　Sergiovanni（1987）认为学校文化是反映学校成员的共同价值观、信念和在不同范畴所信奉的事物和想法。它建构在师生的信念之上（Heckman，1993）。学校文化包括校内各人士在动态交往中最深层和实质的部分（Barresi&Lson，1994）。

　　Gary Phillips（1993）则指出学校文化是学校中心的信念、态度和行为，并通过人与人如何相处及互相感受、感受及欣赏的程度以及典礼和仪式反映出来。

　　也有一些学者（Stolp，1994；Stolp&Smith，1994；Peterson&Deal，1998）认为"学校文化可定义为受历史传递过程塑造成的模式，它是学校群体内的成员对规范、价值观、信念和神话的共同领会"，是全校共建、共享、共有的群体文化，因此说学校文化是一套规范、价值观和信念、典礼和仪式以及符号和故事。这是由教师、行政人员、家长、学生等人在经历一段时间的工作、解决问题、面对挑战和应付失败等而形成的非文字的期望①。

　　台湾学者张振成（1999）认为学校文化是指学校成员共同的信仰、期望、信念、行为形态和价值观。学校文化使学生受其规范及影响为满足自身的需要而从事适当的学习。学校文化在表现和经营上可以从三方面入手：第一，教育活动，在共同规范体制下，学校的教育活动具有创意或生命。第二，师生生活和互动。第三，校园设施和环境布置。

　　我国学者俞国良认为"学校文化是学校所特有的文化现象，是以师生价值观（学生为主体、教师为主导）为核心以及承载这些价值观的活动形式和物质形态。包括学校的教育目标、校园环境、校园思潮、校风学风以及以学校教育为特点的文化生活、教育设施、学生社团组织、学校传统习惯和学校的制度规范、人财物管理等内容。但学校文化的主要内容是指学校在长期的办学过程中所形成的共同的价值观念。"②

　　郑金洲认为，学校文化是"学校全体成员或部分成员习得且共同具

---

　　①　K. D. Petereson. *Positive or Negative*. Journl of Staff Development. 2002，23（3）：10～15.

　　②　俞国良. 学校文化新论. 长沙：湖南教育出版社，1999；30～32.

有的思想观念和行为方式"；"学校文化指校内有关教学及其他一切活动的价值观念及行为形态。"①

从以上定义可以发现，关于学校文化，研究者可以达成的共识是，学校文化的核心是学校各个群体所具有的思想观念和行为方式，其中起着决定作用的是思想观念。本研究从文化的"生存方式和生活状态"角度切入，以组织文化的内涵为界限，将学校文化定义为"学校文化是学校主体的生活方式，是学校成员共同具有的思想观念和行为方式"。

二、学校文化的要素与结构

（一）理论的梳理

文化是一种结构性的存在。因此，对文化的分析应该运用结构方法。结构主义的产生与人对文化或人文科学的研究进程和水平是密切联系的。它随着文化科学从技术经验研究向抽象理论研究过渡。从因素研究向因素之间相互作用和相关性研究的过渡而发生。M. H. 格列茨基曾说过，"作为一门具体科学的结构主义，其研究对象是文化"。以结构的方法来研究文化，其出发点和着眼点不再是文化的某些分散因素，而是因素之间的内在相关性，即它们之间稳定的结合方式。也就是说，把文化视为一个整体体系，即互相依存的诸因素的总和，或与总体发生关系时才有意义。而阐明存在于诸因素之间的关系，也就是揭示这一体系的结构。在文化研究中，只有把文化视为一种结构，才能深刻地了解文化的本质和发展规律。②

这一点是与文化本身的特性是分不开的。首先，文化具有整体性，其中有将诸要素组织起来的方式和组织原则。其次，任何一种文化都有极为丰富的内容，这些内容之间甚至不协调和有矛盾，同时这些具体内

---

① 郑金洲. 教育文化学. 北京：人民教育出版社，2000：240.
② 刘进田著. 文化哲学导论. 北京：法律出版社，1999.

容又处在不断的变化之中。因此，如果不使用结构的概念和方法，就无法掌握某种文化的内在本质规律和基本特征，就会被表面现象所迷惑。再次，文化中的某些因素，如果不与结构联系起来，其性质很难把握。一种文化与另一种文化在要素上很相似，但不见得这两种文化是相同的。对文化的考察，应该放在系统结构中而不能孤立、抽象地理解。最后，文化结构决定着该文化对其他文化的态度、吸收、选择、冲突和融合等发展机制。

那么，关于学校文化的要素与结构，学者们都有哪些认识呢？

1. 对象论

按照学校的各个组成部分对学校文化进行分类。

沃勒认为学校文化包含两种对立的文化：一是教师所代表的成人社会的文化，二是学生所代表的同辈团体的文化。

台湾学者林清江把学校文化分为六种：教师文化、学生文化、学校行政人员文化和学校有关的社区文化。

我国学者郑金洲把学校文化分为教师文化、学生文化和课程文化。

Prosser（1999）提出学校文化由四类次文化组成，分别由教师、学生、学科和校长等在学校文化上的表现组合而成。教师之间的关系是创造不同学校文化的最主要因素（Rosenholtz，1989），通过理解教师间的关系，进一步了解学校文化[①]。（Nias，1987；Nias，et al. 1989）

以上从学校各个组成部分的角度来划分学校文化，总会遇到一个问题：难以包容学校的全部组成部分。例如，沃勒仅仅从教师和学生两个部分来分类，很显然是不全面的。林清江的分类，从一定程度上说也是不合理的。这里面包含了两个不同的分类标准：一个是学校中社会群体的构成，另一个是文化自身的构成。

2. 层次论

这种分类方法是从学校文化自身的构成角度入手，承认学校文化有层次之分，因此按照不同的结构层次对学校文化进行分类。关于学校文化的层次，基本有两种观点："三层次说"和"四层次说"。

---

① Jon Prosser. *School Culture*. Paul Chapman Publishing Ltd，1999：9~12.

我国学者王邦虎、俞国良等人按照学校文化的表现结构，将学校文化分为物质文化、制度文化和精神文化①。

学校文化 ⎰ 浅层面文化：物质文化——"器"
     ⎨ 中层面文化：制度文化——"规范"
     ⎩ 深层面文化：精神文化——"价值观念"

也有人在"三层次说"的基础上提出"四层次说"：即学校文化包括物质文化、制度文化、行为文化和精神（观念）文化。

3. 表现论

按照文化的表现方式可以将学校文化分为显性文化与隐性文化。

我国学者黄兆龙从学校管理的角度出发，认为学校文化分为"显性文化与隐性文化"。显性文化包括学校标志、学校组织原则、学校制度、学校环境和学校管理行为；隐性文化包括学校管理观念、学校价值观念、学校经营思想、学校整体目标、学校精神和学校道德。

4. 要素论

Graham（1986）提出对 11 项学校文化因素要加以考虑，具体如下②：

（1）位置：团队运作所处的周围自然环境；

（2）组合：团队内个体的个人特性；

（3）目的：团队如何决定所属具体目标及团队所求所欲；

（4）功能：为落实团队所定目标而进行的活动；

（5）价值观：团队共同拥有、想的和赞美的；

（6）结构：团队内相对稳定的组织；

（7）亲密关系：团队的内部社交关系；

（8）朋辈交往：团队外结交所得的关系从而影响成员的内在行为；

（9）改变：团队变更和修改；

---

① 王邦虎主编. 校园文化论. 北京：人民教育出版社，2001：65.

② Graham，G. *The public school in the new society：The social foundations of education.* NY：Harper and Row. Cited in Miller，Jeffrey L. *A cultural perspective of and elementary school and mainstreaming：An ethnography*，Ph. D. Dissertation，Michigan State University. 1986.

（10）连续性：团队坚持的价值观、态度和行为规范；

（11）设备：团队所需的工具、物料和设施。

Hopkins 等人对学校文化提出如下 6 个范围[1]：

（1）看到的行为具有一致性：指教师在教研室与人交流所用语言和建立的礼仪；

（2）在教师工作之中成长的规范：如备课或监控学生学习进展等；

（3）影响最大的价值观：学校信奉的，包括目标或宗旨、使命等条文；

（4）哲学：指导学校对个别科目的教与学所采用的最主要方法；

（5）游戏规则：新同事在学校与人和睦相处之道；

（6）感受和气氛：校门所传达的讯息，或学生作品展示或没有展示的做法。

伦恩伯格等人曾指出，用组织文化的眼光考察学校，可以看到学校文化中紧密相关的下列 6 个组织部分：组织的历史；组织的价值和信仰；与组织有关的神话和故事；组织的文化规范；组织的传统、仪式特征；组织中的杰出人物[2]。

Hord（1997）提出专业学习组织的 5 个维度：（1）共享的价值和目标；（2）合作学习和运用；（3）支持与分权的领导；（4）支持的条件；（5）共享的个人实践。

彼得森（Peterson，1997）在检视文献后提出和学校文化有关的变项有教师效能、同行协作关系、学生成就和家长参与。

迪尔和彼得森（Deal and Peterson）认为学校文化包括七类元素，即：（1）共享价值、信念和行为规范；（2）成败定义；（3）借典礼、仪式和传统沟通价值；（4）文化脉络和塑造规范；（5）以故事传达目标和历史；（6）在组织中以英雄人物做示范；（7）利用符号和象征，重视价

---

[1]　Hopkins，D.，Ainscow，M. and West，M. *School Improvement in an era of change.* London：Cassell，1994：88.

[2]　Lunenburg，F. C. And Ornstein，A. C. *Educational Administration：Concepts and Practices*，1991：73.

值和增强目标①。

5. 性质论

从学校文化表现的积极方面与消极方面两个角度来划分，将文化分为"积极的（成功的）学校文化"、"消极的（病态的）学校文化"。迪尔和彼得森提出积极的学校文化有以下特征②。

(1) 关注学生和教师学习的任务（目标）；

(2) 历史和目标的丰富意义；

(3) 产生质量、成就和为了每个人的学习的合作、表现和改善的核心价值；

(4) 关于学生和教师学习、发展的潜力的积极的信念和假设；

(5) 运用知识、经验和研究提供实践的有力的专业社团；

(6) 培养积极的交流渠道的非正式的网络；

(7) 共享的领导；

(8) 强化核心文化价值的仪式和传统；

(9) 重视成功和承认英雄的故事；

(10) 象征愉快和骄傲的物理环境；

(11) 对每个人尊敬和关系的广泛分享的感觉。

Louise 和 Dean Fink 认为，成功的学校文化具有如下特征③：

(1) 共享目标——我们知道要到哪里去；

(2) 成功的责任感——我们必须成功；

(3) 同事关系——我们共同工作；

(4) 持续的提高——我们能够做得更好；

(5) 终生学习——为每个人学习；

(6) 冒险——我们通过尝试新事物而学习；

---

① Terrence E. Deal, Kent D. Peterson. *Shaping School Culture: the Heart of Leadership*. San Francisco: Jossey-Bass Publishers. 1999: 15~68.

② Terrence E. Deal, Kent D. Peterson. *Shaping School Culture: the Heart of Leadership*. San Francisco: Jossey-Bass Publishers. 1999: 115~116.

③ Louise Stoll, Dean Fink. *Changing our Schools: Linking school effectiveness and school improvement*. Buckingham Philadelphia: Open University Press. 1996: 92~98.

（7）支持——永远有人在帮助我们；

（8）相互尊重——每个人都有长处；

（9）开放——我们能够讨论我们的差异；

（10）祝贺与幽默——我们自我感觉良好。

Boyd 和 Hord 基于对公立和私立学校的组织背景的观察，提出 17 项用以描述促进变革的学校文化指标，他们将这 17 项指标分为 4 个部分：减少孤独；提高职员的能力；营造一个关照的、有创造力的环境；提高质量①。

（1）减少孤立、孤独

＊ 减少孤独的计划；

＊ 形成合作的政策；

＊ 提供有效交流的政策；

＊ 教师之间的同事关系；

＊ 学校中交流的能力。

（2）提高组织人员的能力

＊ 自主的政策；

＊ 组织人员发展的政策；

＊ 可用的资源；

＊ 决策参与的形式。

（3）营造一个关照的（有爱心的）有创造力的环境

＊ 教师对学校、学生和变革的积极的态度；

＊ 学生学习的浓厚兴趣与参与；

＊ 积极的、互相关心的学生—教师—领导关系；

＊ 鼓励交流的态度；

＊ 家长与社区成员的合作。

（4）提高质量

＊ 持续的批判思维；

---

① Gene E. Hall, Shirley M. Hord. *Implementing Change: Patterns, Principles, and Pltholes*. America: Allyn and Bacon. 2001: 190~199.

* 持续的提高；
* 广泛的目标分享。

这些指标在 Driscoll Square 学校运行得非常好。该标准被认为是一个专业学习组织。因为在这里，专业人员定期而经常地聚到一起，反映他们的实践情况，一起学习如何采取行动以便使学生受益。

从事学校效能研究的 Sammons 发现检视学校文化有效机制包括 9 项因素，依次是高期望、注重学业、共有的愿景或目标、清晰领导、有效的领导队伍、运用方法一致、有素质的教学、学生中心取向以及家长参与和支持①。

萨拉森认为，一所优秀学校的文化，通常包括下列特征："学校明显的鼓励和保持师生之间，以及家长与学校之间有平等的权利关系；学校科层化的程度较低，使教师、学生及家长代表在学校政策的制定过程中有发言权。"②

迪尔和彼得森提出病态的学校文化有以下特征③：

（1）人们关注消极的价值；

（2）人们变得四分五裂，意义（往往）来自于亚文化成员、反对派学生的情感或者工作之外的生活；

（3）人们变得几乎彻底的具有破坏性；

（4）人们精神上的挫伤和破碎。

在消极的文化中，你经常会发现其他一些机能障碍或社会破坏性的特征。在这些学校里，成人之间很少有积极的关系，对学生的困难持积极的态度，教师往往感觉失去个性或者悲观，失去勇气，感觉很沮丧。他们的绩效感骤然下降，并且组织效力下降，懒散和消极情绪却相应提高了。

---

① P. Sammons, S. Thomas and P. Mortimore. *Accounting for variations in academic effectiveness between schools and departments*. Presented paper 1995, European Conference on Educational Research, Bath, 1995：48.

② 黄显华，李子建. 课程：范式、取向和设计. 香港：香港中文大学出版社，1994：337.

③ Terrence E. Deal, Kent D. Peterson. Shaping School Culture：the Heart of Leadership. San Francisco：Jossey-Bass Publishers. 1999：117～119.

（二）本研究的着眼点

综合以上文献发现，对于学校文化，无论哪一种划分方法，都应该承认：首先，学校文化是由不同的要素构成的。在各学者的研究中，有几个要素出现的频率比较高，例如互相合作、共有的愿景、全校性计划、专业价值观、教师即学习者、同行协作和相互增权等因素，它们是学校文化中普遍存在的因素。其次，学校文化是有结构与层次之分的。通过对文献的梳理，结合课程改革的影响因素，我确定了自己研究的着眼点：学校的历史，学校的目标、愿景，学校内的关系规范，学校的制度规则，以及学校内教师的日常教学行为规范（如图 2-1）。这几个要素之间是存在一定的内在联系的。第一，学校文化是以学校价值观为核心的。价值观是学校文化的最深层语义。因此，无论是历史、愿景与目标、制度规则、关系规范，还是教师的日常生活，都是学校价值观的不同形式与不同层次的表征。对于五个要素的描述，最后都会回归到学校价值观的呈现。第二，学校文化具有整体性。不同要素之间都是互相联系、相互作用的。不同要素之间的作用与联系方式形成了不同的文化模式。所以按照这样的要素来呈现，完全是出于研究的需要。

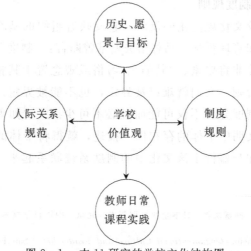

图 2-1　本 11 研究的学校文化结构图

1. 学校的历史

历史是学校文化的根源。历史的积淀形成了文化,文化决定了人们如何对待问题,建立规则仪式,开发那些强化和保留基本的形式、价值和信仰的传统和庆典。时间的累积,使这些非正式的东西成为共同的形式和价值,核心假设成为牢不可破的形式。历史再现了学校文化形成的原因和过程。过去的事件极大地影响着当前的文化实践。了解学校的历史是更深刻地理解学校文化的关键。如果没有历史,学校往往会犯曾经犯过的错误。对于一项教育改革,不同学校的历史往往会导致不同的接受与认可程度,从而得到不同的实施效果。

2. 学校的愿景与目标

学校的愿景与目标是学校文化的核心所在,是一个组织"灌输给成员的重要意义或指导观念","是指'感动人心的',以及能够将职工个人和企业目的真正结合在一起的价值观或目标"①。它是人们行动的焦点,是一切政策和行动的最高准则,也是凝聚教师、学生、父母和社区信心的重要载体。它以不可见的形式一点一点为学校注入力量。正如沙因所说:"使命和目标构造了学校成功的内涵。"② 对于改革来讲,学校的愿景与目标是否与改革的目标一致,是影响改革成败的关键。

3. 学校的制度规则

制度是学校文化规范化的反映,它反映着组织的基本信念、价值观念、道德规范和管理哲学。马林诺夫斯基曾断言:"制度乃是文化分析的真正单元。""除非将要素、'特质'、习俗或观念置于其相关的和真正的制度环境中,否则,它们就难以被界定,也不能被界定。因此,我们坚持认为这样的制度分析不仅可能而且必不可少。"③ "如果要对自己的文明或任何其他文明中个体的存在作一描述,就得将个体的活动与组织化的社会配置,即与盛行于该文化中的制度系统联系起来。另外,依据具

---

① R. 帕. A. 阿索斯著. 日本企业管理艺术. 北京:中国科学技术翻译出版社,1984:71~72.
② E. H. Schein. *Organizational Culture and Leadership*. San Francisco:Jossy-Bass Inc., 1992:12~14.
③ B. 马林诺夫斯基. 科学的文化理论. 北京:中央民族大学出版社,1999:65.

体现实对任何文化的最佳描述都在于列举和分析组成该文化的所有制度。"① 从这个意义上说，要描述这所学校的文化，分析文化对课程实施的影响，无法回避的因素就是对学校制度的分析以及在这个制度环境中学校文化主体的行为选择。

4. 学校的人际关系规范

正像学校内部和外部的人们的态度和信仰会影响变革以及学校的形式一样，人们之间的关系也是促进或者影响变革的学校文化的一部分。教师与其他人诸如与同事的关系、与管理者的关系、与学生的关系以及学校与家长和社区的关系等都会影响改革。著名的西部电器公司进行的霍桑实验，虽然有人质疑它的科学性，但是它表明了人际关系规范对工人生产量的决定作用②。对于学校组织来说，学校的人际关系规范是学校文化深层次的精神文化的重要表现。教师与教师之间、教师与管理者之间以及教师与学生之间的关系是学校文化环境不可忽略的一部分。"学校教育的效果在很大程度上依赖于师生之间新型关系的建立，依赖于教师同他们的同事，同其他可能的合作者之间的新型关系的发展，依赖于教师同学生的家长，同与教育过程有关的社区其他人之间的新型关系的发展。"③ 在一个和谐、宽松、合作的人际环境里，人们的工作热情、创造力和凝聚力都会爆发出来。加拿大著名的教育改革专家富兰曾经断言："如果单一的因素能够促成成功的变革，那就是关系的和谐。如果关系改善了，事情就会变得更好。如果关系仍然保持不变或者变得更坏，则失去了成功的可能。"④

---

① B. 马林诺夫斯基. 科学的文化理论. 北京：中央民族大学出版社，1999：61.

② 霍桑通过照明实验、福利实验、群体实验和态度调查等几项著名的实验，最后发现：人们在工作中得到的物质利益对于调动人的生产积极性只有次要意义，人们最重视人的社会心理方面的满足和工作中发展的人际关系。良好的人际关系对于调动人们的劳动积极性有决定性的作用。具体来说，霍桑得出了以下几个基本的结论：(1) 人是社会人，影响人际活动积极性的因素，除了客观物质条件以外，还有社会心理因素，人际关系的影响尤其明显。(2) 劳动生产率的提高或者降低取决于人际活动的积极性。(3) 工人生产量的多少是由社会规范决定的。这些规范是人在人际关系中自发形成的，是群体中各个成员自觉遵守的。

③ 新课程实施过程中培训课题研究课题组编写. 新课程与教师角色转变. 北京：教育科学出版社，2001：111.

④ Michael Fullan. *The New Meaning of Educational Change* (third edition). New York and London：Teachers College Press，2001：2.

5. 教师的日常教学实践

文化寓于日常生活图示中。它像一条地下暗河，潜在地影响着人的行为选择。在学校这个特定的生活环境中，教师在日复一日的活动中，形成特定的处事原则、行为规范。在教育改革中，教师教学改革观念的转变，包括教学价值观的转变，不能脱离教师的教学实践，不能不关注他们在自己的教学实践中如何实现内化的过程。只有教师的内在观念才具有真实地指导教师教学目标制定和定向实践行为的作用。

三、学校文化的变革——多重因素的制约

学校文化是一所学校在多年发展过程中累积形成的，因此具有一定的稳定性和惯性，要进行变革是非常困难的一件事，但这并不意味着不能有所作为。关于如何促进学校文化的变革，影响的因素是多重的，很多学者都有过相关的研究。

（一）国外的研究成果[1]

1. 校长在教育变革中的作用

校长在学校文化的变革中无疑是一位关键人物。因此很多人的研究都是针对校长的。

20世纪70年代，美国著名的教育领袖古德莱德（Goodlad）在IDEA项目研究中总结如下："大致说来，人们认为，校长是学校发展过程中的一个战略性要素。然而事实上，校长往往是变革的阻力，而不是一种推动力。"

格罗斯（N. Gross）在《全美校长职务研究》中指出，如果校长经常用"专业领导"方式，例如校长经常接见教师、给予鼓励并指导教学等问题，那么这所学校的教师的教学效果就比较好，教师的服务情绪也比较高昂。

英国教育和科学部对10所高级中学的研究发现，"校长的领导是学校发展过程中的一个独一无二的最具影响力的因素"。贝克也指出，校长可能对学校发展具有积极的影响。但校长也有机会蓄意破坏学校的发

---

① 颜明仁. 教师改革认同感与学校文化研究：[博士学位论文]. 香港：香港中文大学，2003：55~68.

展——不是直接阻挠，而是采取"观望"态度，或保持中立立场，或者对那些意见相左的教师持怀疑态度。

兰德公司（RAND）的研究也得出类似的结论：校长在行政事务中具有绝对的影响力，他有权在变革开始的时候就加以阻止，而没有必要诉诸直接的方法加以阻止。

莱思伍德（Leithwood）认为，对于改革的结果而言，校长参与改革的方式很重要。他区分了促进型管理者与指挥型管理者。前者只设立特定的目标，然后让教师去做并给他们以支持；后者则就计划中的大部分内容作出决策，然后让教师去实施。他证明，在多数情况下，第一种类型的校长是最有成效的，虽然看起来他们似乎不大管事。

马修 B. 迈尔斯（Matthew B. Miles）对校长的角色进行了调查，他发现，对管理者来说，至少有三种动机会促进变革，即为学校构想一幅蓝图；使人们就进行哪些变革、学校向何方发展以及如何发展等问题达成共识；制定一个能在发展过程中促进不断学习的循环性计划程序。

Hall 和他的同事选择了不同的学校，观察校长对课程的领导，结果发现领导的风格与成功的课程实施之间存在着一定的相关性。Hall 将校长的领导风格分为三类：创始者（initiator）、管理者（manager）和反应者（responder）①。不同的领导风格带来不同的实施效果。创始者风格——

---

①　所谓"创始者"，对学校有一个清晰的、确定的、长远的政策和目标，它包括但超越了目前的改革的实施，他们倾向于有一个非常强烈的关于好学校、好的教学图景的信念并且努力工作以实现这个目标，学校所有的决策都考虑发展目标以及他们所认为的对学生最有利的事情。这些都是建立在当前课堂实践知识的基础之上的，创始者对学生、对教师、对自己都有一个很高的期望，他们通过经常与教师联系，清晰地解释如何运作学校，以及教师应该如何教学等来传达和监控这些期望。他们感到人们对学校很感兴趣，特别是学生，他们对学区的计划和政策进行变革或者重新解释以适应学校的需要。创始者也许是顽固的、无情的，但他们可能是和蔼的。他们了解职员的看法，然后考虑学校的目标作出决策。所谓"管理者"，他们展现了大范围的行为，他们既展现了对环境和人的反应者的行为，也展现了为了支持变革而采取的行动，他们行为的改变似乎和以下因素有关：他们与教师及上级教育行政部门的关系、他们对特定改革的理解与接受。管理者通过提供基本的支持来促进教师参与变革，他们使教师了解决策，对教师的需要很敏感，他们保护教师不受过多的、过分的要求所干扰。当他们了解到上级教育行政部门试图让他们学校发生变化的时候，他们就会很积极地与教师共同工作以促进改革的发生。但是他们不超越事先提出的基础来进行变革。所谓"反应者"，他们将重点放在允许教师和其他人有机会参与领导上，他们相信他们最基本的角色是通过关注传统的管理方式，让教师满意，好好地对待学生，以保证学校正常的运转。他们认为教师是专业的，不需要什么指导就能完成教学的任务。反应者强调他们与教师和其他人的个人层面的关系，在他们作出决定之前，他们往往给每个人机会去获得信息，以便考虑他们的感受或者允许他们作出决策。一个相关的特征是他们作决策的时候倾向于现时的环境而不是长远的教学或学校目标。这三种不同的领导风格对改革的影响是截然不同的。

"让成功发生"。在创始者风格指引下，教师成功实施的水平比较高。创始者
风格的领导有目标，有热情，让事情向着渴望的方向发展。他们能够迅速地
作出决策，使决策具有一致性。管理者风格——"帮助成功发生"。在管理
者风格领导下，教师也能够成功地实施新课程，但是其程度要稍微逊色于创
始者风格的领导。管理者风格的领导看到事情组织得很好，他们能够保护教
师，当实施成为一个目标的时候，其虽然也能有效地完成。然而，不像创始
者那样，他们没有精力与热情持续地工作。反应者风格——"任它发生"。
在反应者风格领导下，教师离成功的实施还有一大半的距离。虽然他们也了
解别人的感受和关注，但是他们从来不以肯定的态度来解决问题。他们总是
对观点和看法持开放的态度，这种结果导致无终止的讨论，或者他们将继续
倾听他人的信息，改变自己的主意。他们对改革进行的干预是很少的[1]。

　　在澳大利亚也有相关的研究。1987 年，布兰迪（L. Brady）在澳大利亚
新南威尔士专门研究了组织氛围与校本课程之间的关系[2]。研究结果表明，
学校文化与校本课程之间存在很大的关系，尤其与校长的支持程度存在密切
关系。校长支持力度大的学校，教师关系比较密切，校本课程的开发比较顺
利，教师的集体智慧发挥得比较充分，我行我素的现象比较少见。与此相反，
校长支持力度小的学校，教师关系比较疏远，校本课程的开发不够顺利，教
师的集体智慧发挥得不够充分，我行我素的现象比较明显。

　　中国香港的罗耀珍研究了三所不同学校由于学校文化的因素而导致的校
本课程实施程度的差异。其中在学校文化因素中，校长的管理是一个关键的
因素[3]。

　　Stiggin 的研究指出有助于教师专业成长的校长的特点：（1）能提供积极
的、可信的回馈或者允诺；（2）能和教师建立互相协助的关系；（3）可以信
任或依赖；（4）人文的、亲切的、和蔼的人际交往态度；（5）具有耐性；（6）
弹性、灵活的行事风格；（7）对教学专业知能的娴熟；（8）具有示范教学的

①　Gene E. Hall, Shirley M. Hord. Implementing Change: Patterns, Principles, and Pltholes.
　　America: Allyn and Bacon, 2001: 130~134.
②　Laurie Brady. *Curriculum Development* (Third Edition). Australia: Prentice Hall of Australia
　　Pty Itd, 1990: 28~29.
③　罗耀珍. 校本课程的发展：香港三个个案的研究. 教育发展研究，2001（4）：44~47.

能力；（9）对教师的生活世界、教室生态和师生关系有真切的了解；（10）教学经验丰富；（11）能提供适时、适当的建议；（12）能提出具有说服力的改良建议①。

有效学校研究中校长的特征：（1）以目标和任务为取向；（2）传达对学生、教师以及校长自身表现的高期望；（3）常常认定自己担当着教学领导的角色；（4）花大量的时间走访课堂，并在头脑中带有评估教师和教学改进的特定目的；（5）直接介入与课程计划有关的种种活动；（6）为教师提供坚定的支持；（7）提供指向课程目标的在职培训②。

Allan A. Glatthorn 认为，校长在课程领导的过程中，应该从整个学校的观点着眼。（1）鼓励与促进成员之间的沟通；（2）建立积极而开放的学校气氛；（3）和教师同仁们共同合作，建立学校课程标准；（4）以专业发展来带动教师的成长；（5）以身作则，作为教师同仁在课程领导方面的典范。③

2. 学校文化建设的策略

一所学校的领导要建设学校文化，首要的是了解现存的文化，了解历史形成的模式、深层的目标以及对现实的影响。那么，对学校文化的评估就可以通过解读或者测量来实现。要解读学校文化，就要运用人类学的方法，对形成一所学校独特标志的语言、符号、规则、仪式进行研究。"了解文化可以通过几种不同的形式：看、感受、口头解释、运用所有个人的感觉，甚至在必要的时候运用直觉。"（1）首先领导必须倾听学校历史的回声；（2）领导必须关注现状。更重要的是，应该倾听学校社区对学校未来所抱有的深层的梦想与希望；（3）领导可以通过询问几个有关当前和未来梦想的关键问题来解决当前的文化。例如：学校的建筑传达了什么？空间是怎样安排和使用的？学校内外的亚文化是什么？学校被认可的英雄是谁？当问到学校的立场时，人们说什么？什么事情被认为是具有特殊的重要性的？冲突是怎样被定义的，怎样解决的？学校的主要典礼和仪式是什么？人们渴望什么？那些模式是否

---

① 庄明贞主编. 课程改革：反省与前瞻. 北京：高等教育出版社，2003：83.
② 冯大鸣. 美、英、澳教育管理前沿图景. 北京：教育科学出版社，2004：214.
③ Allan A. Glatthorn. 校长的课程领导. 单文经译. 上海：华东师范大学出版社，2003：31.

针对个人的理想①？

Stoll 在《学校文化：学校改善是黑洞，抑或是美丽花园？》中，提出学校文化的两大核心问题：学校文化如何改变？学校文化对学校教育有什么实在的启示？他认为这是难于回答的问题。但对参与教育改革的人而言，这却是必须勇于面对和解答的。Stoll 以英国经验为例说明，学校的一般文化倘若要有变化，便要引入市场力量，以及校外在经济控制上努力，改革才能实现。同时，只有通过领导和组织结构的根本变化，学校的一般文化才会改变，或是因为技术改变急速，文化也倾向改变。②

彼得森和迪尔提出学校领导者是塑造学校文化之重要人物，领导者包含校长、教师、家长等，他们都是学校领导人物。校长肩负学校"文化领导角色"与"创造和经营文化"的责任，他与教师们共同形成学校文化。他们提出学校领导可以以多种方式形成自己的文化：（1）形成一个学生中心的目的和任务，以激发教师、学生和社区的身心；（2）强化现有文化中那些积极的、支持核心价值的因素；（3）在已有传统和价值的基础上，增加新的、建设性的文化；（4）运用学校文化的历史（或如果学校是新的则通过建设历史）来加强核心价值和信仰；（5）在学校做的每一件事中维持核心的形式、价值和信念；（6）招募、雇佣和社会化那些分享文化价值和能为文化带来新的洞察力的教师。

彼得森和迪尔提出教师是建立有利学校文化的主要领导人物。学校文化经由大家共同认可，深植内心，成为理所当然，同时学校文化的形成和改变是缓慢的。文化一经形成，就很难改变③。学校领导者在塑造正面的学校气氛和建设性文化中是最具决定性的因素。同时，课堂教学对学生的学习态度影响最大。学校文化也受到学校的建筑物，编制中的安排，个人取向，领导人掌权的历史，规范和共享的意义，认同的象征或标志、典礼和仪式，员工所属的小圈子和派系等的影响④。

---

① Terrence E. Deal, Kent D. Peterson. *Shaping School Culture: the Heart of Leadership*. San Francisco: Jossey-Bass Publishers, 1999: 85~87.

② Jon Prosser. *School Culture*. Paul Chapman Publishing Ltd., 1999: 44~45.

③ Jon Prosser. *School Culture*. Paul Chapman Publishing Ltd., 1999: 9~11.

④ Nias, J., Southworth, G. & Yeonmans, R. *Staff Relationship in the Primary School*. London: Cassell, 1989: 32~45.

　　澳大利亚的布兰迪（1981）通过研究 9 所澳洲新威尔士省学校的学校文化，提出四种影响学校文化的要素：包括校长的支持、工作上所强调的、教师间的亲密度和脱离性。

　　（1）校长的支持：校长对学校投入和对教师专业及个人福利的考虑程度；

　　（2）在工作上所强调的：校长对学校运营面的考虑和监管松紧度；

　　（3）亲密：教师之间的凝聚程度；

　　（4）脱离性：教师之间欠缺专业关系、凝聚力的程度。

　　Stoll 将影响学校文化的因素分为五类：（1）学校本身的历史、所处情境和当中的人物；（2）学校以外的情境；（3）在校学生和他们的社会背景；（4）社会上的变化；（5）学校的结构组成。文化是黏合剂，可使校内各人士团结在一起，同时文化也受内在和外在情境影响①。

　　塑造学校文化应经历三个阶段：首先是了解学校传统，尤其是深层意义；二是确定哪些才是有利于学生学习的；三是规划良好的环境背景。对内在和外在的改变中介者来说，清楚学校的改变能力和时机是否恰当是极其重要的（Fullan，1993）。

　　Maehr&Parker 提出面对改变时，行政人员和大多数教师在考虑能否改变之前，会问自己改变将会如何影响学生的分数，也会重新思考学校教育的本质、学校文化的变形以及教师本身对学生学习的信念。教学技巧实施的改变并非对策，学校改变要追寻源头，重新思考"目的、目标、学校教育的意义和学习"。因此，学校文化的性质和冲击是学校领导者最主要考虑的方面②。

　　Brandt 提出校长在转化文化时要做到与教师互相合作，发展清晰和一致的关注点，大家从文化角度来分享学校环境，对学校怀有进取的态度。

　　Rovegno&Bandhauer（1997）提出 5 项规范：（1）一连串的学校哲学规范；（2）教师学习；（3）教师参与权；（4）持续性学校改善；（5）倾向相信人是能够做到任何事的。学校文化借着建立这些规范，可促使教师面对改变，

---

① Stoll，L. School Culture：*Black hole or fertile garden for school improvement*？In J. Prosser (ed). School Culture. London：Paul Chapman Publishing Ltd.，1999：34.

② Maehr，M. L，& Parker，A. *A tale of two schools*：*The Primary task of leadership*. Phi Delta，73（3）：233～239.

愿意学习和接受改变。

Saphier&King（1985）提出学校文化中有 12 项学校文化规范，指出这些规范如果能够加强，足以影响学校改善。Stoll&Fink（1996）提出 10 种对学校改善有助的规范。Schweiker&Marra（1995）则提出同行协作、实验性、高期望和诚实沟通规范会影响改变。

杜梅恩（Brian Dumaine）总结了少数文化变革成功组织的经验：（1）首先要了解你所在的组织的已有旧文化，直到你知道自己所处的位置时，才可以制定变革进程的计划；（2）鼓励员工，支持那些反对旧文化的员工，并鼓励他们提出一个更好的文化设想；（3）寻找组织中优秀的子文化，抓住典型，宣传推广；（4）不要从正面文化着手，如果职工们找到了自己的新方法来完成任务，一个好文化就会到来；（5）允许时间，一个组织范围内的明显进步往往需要几年的时间，不能操之过急；（6）把你所期望的文化变成行动①。

（二）我国的实践探索

在我国，学校文化首先是作为一个实践性的命题出现的，后来兴起于 80 年代的学校文化热，辐射到教育的不同阶段，从高校乃至幼儿园，都强调重视学校文化。关于学校文化的研究，积累了很多实践的智慧。无论是公立学校还是民办学校，无论是普通学校还是重点学校，无论是中学还是小学，无论是城市学校还是乡村学校，可以说很多学校都意识到借助学校文化的力量来引领学校的发展。例如，东北师范大学附属中学的"学校文化管理"，上海七宝中学的"全面发展，人文见长"的学校教育，北京师范大学附属中学深圳南山分校的"现代基础学校文化建设研究"，北京十一学校的"现代学校文化建设"，广州南武中学"用优秀的学校文化引领学校发展"，上海同济大学二附中的学校文化再造等等。这些实践的策略为当前课程变革背景下的学校文化重建提供了一定的实践支持。

以上评析学者研究，对了解学校如何改变文化，如何营造良好的学校环境，产生良好的学校文化规范，培养互助，提供支持，以及促进学校文化的转化等方面提供了实质的理论支持。

---

① Brian Dumaine. *Creating a New Culture*. Fortune，1990：127～131.

第三章

为了什么而奋斗
——学校的愿景与目标

一、背景故事：这所学校

（一）学校的社区环境——××区[①]教育情况

L 中学，位于吉林省长春市××区。学校现有教职工 152 名，33 个教学班，学生 1 700 人。××区是长春市的经济发达地区和文化区，大型的商业中心和几所大学都位于该区，这为该区的教育发展提供了良好的条件。从教育发展的角度讲，××区是"吉林省素质教育实验区"、"吉林省课程改革实验区"和"吉林省教育科研示范区"。全区骨干科研教师占教师总数的 35％，全区有 11 所市科研基地校和 1 所市科研示范校；全区有 1 500 位教师参加研究生课程班；有 7 名市科研名教师、5 名市科研名校长、5 名省科研名教师和 5 名省科研名校长；中考和各项竞赛都名列前茅。可以说，××区是长春教育发展最好的一个区。

我：您能介绍一下××区整体的教育情况吗？以及它在长春市教育发展

① 这里的"区"是指行政区划的划分。

的位置。

王①：××区属于文化区，大专院校比较多，政府干部也比较多，大的商业区也很多，所以××区的教育从整体上来看，一直是处于排头兵的位置。××区教育的这种状况和"地利"有关。大专院校比较多，这些大专院校对学区的发展产生一种文化的影响，这是一种间接的影响。另外，因为他们的孩子都在学区里上学，生源的质量比较好，学生的素质比较好，这又对教育产生直接的影响。再加上××区政府干部在这个区住的也比较多，这对××区教育的发展都产生了客观上的影响。

××区的经济也比较好，一直在长春市各区中占据首位，这给教育的发展提供了有利的条件。从周边环境到领导的重视，都给教育提供了发展的条件。所以××区教育在长春市一直在前边。当然由于环境和经济的优势，又吸引了很多素质好的教师，所以××区的好学校很多。从××区目前状况来讲，在长春市乃至吉林省都处在排头兵的位置上。

郑②：实力是一方面的原因。另外，L中学的地理位置也很重要。××区属于长春市的文化区，而L中学恰恰处于文化区的中心，这里距离几所大学都很近。孩子的家庭背景好，父母都是知识分子，这使当时的生源很好。

××区教育的发展正是借助于这种"地利"和"经济"的优势，成为长春市教育发展的"排头兵"。L中学属于该区的重点学校。从王校长和郑老师的介绍中，我们对这所学校的生态环境会有一个初步的印象：经济条件好，生源好，学生家庭的背景也相对好。那么，这个文化生态环境对学校是否会有影响？这个问题在后面的分析中会浮现出来。

（二）学校的物质文化环境

研究者借助学校一位教师的一篇文言短文来描述学校的地理位置以及学校内的具体的物质环境。

---

① 王是××区教师进修学校校长。
② 郑是××区教师进修学校教师。

L 校 赋①

居春城，有一名街，宽二十余米，长四余里，谓××大街。南衔××，北依××，左右林木繁生，又有××镶嵌其中，林托古迹，古迹缀林，相得益彰。游人骚客，多聚于此，赏醉之间，一名校，秀卧茂林之中。夏藏绿阴城墙，冬披素裹银装，春闻鸟语花香，秋赏如霞红叶。乐陶陶，喜洋洋，情不我愿，信步至 L 中学。

红壁蓝瓦，白窗灰裙，如少女婷婷于绿林婀娜，似少男巍巍于银海铿锵。果不然，凡路经者，止步观之；凡闻听者，怦心思之。观之为何？思之为何？不解者众亦。

今我谓之其理：L校，自创校以来，校长名，识新形，度新势，施妙手，揽人才，两度春秋，一鸣惊人。如今父母均望子成龙，忽寻到龙气之地，岂有不乐切之理，人云亦云，风涌而致。故显鼎沸之势也。

入校，只几步可进大厅，左手点，触摸屏，尽阅校况；略抬头，映眼帘，今日校讯；校风校纪，红底托金，凝重深远。左右观听，明廊静净，无杂尘一点；细细闻，朗朗悦耳。师之授课，姿知严谨，独有创新；汝有妙法，吾具绝活，技不相让，各显千秋。师之骄子，渐汇于此，L校，岂有不升腾之理。

漫步而上，二楼正墙，有名师壁。国、省、市、区之流均在。香名远扬，慕其而来者，取道求经。收获之余，洋洋而去也。

感悟之时，得不乐乎？师，吾为 L 校者荣。生，吾为 L 校者誉。

这篇文言短文，充满了一位老教师对学校的热爱之情，我们也可以透过这篇短文对学校所处环境以及学校内的物质文化环境有一个大致的了解。学校共有三座建筑，一栋四层的 1 400 平方米的教学楼，学生宿舍和学生食堂均为平房。按照规定，这所学校的学生均为走读学生。但是为了每年中考学生复习的需要，学校建了宿舍，可以容纳 70 名学生入住，而且规定，只有那些考试排名在前 70 名的学生才有资格住进来。

---

① 作者为该校的一位教师。出于研究的伦理考虑，把诗中涉及学校名称的词语以 L 校代替。

　　进入教学楼正厅，正像诗中所写"左手点，触摸屏，尽阅校况；略抬头，映眼帘，今日校讯；校风校纪，红底托金"。正厅的左侧是一个触摸屏，通常情况下，它作为一块电子公告板，公布学校里每天的大事安排，例如开会、听课和卫生检查等。如果没有什么特殊的活动，这里最常出现的一句话是要求学生"不得随意与校外人接触"。正厅上方，挂着学校的校训："崇尚真知，追求卓越"。两侧的柱子上分别写着学校的学风（勤学多思，乐做会创）、教风（进德修业，和谐施教）和校风（团结进取，科研兴校）。楼梯左右两侧分别放着"学校经费公布板"和"家长意见箱"、"校长信箱"。

　　学校的走廊里，每一层楼都有一些设计板、名人名言录。例如一楼的"我身边的小榜样"，二楼的"美丽的热带鱼"、"地理纵横"、"光导纤维"以及摄影作品展。这是学校举办的"校园文化走廊"活动的结果，其中既包括一些有关学科的知识，也有教师和学生的作品展览。

　　从一楼上二楼，正对楼梯映入眼帘的是"名教师"宣传栏，挂着学校里优秀教师的照片和所获荣誉。2004 年，"名教师"栏进行更新。究竟放哪些教师的照片，当时领导还经历了一番讨论。最后决定，除了学校里几位区名教师、学科首席教师外，"小班"① 的所有教师都要放在上面，目的是要向家长表明小班教师团队的素质。

　　三楼正厅是学校的荣誉展，包括学校 1998 年以来所获荣誉奖杯和证书以及学校在教学、教师培训等方面的特色的介绍。例如，在学校的"构建优质学校，再创明天辉煌"一栏里展示了学校自 2000 年以来的中考和竞赛成绩。"2000 年中考，学校及格率达 96％，优秀率达 58.6％；235 名毕业生中有 96 人被一类校录取，131 人被二类校录取，升学率为 96.8％。2001 年中考我校及格率、优秀率均列××区第一，334 名毕业生中有 126 人被一类校录取，203 人被二类校录取，升学率为 98.7％。2002 年中考中，我校及格率为 87.5％，优秀率为 37.4％，平均分为 501.21 分，名列××区第二名，××同

---

① "小班"是这里班级划分的一个机制。这里的生源有两类，一类是六三制的学生，一类是五四制的学生。"小班"就是特指五四制的学生。由于学制的特殊性，小班学生用四年的时间学习三年的内容，加之这些学生都是经过挑选的素质好的学生，因此他们在将来的升学中是更有希望的。

学以 634 分成为学区中考"状元"；392 名毕业生中 127 人被一类校录取，261 人被二类校录取，升学率为 99.1％。2003 年中考中，我校及格率为 90.89％，优秀率为 51.6％，平均分为 492.5，均列××区第二名，408 名毕业生中有 78 人被四大校录取，148 人被一类校录取，达到一类自费线以上的有 258 人。从 1998 年至今，学校有 500 多人次在全国、省、市各学科竞赛中获奖。"

符号表达了难以琢磨的文化价值和信仰，它是我们难以用理性理解的事物的一种外化的呈现，是共同的情感和神圣的、一致的情感的表达。符号能够用意义点燃组织，并且影响组织的行为。符号与象征，作为我们立场与希望的一个代表，在学校的文化凝聚力和文化自豪感方面有着重要的作用。它能够团结集体并且为组织指明方向和目的。学校的象征符号包括很多方面，例如，任务陈述（相当于教育目标、学校的目标）、学生作业展览、旗帜、过去成就的展示（历史展览）、多元的符号、奖品、战利品、勋章、荣誉厅、吉祥物、历史遗物和收藏品等等[①]。事实上，在我国，很多学校也都看到了符号与象征作为学校物质文化建设的价值，并把它作为学校的一种潜在课程，积极地打造学校物质文化环境，力争"使学校的每个墙壁都会说话"。从这一点上说，L 中学的物质文化建设并没有体现出独一无二的特色。但是在研究 L 中学的这些符号与标志的时候，排除学校内部文化要素的不和谐后，单单从这些外在的符号表征来说，我们可以发现这其中渗透着学校的一些价值与追求。此后在学校调研的一年多时间里，我也充分地感受到了这一点。

学校重视升学率，对学校"高质量"的定义是考试的及格率和优秀率以及竞赛的名次。

学校推崇"名"。"创名校，做名师"，从学校名教师到区名教师、市名教师、省名教师，一个"名"字的背后是一种竞争的意识、上进的意识，是学校鼓励教师的一种"名"的价值追求，同时也展现了校长追求卓越的理想。

（三）学校的办学条件

"学校这两年在办学条件方面的发展很快。新建了学生宿舍、食堂。在

---

① Terrence E. Deal, Kent D. Peterson. *Shaping School Culture: The Heart of Leadership*. San Francisco: Jossey-Bass Publishers, 1999: 47~48.

学校办公条件的改善方面也有很大的举措：每位老师都配备了一台液晶电脑，学校新增加了两个多媒体教室。办学条件越来越好了。"

这是学校的党委书记对学校办学条件发展的叙述。可以感受得到，学校在硬件方面的发展速度还是很快的。

1. 学校的师资情况①

表3-1　　教师数量

名　称	人　数
教职工数	152
专任教师	137
语文教师	20
外语教师	21
数学教师	26
政治教师	6
历史教师	6
地理教师	4
物理教师	10
化学教师	5
生物教师	5
技术教师	1
音乐教师	3
体育教师	6
美术教师	2
微机教师	5

表3-2　　教师学历

学历级别	人　数
研究生以上学历	1
本科学历	35
专科学历	112
专科以下学历	4

表3-3　　教师专业职务

专业职务	人　数
中一	53
中二	33
中三	3
中高	41

---

① 资料来源于学校人事情况统计表。

表 3 - 4　　　　　　　　　　　　　　教师年龄、教龄

年龄段	人　数	教　龄	人　数
25 岁以下	11	5 年以下	29
25～30 岁	39	5～10 年	38
31～35 岁	25	10～15 年	15
36～40 岁	24	15～20 年	14
41～45 岁	13	20～25 年	14
46～50 岁	16	25 年以上	37
51～55 岁	23		
56～60 岁	1		

表 3 - 5　　　　　　　　　　　　　2000 年以来招收的新教师

年　度	人　数
2000 年	5
2001 年	2
2002 年	6
2003 年	13

　　从学校教师的师资情况看，可以看出几个比较明显的特点。首先，教师的学历偏低，专科及专科以下的教师有 116 人，占专任教师总数的 76％。因此，校长管理学校的一个重要举措是注重提高教师的学历层次，强制要求学校的教师都参加研究生课程班。其次，教师数量过多，超过学校应有的编制，尤其是语文、数学和外语等主科，均比教育行政部门规定的在岗数额多。学校通过教师竞聘制来选择优秀的教师，从而形成学校优胜劣汰的竞争文化。再次，从教师的年龄、教龄结构看，老教师的比例比较大，46～55 岁年龄段的教师有 39 位，占教职工数量的 26％；教龄在 25 年以上的教师有 37 位，占教职工总数的 24％。最后，自 2000 年以来，学校招收的教师比较多，共计 26 位，占专任教师数量的 19％。

2. 学校的现代化教学设施

　　在学校的教学设备和设施方面，除基本的教室面积、图书资源和体育设

施以外，尤其要提的是学校信息技术条件的发展。因为正是这一点，为学校新课程的实施创造了良好的条件，也促成了新课程在这里产生了一个最显著的变化："教学内容的丰富和现代信息技术在课堂教学中的使用"。是否使用现代多媒体技术也是学校评价教师课堂教学优劣的一个重要的标准。

自1998年以来，学校先后建立了微机室、语音室、多媒体教室、校园电视台和拥有非线性编辑系统的节目制作中心，并组建了电子备课室和电子声像资料室，为各个科室安装了微机，老师办公室配备了打印机、扫描仪，并于2003年8月为每位教师配备了一台液晶电脑，而且每个班级都配有电脑和闭路电视。学校构建了以信息中心为枢纽的校园信息网络系统，达到三网合一。

学校办学条件的变化，与校长的努力是分不开的。校长从1998年上任开始，制定了自己的三年规划，开始大力发展学校的办学条件。因为他认为好的学校必须要具备的一个条件是"好的办学条件"。

我：您经历了学校兴衰的历史，您自己认为，一所好的学校应该是什么样的？

校长：一所好的学校首先是校长必须有先进的办学理念和独到的办学思想；再一个是学校的管理办法和好的办学条件；精干的教师队伍。这几点具备就可以，就是一个好学校。

"因此，1998年，学校投入400万资金建学校的多媒体教室。1999年，建多功能教室。这是学校网络资源开发的初始阶段。到2000年，发展开始迅速。每个班级配备电脑、电视，学校设两台服务器，各个教研室都能查阅电子资料。2002年，学校又投入300万进行学校现代化设施的建设，直至目前的水平。"（微机教师）

"利用现代信息技术，能够带来学习的革命。日本、美国的教学，无不是利用先进的技术手段。因此，我们非常重视信息技术与学科教学的整合。教师在这方面也进行了一些探索。"（2003年教学开放日校长发言）

因此，2003年、2004年，学校两年的教学开放日主题都与现代信息技术和网络媒体有关："网络信息在研究性学习中的应用研究"，"基于网络环境下创建新课程型教学开放日"。

　　学校的办学条件，包括学校的物质设备设施和师资条件，是学校发展的重要的物质保障，也是新课程得以实施的必要前提。"课程实施的水平一方面取决于课程资源的丰富程度，另一方面也取决于课程资源的开发和运用水平。"① 也就是说，任何课程政策的推行都必须有课程资源的支持。"如果制定政策时没有考虑实施政策所需要的资源，而且如果没有必要的资源，学校、教师和学生就会处于要求得不到满足的局面。"这种局面会严重阻碍课程实施的进程。课程研究的结果表明，在课程改革的初期，对于课程实施所需要的空间、材料、设备、设施、环境、场地等课程资源，都应该加以规划，并且能够适时提供。这是改革初期重要的保障，也是改革得以推行的物质基础。有人对美国 1989 年公布的数学课程标准的实施情况进行研究，重点以"标准"中所规定的"作为问题解决的数学"、"作为交流的数学"和"作为思考的数学"三个方面的实施情况为研究目的。结果发现实施这些目标的主要障碍之一是缺少资源，特别是辅助技术手段（计算机、计算器和操作材料）。在对我国义务教育课程改革实施情况的三次调查中，发现教学物质设施和师资条件是新课程改革的首要的不利条件。2001 年调查"实验中遇到的主要困难"时，排在前三位的分别为缺少课程资源、缺乏指导以及缺少政策和经费保障。2003 年，教师认为"在实验中遇到的主要困难"是缺少课程资源；时间紧，负担重；缺乏指导。2004 年，在调查"新课程实施的不利条件"一题中，排在首位的是"教学设施等物质条件不能满足需求"。综合三次调查结果发现：缺少课程资源是教师实施新课程遇到的最突出的问题。

　　在 L 中学，当问及影响学校和自己课程改革的不利条件的时候，教师提到频率较高的往往是考试、评价、家长和教材，很少有老师说到学校的物质设施、师资条件和经费这些因素。实际上，由于校长的重视，学校最近两年在硬件方面的发展很快，基本可以满足新课程实施的需要。因此，与其他的考试、评价制度、家长压力和教材等因素比起来，物质资源已经不能构成课程实施的障碍。

---

　　① 吴刚平. 课程资源的理论构想. 教育研究，2001（9）：59～63.

二、难忘的历史

历史对一个民族的影响是难以估量的，同样，历史对一所学校的影响也远远超出我们的想象。过去不仅构成了现在，而且预示着未来。每一所学校都有自己的历史，或短暂，或悠久；或是让人骄傲，或是让人感到耻辱。总之，抹不掉历史发展的印记。回首学校走过的历史，你会惊奇地发现，过去的某些痕迹仍然内含于学校今天的现实文化之中。了解学校历史是理解学校文化的关键。过去的事件对当前的文化活动有着巨大的影响。因此，对学校历史作深入全面地了解，是了解学校文化的一个重要的方法。

（一）历史的足迹：学校发展的兴衰历程

"学校原来是医大的一所子弟学校，1976 年归到××区文教处改名为 L 中学。其实它这里面有一个发展的兴衰历史。1988 年小有名气，及格率在长春市第一。1992 年到 1995 年，是学校最辉煌的阶段。在吉林省、长春市中考成绩中优秀率、及格率和平均分都是第一。当时招生是 12 000 元，学生都得拿 12 000 元才能来上学，火得类似现在的吉林大学附属中学，甚至比那还火。后来 1995 年招到 18 个班，因为这所学校只有三层楼，没有办法，所以当时花 100 万在学校旁边租了一栋楼上课。当时招生招得太多，没把握好时机，管理呀、校舍条件都很差，实验室都没有呢，教室也都是租的，家长开始不认可。1996 年的时候和另外一所学校合校（有些老师对我说，当时合校的目的就是想借另外一所学校的教室和校舍，用我们学校的名声来促进两所学校的发展）。两所学校合并的时间大约有两年，由于管理得不是太好，学校的成绩和声誉都下降了。成绩还没怎么下降，主要是声誉下降，老百姓不认了。认为在这边招生，在那边上课，这种形式其实也是有名无实，所以即使成绩好老百姓也不认了。到 1998 年的时候，两所学校又分开了。分开后，我们就想重振老 L 中学的威风。我们当时提出的口号是'一年打基础，二年上水平，三年创一流'就这么一个规划，第一个三年规划，基本都达到了。在第一个三年规划中，也就是 2001 年，我们的中考成绩在区里面排第一，又获得了很多荣誉，可以说该得的都得到了，原来学校连区精神文明单位都不是，2001 年的时候我们学校被评为长春市精神文明单位。从 2001 年开始，学校发展起来了，不断地开始爬坡。"（校长）

这是对 L 中学发展历程的一个简短的介绍，由辉煌到衰落再到爬坡，也许其中蕴涵了丰富的故事，辛酸的、欣喜的……透过校长这样一个简短的叙说，实际上我们可以看出其兴衰的一个脉络：1988 年是"小有名气"，1992～1995 年是"辉煌时期"，1995 年之后开始衰落，2001 年走向"抬升"，"不断地开始爬坡"。在这个发展过程中，我们看到，校长认为学校兴衰的典型标志是"及格率"、"优秀率"、"平均分"和"中考成绩"。"率"是伴随着学校发展的整个历程的，它几乎决定了学校的兴衰。历史的积淀形成了文化，文化决定了人们如何对待问题。历史从某种程度上说明了学校文化形成的原因和过程，也为今天的行为选择提供了一个指向。L 中学的历史留给今天的教训就是学校要想发展，无论如何都要抓住升学率。因此，身处 L 中学，你时刻都能感受到这段历史的深刻影响。这是一所重视"率"的学校。在以后的日子里，从学校奖励教师的办法和学校教师之间的相处方式到学校对待新课程的态度与实践新课程的方式，你都能感觉到背后"一只看不见的手"，那就是难以割舍的"率"情怀。

在对校长进行访谈后，我又访谈了教学副校长，查阅了学校相关的文件，深入调查了学校曾经经历的改革，重点调查了在两个三年规划中学校具体做了哪些事情。

从 1998 年到 2004 年的六年中，学校经历了两个三年发展规划。为了重振老 L 中学的威风，除了教育行政部门从上至下的改革外，新校长在教学和学校管理上确立了"科研兴校"的指导原则，以科研为载体来带动学校的教学和管理，以"和谐互动，整合创新"的办学思想为宗旨，相继实施了几项重大的以校为本的改革举措。例如，在教学上实行分层次教学改革。在校长看来，这是学校能够再度走向"抬升"阶段的重要举措。那么，这是一项什么样的课题呢？

"运用分层教学法，促进不同层次学生的和谐发展。学校本着的原则是

'面向全体学生，使包括后进生在内的学生都得到健康发展'。依据'因材施教'的教学思想，在教学中以分层次教学为特色，促进不同学生的和谐发展，使教学质量大面积提高。

学校将一个年级的学生按照学习基础和学生自愿的原则分为A、B、C三个层次，每个层次有两三个班级。三个层次都有不同的学习目标，教师把握不同层次下不同的教学目标，采用灵活多样的教学方法。例如，A班是学习基础比较好，自学能力比较强的学生，其教学方法主要是组织这一部分学生进行探索性学习，把培养思维能力、创造能力作为教学的重点，授课中采取学生自学为主，教师点拨拔高为辅的方法，激励学生创新精神的形成。B班是学习基础比较稳定，自主学习能力较弱的学生。其教学方法基本是导学法，引导学生把握知识结构，发展能力，培养良好的学习品质，在学习中学会自主，学会探索，激励他们向前迈进，使他们尝到独立探索的甜头。教学中主要采取'启发引导'和自学辅导相结合的教学方法。C班是学习基础较差，学习积极性、主动性明显不足以及一部分学习方法差、学习依赖性较强的学生。对这一部分学生实行的是补偿性教学，目标在于打好两个基础，即知识和学习情感基础。教学方法上吸取了上海闸北八中的成功教育经验，坚持'低起点、小快步、勤反馈'的办法，以达到激励成功的目的。"①

分层次教学这个课题的核心思想就在于"分层次"。这个思想也成为学校学生分班的理论依据。目前，学校分班的机制仍然是按照学生的成绩分班，不同的是其不是"自愿"，而是必须。

校长认为，教学上的这一改革，带来了学生学习质量的提高。

校长：实施分层次教学以来，学生的学习质量和其他能力明显提高。1998、1999两年参加A层次辅导的尖子学生在各级各类竞赛中均取得了优异的成绩。在全市数学竞赛中，初二有10余名学生获二、三等奖；在全市外语竞赛中，初二有30余名学生分别获一、二、三等奖，获得全区第一的好成绩；在全国外语能力竞赛中，99届毕业年级中有1名学生获一等奖，5名学生获优胜奖；在全市物理竞赛中，99届毕业年级中有1名学生获全市最高分；在全市化学竞赛中，99届毕业年级中有1名学生获全市最高分；在全国

---

① 摘自学校的科研课题总结。

数学竞赛中，有 2 名学生获一等奖，2 名学生获二等奖，1999 年毕业中考中有 50 人考入一类重点高中，毕业生全科及格率达 100％。

因为看到了"分层次"带来的直接的效果——学生成绩的提高，所以更加强化了校长分层次管理的思想，包括学生班级的层次、教师奖励的不同层次和教师群体的层次。

（二）怀念——教师对学校历史的态度

像人一样，学校对待历史的态度也是不一样的。有些学校态度积极，能以公开的节日庆祝历史；有些学校有着消极的历史，教员们仍然怀着愤怒，伤疤仍然留在那里，并且以悲观、消极的形式溃烂，以致影响现在；有些学校患了历史健忘症，它们拒绝承认历史，只相信现在和未来对教育成就才有益。虽然从 L 中学表面的符号、标志等象征物来看，并不能感到学校对校史的重视，在各种典礼和仪式上也不会感到学校人对历史的怀念，以至于我费尽周折也没有找到一点有关校史的记载。但是一旦你走进他们的生活，与他们深聊，你会发现这里的人包括一些新教师在内，对学校的历史都怀有一种深深的眷恋之情。怀念从前辉煌的日子，怀念从前老校长的管理，怀念从前教师踏实的教学作风。对学校发展历史的这种态度，让我找到今天学校一些文化实践的渊源。

1. "重建 L 中的辉煌"

"重建 L 中的辉煌"或者用这里人的另一个口号表达就是"重振老 L 中学的威风"，成为学校和教师奋斗的最切近的目标，成为学校愿景与目标的一个很重要的部分。这一目标将学校和教师紧紧地联系在一起，使学校的全体教师能够团结在一起。每一所学校在发展的过程中都会经历危机和困境，对危机的克服锻造了学校文化的价值和形式。"重建 L 中的辉煌"这一口号让我们看到学校在面对危机和困境时的一种精神——"上进"、"认干"。同时，也看到学校重视"率"的历史渊源。

重建什么？奋斗的目标是什么？从校长总结的学校兴衰历史中，"从 1992 年到 1995 年，是 L 中最辉煌的阶段。在吉林省、长春市中考成绩中优秀率、及格率和平均分都是第一"，可以看出学校重建很重要的一点是"重建当时的升学率"和学校在全市发展的"霸主"地位。在学校的几次大型活动中校长都提到中考"率"的问题:"争第一,保第二"。

从这一点上说,恰恰是对历史的怀念,造成了学校对升学率的高追求,以至于新课程在学校的实施,一个重要的前提是一定不能影响升学率。

2. "那时候多好"

"那时候多好",也是这里教师经常说的一句话,说话的情境是抱怨现任校长管理的方式过于严格,怀念从前的管理方式。

谈到学校的历史和过去的管理方式,教师们一定不会忘记讲老校长的故事,这是一位带领 L 中学走向辉煌的英雄人物。

"我们都很欣赏他。杨校长是 1986 年到学校来的,他的管理风格、胆略、管理的理念都让很多老师佩服。老校长的管理风格,用老师们的话说是'宏观控制,微观管理'。给老师一丁点自主权和自由空间,只要你能做好分内的事就行。我不管你平时干什么,最后你的成绩上来就行。像现在的检查、签到,根本没有。在这种弹性管理方式下,老师更有积极性,学校发展得也好,我们都喜欢。杨校长那种管理风格在当时都是有名的。

现在就不一样了,这是鲜明的对比。现在的管理对老师是一种限制、一种束缚,老师从心里抵触,这是对老师工作热情和激励的抹杀。在从前的宽松环境下,教师一心一意从事教学,唯一的压力就是升学,而现在教师面临的压力就比较多。"(郑老师)

老校长是怎么解释自己的管理风格的呢?

老校长:……我认为这个管理呢,应该是人文性的管理和制度性的管理相结合。知识分子的特点,那就是个体劳动和集体成果,工作不受时间和空间的限制,备课在家里和学校里都行。你上班,但是你不备课,也一样是虚度光阴。所以我觉得人文性的管理,关键是让领导能牵住群众的心,让群众的积极性能释放出来。如果人有积极性了,工作的提高就是自然的了。所以我觉得搞好教师的人文管理是很重要的。知识分子就是这样,有时候你说他好,你不给他钱,他也认干,是不是这样?对知识分子的管理应该是粗线条的,不能过细。既然他的劳动不能用时间和空间来衡量和限制,那么你就不要过细地去规范他。他们自己会安排和处理时间,你应该给他一个宽松的环境。一些条条框框、束缚老师的东西,应该给予解除,让他甩开膀子干。所以我觉得人文管理是非常重要的。

另外，制度管理也是非常重要的。没有制度就没有规矩了，再怎么样，也应该有一个粗线条的规定。老师得按照一定的规章制度去办事嘛。我觉得这两个结合在一起，对学校的发展很重要，也是学校能够达到辉煌的关键。

......

前后两位校长的管理方式，形成了鲜明的对比。教师怀念从前，怀念老校长的管理方式。在教师的眼里，老校长的人文性的"宏观控制、微观管理"，给了老师自主权和自由的空间，教师有积极性，能一心一意从事教学。而现在的管理是"限制"、"束缚"，抹杀教师的工作热情，带来工作的压力。这种怀念，更加剧了教师对现在管理方式的不满——"那时候多好"，从而也在一定程度上影响了教师对现任校长的认同以及与管理者之间的关系。

三、学校的愿景与目标

学校的愿景与目标主要通过任务陈述的形式，以学校的办学理念、校训和具体的办学目标来表达，它指导着人们的日常行为，影响人们成功的观念，表达了学校所重视的成就，并决定了教师、学生和行政人员对时间和精力的分配。

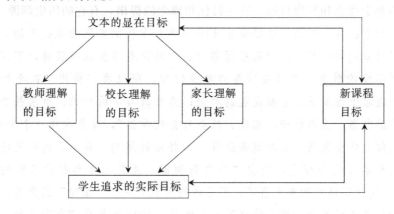

图 3-1 学校的愿景与目标

（一）文本的显在愿景与目标

所谓"文本的显在愿景与目标"，是指体现在学校的办学理念、校训、校风、学风和教风等文本中的办学目标，其往往以标语或者口号的形式表现出来。对学校愿景与目标的了解，最先接触到的即是最表层的目标——外显的文本目标。可以说，无论是城市学校还是农村学校，无论是优质学校还是薄弱学校，无论是中学还是小学，几乎所有的学校都有自己的文本的愿景与目标。它可能是上级部门规定的，也可能是校长和领导班子制定的，还可能是校长与广大教师一起制定的。它可能正在被全体教职员工认真地执行着，也可能仅仅作为一个标语和口号悬挂在学校的大门上，处于被搁置的状态，成为一种时尚，一种摆设，成为学校自我标榜的工具。但是，学校却从来没有因此而停止工作。

在 L 中学，通过学校的校训、校风、教风、学风，我了解到这里以文字符号记载下来的学校的愿景与目标。例如，学校校训是"崇尚真知，追求卓越"；校风是"团结进取，科研兴校"；教风是"进德修业，和谐施教"；学风是"勤学多思，乐做会创"；办学理念是"和谐互动，整合创新"。其中的核心概念据校长讲就在于"和谐"二字。这是学校的最核心的办学理念和发展目标。这一目标和理念的提出，有它的历史渊源。

校长：这个理念是根据当时（1998 年）学校的实际情况提出的。因为当时分校的时候，两校的教师都有，必须让教师拧成一股劲，不能有两所学校的概念。当时最需要的就是团结，所以我们提出"四个和谐——追求个性发展与全面发展的和谐；追求教与学的和谐；追求教书与育人的和谐；追求学校、家庭、社会教育的和谐"，建立这样一个平台，让教师和学生发展。当时就是这样一个朴素的思想。后来，我们又逐渐发展和丰富这个理念，提出"教育的和谐，德育工作和教学工作的和谐"。这就比以前的要丰富了，不是最初的就是一个"团结"的意思。一开始是非常朴素的，现在就有了一个提升。2000 年形成"和谐互动，整合创新"的办学理念和目标。"

"和谐互动，整合创新"是学校的办学理念和思想，实现"和谐"与

"特色"是学校发展的愿景。从理论上讲,学校的一切活动都要以"和谐"为出发点。那么,这里的人如何从语言上和行为上来阐释这个文本的显在目标?也就是说,"和谐"的理念在学校的日常工作中怎样体现出来呢?

(二)校长理解的学校愿景与目标

对于一所学校来说,成功的内涵是什么标明了学校的价值追求。L中学的校长认为,"一所好的学校首先是校长必须有先进的办学理念和独到的办学思想;再一个是学校的管理办法;还必须有好的办学条件以及精干的教师队伍。这几点具备就可以,就是一所好学校"。

校长将学校的教育目标划分为两个不同的层次定位:"大的教育目标"和"小的教育目标"[①]。所谓"大的教育目标"是指"终极的教育理想,培养出符合现代化需要的各方面发展的人才";所谓"小的教育目标"是指"使孩子在我们这个学习环境中都能积极主动地、自觉地来学习,能使我们的升学率、优秀率、平均分、及格率都提高,全面地、大幅度地有收获"。从另一个角度,也可以把学校的愿景与目标分为"远期目标"和"近期目标"。

在这一目标下,校长实施对学校的管理。并且在开学典礼、教师业务学习和家长会等不同的场合,向教师传达这一目标。

新学期寄语[②]

新的一年,我们将以"三个代表"为指针,努力践行新课程标准,全面推进教育教学改革,实现素质教育创新,突出我校"和谐互动,整合创新"的办学特色,争创精品、优质、现代、特色学校,力争做好以下几项工作。第一,打造学习型、精品、优质、现代、特色学校,培养研究型、创新型教师。第二,抓好教师的继续教育工作,为教师的终身学习奠定基础,培养一支高素质的新型教师队伍。第三,抓好新课程改革,向课堂 45 分钟要效率,全面提高学校的教育教学质量。2004 年中

---

① 引自校长在全校教师大会上的讲话。
② 引自 2004 年下学期开学典礼校长讲话。

考争一、保二。第四，做好教育科研及信息技术工作，使其为教学服务。第五，做好德育创新工作，开展或执行道德体验教育。第六，探索国际化办学模式，与国外各校搞好联谊活动。

家长会发言①

初一，我们把所有的精力都放在学生的智力开发和能力培养上，立足于三年后的中考。

对教师的期望②

一定不要做"教书匠"，要做"研究家"。教师做研究家，也不是要体现什么体系，只要把你实践中（的问题）通过你的研究，有理性地去施教，有理性地去育人，这样效果就会更好，就能培养出符合现代化需要的各方面发展的人才。

要想达到这些教育目的，这些远期目标和近期要求，就要求我们老师要不断地学习，不断地研究，不断地琢磨，一定要超越自己，只有不断地超越自己，才能实现卓越。如果你总满足于自己的现状，什么都好，这样就不会有大的进展。反思是对的，通过不断的反思可以促进自我的不断完善和提高。

我现在就是感到家长对好教师的需求太迫切了。这样就要求我们老师一定要加强个人素质的提高。首先是师德，其次还有新课程实验、大的教育观和能力，包括组织能力、和学生沟通的能力以及和家长交往的能力。

因应新课程的要求，校长在学校原有的"和谐"加"特色"的办学理念下，对原有的学校"大的教育目标"和"小的教育目标"进一步丰富。并且，在很多场合，校长以新课程理念为标准，对教师提出高期望和高要求，不断地提醒教师，现实的情况和理想的愿景之间有多大的差距，给教师以危机感。无论教师接受与否、内化与否，校长对愿景与目标的理解与诠释，对教师的思想行为都是一种潜移默化的影响。如果教师能够接纳和理解这一点，那么校长对新课程的引进就是成功的，它使

---

① 摘自校长在 2004 年 1 月 6 日家长会上的发言。
② 引自教师业务学习校长讲话。

教师意识到现实与理想之间的差距，使现实与理想之间产生一定的矛盾和冲突，从而产生一定的张力，这恰恰是学校发展的动力。

（三）教师理解的愿景与目标

学校的愿景与目标以清晰的图像和隐喻的方式来表达一种特定的目标，不仅应该进入人们的思想，而且应该深入人们的心灵，指引人们前进。它就像一个组织的旗帜和灵魂，像空气一样无处不在，营造出一种氛围，产生凝聚的力量。在学校"和谐"和"特色"的目标下，教师对学校愿景与目标的理解与认同程度如何？教师对学校的期望是什么？

1. 对学校目标的了解与认同程度

校长认为，自己通过很多途径向教师传达了学校的办学理念和发展目标。但是，这种努力的效果却很小，学校里大多数教师对理念的理解并不像校长想象的那样好。

我（作者本人——作者注）：对于新来的教师，您怎么让他们了解这个办学的理念？

校长：有新教师的上岗教育，学校开大会时说，还有学校的以老带新（制度），都渗透。让他们有一个切身的体验。

我：教师是否了解这三个三年发展规划？

副校长：应该了解。因为每个三年发展规划都是经过教代会讨论的。

教师的了解与认可程度：

我：作为一位普通的教师，您是否了解学校目前发展的现状和未来发展的规划？

郑：不了解，根本不了解。

我：你知道学校的办学理念吗？

李：什么"和谐"那个吧，大概知道一点。

通过对一些老师的访谈发现，对于学校的办学理念和发展目标，虽然很多老师都略知一二，但他们很少能完全说出学校的办学理念，也不理解办学理念提出的背景。其实这就是大多数老师对待学校理念的一种状况。尽管学校通过各种大会、小会渗透学校的办学理念、发展目标，但其很少内化为教师的思想行为和奋斗目标。

2. 教师对学校发展的期望

我：你对学校发展有什么期望？你希望学校最好能发展成一个什么样的地方？

于：像新课程所描述的那样都能够实现，学生都很好，老师的压力也不那么大。

李：也没有什么大期望，老师别像现在这么累，学生也学得轻松点。

宋：希望学校能够成为全省一流的学校。

……

教师们不是特别了解学校的办学理念和发展目标，他们以自己对教育特有的情怀来诠释对学校理想状况的期望："自己的工作压力不像现在这么大""别像现在这么累""学生学得轻松""学校能够发展为一流学校"……教师的期望从某种程度上反映了学校的现实状态，这是一所高压力的学校，教师和学生的压力都很大。并且，从教师的期望看，教师对学校发展有一个美好的期待：希望学校能够"一流"，越来越好。

（四）家长理解的愿景与目标

通过调查和访谈发现，绝大部分家长并不清楚学校的办学理念和发展目标。在问卷调查中，"您是否知道学校的办学理念和目标一题"，去掉缺失值，选择"知道"和"不知道"的比例分别为 38.9% 和 45.8%。"您是否知道学校最近的发展规划"一题，去掉缺失值，选择"知道"和"不知道"的比例分别为 15.3% 和 69.4%。可见绝大部分家长并不清楚学校的目标和发展规划，但是他们却以自己对学校特有的期望来诠释学校的愿景与目标。

家长对学校的期望源于对孩子的期望。通过问卷调查发现，在"您最关心孩子的（　　　）"一题中，选择"学习成绩"的占 36.1%，选择"能力的发展"的占 27.8%，选择"身心健康"的占 15.3%，选择"良好的道德品质"的占 20.8%。家长最关心的是孩子的成绩，这种关心导致家长对学校期望的畸变。结合问卷的开放题和访谈，笔者将家长对学校的期望分为两类："高尚型"和"世俗型"。所谓"高尚型"，是指家长能够从孩子全面发展的角度对学校提出期望和要求；所谓"世俗型"，是指家长仅仅从中考和升学率的角度对学校提出期望和要求。

1. 高尚型期望

（1）希望学校能成为最优秀的学校，把孩子培养成才。

（2）我希望学校未来是全省一流的初中部学校，不仅在学习上，在德、智、体、美等方面都是优秀的。让学校培养出的孩子，能把学习转变为一种能力，去迎接未来的挑战。

（3）办学条件好，学习环境优越，成绩优秀的高标准学校。

（4）培养德才兼备的优秀学生，多注重学生的素质培养，全面发展。

（5）应重新振兴学校，树立名牌学校，不只注重分数，要把学生培养成全面发展的人。

（6）发展成为一所适应社会并跟上时代的学校。

（7）作为一位普通的学生家长，当然全社会都注重分数，但我希望学校同时也注重孩子的身心健康，培养学生的综合素质，才能在有限的生存空间中有立足之地。

……

2. 世俗型期望

（1）希望学校成为全省中考升学率最高的学校。

（2）希望学校未来发展成为全市重点学校。

（3）我希望学校未来发展成为一所一流学校。

（4）教学质量提高到一流，在将来中考的时候取得最好的成绩。

（5）家长最关心的还是中考成绩，学校的未来要靠中考成绩来证明。

（6）发展成为学习成绩突出的长春冠军学校。

（7）学校能发展成为吉林省特级重点中学。

（8）发展成为中考第一名的学校。

（9）希望孩子在初中阶段学习成绩能提高，能考上一所理想的高中。

（10）全市成绩比较突出的学校。

……

这是家长对学校的两种不同的期望。我统计了一下，在回收的 72 份有效问卷中，属于"高尚型期望"的家长为 28 人，约占 39％；属于"世俗型期望"的家长为 44 人，约占 61％。在中国的现实背景下，似乎两种类型的家长都无可厚非。毕竟，教育在今天的中国不仅是促进人发展的工具，而且是改变人的社会地位的一种途径。现在考学的学生不仅是在考一个学习的机会，而且是在考一个工作的机会。但是家长的这种期望，无形中对学校的发展和学校应试文化的形成起到了催化的作用。

（五）学生的目标与追求

教育变革是为了每名学生的。如果他们在这项事业中没有扮演对他们来说有意义的角色，不知道该做什么和如何做，那么实际上大多数教育变革都将失败。在 L 中学，学生在自己的世界里追求自己的梦：考试与成绩。下面是 2004 年下半学期一个班级的墙报。透过这个小小的墙报，我们可以看到孩子生活世界里不变的追求。

"一份承诺 一份追求 一份执著"这是二年九班墙报设计的主题。这个墙报设计的创意来自于杨老师，她看了一本美国的有关承诺教育的书后受到启发，于是在班级里搞了这样一个墙报。让孩子们把自己认为最重要的一份承诺写到一张漂亮的彩色纸上，再贴到墙上。她说，这比过去的"保证书"好得多，孩子们都有一种实现自己承诺的愿望，贴出来大家监督，学期末还没有实现的就挂着，实现的就摘下来。下面是研究者摘录的部分孩子的承诺，也是他们一个学期的追求。

（1）这学期我（成绩）一定要进前 5 名。

（2）我非要把英语成绩赶上去，期末考试英语得 90 分左右，数学成绩排进前 10 名。

（3）学习工作并进，让二年九班在各项活动中取得好成绩。

（4）我一定要把我的平均成绩提高上去，主抓学习，同时也要做好政治课代表。

（5）我一定要改掉不遵守纪律的毛病。

（6）成绩只能步步高升，不能一落千丈。

（7）我一定要好好学习，争取每次考试中（成绩）取得优秀，在班级能拔尖。

（8）既然决定好好学习，就要有始有终，努力坚持到最后。

（9）不能半途而废，鼓励自己，做到最好。

（10）提高学习成绩。

（11）营造一个新的学习境界，打造一个新的二年九班。

（12）我一定要把物理成绩提高。

（13）提高学习成绩。

（14）上课遵守纪律，认真听讲，成绩提高。

（15）每次考试都取得好成绩，配合老师的工作，让班级在每次活动中取得更好的成绩。

（16）在重要辛苦的学期里，学习成绩进入学年前 100 名，班级前 5 名。

（17）管好自己，抓紧时间，抓住重点，提高成绩，团结同学，做好工作。

（18）好好学习，严格要求自己，把成绩提高上去。

（19）带给朋友快乐，洗净所有烦恼，带来清新一天。

（20）管好自己，更加努力，认真学习，取得更好成绩。

（21）一定把数学成绩提高，英语搞上去。

（22）加油！做好学生班长，好好学习。

（23）抓紧自己的学习，做好工作，作出榜样作用。

（24）注重多科学习，争做一个全面发展的学生。

（25）做好班干部，把自己瘸腿的语文和外语提高上来。

（26）我会在本学期把成绩提高。

（27）数学成绩更上一层楼，期中、期末成绩优秀。

（28）管住嘴，不说话，成绩进前 20 名。

（29）学习上取得更大的进步，在每次考试中都能取得优异的成绩。

（30）把数学成绩上一个新的台阶，实现"零"的突破。

（31）在期末考试中，在原有的基础上进一步。

（32）认真完成各科作业。

（33）好好学习，改掉自己的缺点。

（34）一定要发奋学习，同时要提醒自己的纪律，时刻都要做到最好。

（35）八大主科成绩都有提高，严格要求自己。

（36）不做与学习无关的事，认真听讲，尽自己最大的努力。

（37）各科成绩都提高。

……

　　我统计了一下，在这份承诺中，二年九班五十个孩子，仅仅有一个孩子写了一个与众不同的承诺："带给朋友快乐，洗净所有烦恼"。而在其他孩子的承诺中，出现频率较高的词汇分别是"成绩"、"学习"、"分"、"考试"、"作业"、"工作"和"纪律"。这里面有两类孩子，一类是关注自己的学习，一类是班级干部以其责任感关注班级发展。十四五岁的孩子，花样的年华，他们的生活应该是七色的和绚丽多姿的，可是透过这个小小的墙报，我们却看到孩子们单调、枯燥的生活世界。这些孩子的眼睛，戴着一个滤镜，过滤掉了七彩的生活，过滤掉了多姿的外部世界，过滤掉了丰富的情感，他们的全部生活世界就是"学习"和"成绩"。

　　孩子的"单向度"发展与社会的价值取向和家长的期望有密切的关系，同时其与学校文化的熏陶也有很大的相关性。在 L 中学，无论是教师日常的行为期许，还是学校的重大仪式，都向学生传达了这样一种期望：中考的重要性。教学中，教师经常提到的话是"只有这样，中考才能……"，"……中考就能得高分"。在学校每年一度的新生入学典礼上，必不可少的一个环节是给本校的中考状元颁发 1 000 元奖金并让他代表学生讲话，这被学生认为是无比荣耀的事情。典礼和仪式传达了一种什么是重要的期许。在新生的入学典礼上，对于新入校的学生来说，这个仪式无疑是最具影响力的。

　　学生在这样的奋斗目标下，生活走入了一个与其年龄极不相称的状态①。

　　"从进入初中开始，我就进入艰辛、繁忙、紧张的生活。似乎早已经没有了欢声笑语，也失去了轻松、愉快。"

　　"刚刚升入初二的我，又一次感受到了强大的压力与紧张，又增加了三个科目，物理对于我来说，很难，我会尽100％的力量来学习它。政治、历史，虽然不是很难，但是，那些该背的知识太多了，我仍然要用很大的精力去背、去学。初二，对我有太多太多的考验了。我该怎么去面对、去接受？我自己还不知道。"

　　"一上午搞得我精疲力尽，拖着疲惫不堪的身体一直坚持到了晚自习。总算到晚自习了，离放学不远了。我心中快乐地想着。"

　　……

　　（六）愿景与目标何以为此？

　　文本的目标始于对教育的理想追求。而学校不是真空的存在，作为社会的一个子系统，它必然受制于现实的社会条件。在 L 中学，我们可以感觉到，从文本的"和谐"与"特色"的显在目标，到校长的"大的教育目标"和"小的教育目标"，家长的"高尚型目标"与"世俗型目标"，及至学校教育目标的最终体现——学生对学习与分数的唯一追求，这其中受到现实影响导致学校理想的愿景与目标的衰减。一位企业老总曾经说过："我想说的是100％，能被人听到的只有80％；被理解的可能只有60％；被接受的可能只有40％；按其去做的可能只有20％。"② 对于学校的发展目标来说，制定文本的规划是一回事，而人们对目标的理解以及按照目标去履行又是一回事。其中也存在一个从 100％～20％ 的比例衰减。与新课程改革的目标相比较，这个衰减让我们感到距离新课程的目标越来越遥远。

　　学校的愿景与目标何以衰减？这其中既有现实的影响因素，同时也反映出学校在目标制定过程中管理方面存在的问题。

---

　　① 摘自初二学生的周记。
　　② 刘大星. 共同愿景：创建学习型组织培训教程. 北京：北京大学出版社，2004：93.

　　现实的影响因素。学校的目标受制于社会和家长的期望。在 L 中学这个重视家长的学校里，家长的期望无疑对学校的发展起到了至关重要的间接影响。有学者研究表明，家长对学校的期望是影响学校文化的重要的社会因素①。在 L 中学，家长对学校的"世俗型期望"成为影响学校对升学率高追求的一个重要的根源。

　　学校文化主体和学校愿景与目标制定的游离。在调查中发现，除了学校的管理者之外，其他的文化主体对学校愿景与目标的了解程度很低，尤其是家长。组织目标的作用在于形成学校将来的共同梦想和愿景，使学校内的不同文化主体能够怀着同样的期望致力于改革的努力，把个人愿景与组织愿景的实现最大限度地统一起来，打造一个生命的共同体，形成学校发展的凝聚力。"课程改革的难处在于每个人都有自己的教育理想。怎样能让大家建立一个共同的教育理想，是改革成败所赖。"但是，在 L 中学，教师、家长，也包括学生，他们是游离于目标制定过程之外的。"只有当人们觉得有些事是他们真心想要和关心时才会产生执著感"，学校愿景与目标制定的游离状态势必影响目标的内化。

---

　　①　影响学校文化的社会因素和文化因素包括：家长对学校的期望和态度、雇主对学校的期望和态度、社会团体对学校的期望和态度、教育部门对学校的期望和态度、政府对学校的期望和态度、校外考试（统一考试）的影响、学校享有自治的程度、学区状况的变化和社会状况的变化。参见：王斌华. 校本课程论. 上海：上海教育出版社，2000：58～59.

第四章

我们的行动指南
——学校的制度规则

"制度乃是文化分析的真正单元。"任何一种制度的产生和形成，无论是自生自发的，还是有意设计的，都可以认为是反映了某些文化的轨迹或文化的需求。制度是学校文化规范化的反映，它反映着组织的基本信念、价值观念、道德规范和管理哲学。在这一部分，主要分析学校制度规则中体现的价值观念和文化追求，以此透视学校深层的观念文化。

可以说，一所学校的制度规则体现在学校的方方面面：教师评价制度，学生管理制度，教学研究与管理制度，课程开发、管理及评估制度，科研管理制度，教师培训制度等。实行新课程以来，这所学校在制度方面也有很大的创新。例如，学校的《教育教学管理章程》第十五条规定："积极贯彻落实《基础教育课程改革纲要》以及新课程标准。1. 积极转变学生学习方式，突出自主、合作、探究的学习方式。2. 开发并实施校本课程，使校本课程成为学生个性化学习的平台，发展学生个性特长。3. 深化'学科教学背景下的研究性学习课程'的实践探究，培养学生科学意识和科学精神，学习研究问题的方式方法，提高探究能力。4. 积极组织学生参加社会实践活动，提高学生的道德意识和道德行为。5. 搞好'信息技术与学科整合'的课题研究。等等。"基于篇幅的限制，在这里，我主要选择了我认为最能够体现这所学校文化特色的教师评价制度、教师竞聘制度以及科研制度来研究。

一、谁来拿奖金——应试与发展

奖励和惩罚是影响组织文化的一个重要因素。通过观察一个组织奖励什么，惩罚什么，可以看出这个组织的价值取向。为了考察这所学校里对教师奖励什么，如何奖励，我从教师评价制度入手。评价是学校管理的日常性工作，它对教师的观念和行为具有最为直接的导向作用。

（一）校首席教师评聘：教师的"诺贝尔奖"

通过文件研究和校长访谈发现，学校在教师评价制度方面做了很大的努力，课改以来，其对教师的评价导向、方式等都有所调整。学校评价的总体指导思想是"构建符合课改理念的教育评价制度"，"建立不与'分'挂钩评定教师的教育教学质量。采用自评、家长评、学生评、社会评或者以上几种方式相结合的多种评价方式。校务综合分析多方面的信息，不草率下结论，在尊重教师个性和个人价值的前提下，和教师一起分析其未来的发展方向和目标，促进教师专业和个人素养的整体发展。"学校里有几个涉及对教师评价的制度。例如，教师的师德评价，按照德、能、勤、绩四个指标对教师评价[①]；教师的教学评价，从备课、教案、授课、作业、听课和材料等项目来评价教师的教学工作[②]。尤其值得一

---

① 德：指工作人员的政治、思想、职业道德和遵纪守法、廉洁奉公的表现。能：指业务知识和工作能力。勤：指工作态度、工作作风和遵守制度、勤奋敬业的表现。绩：指被考核人员完成的工作数量、质量、效率、效益和完成工作任务过程中个人的作用。评定的等级分为优秀、称职、基本称职和不称职四个。

② 备课（20分）：（1）参加备课并主动研究问题；（2）中心发言准备充分；（3）教学设计独特创新。教案（15分）：（1）学期初超写两周教案，平时超写一周教案；（2）写出个性化教案；（3）教学环节完整，重点突出；（4）板书设计科学，重点突出；（5）使用现代化教学手段并有教学回顾。授课（25分）：（1）体现新课标，准确地把握知识内容；（2）科学合理安排教学环节；（3）教法灵活多样，张扬个性；（4）发挥学生的主体地位、作用，组织、指导学生自主学习，研究性学习；（5）不迟到，不压堂，不带手机，不把学生撵出课堂。作业（15分）：（1）精选习题，注意知识性、层次性和技能性的统一；（2）有激励评语，有日期；（3）完成批改次数。听课（5分）：每月听同学科五节课，每月被听两节课，鼓励35岁以下教师多听课，小科可以听相关学科。材料（5分）：必须按要求的时间上交材料。加分项目（包括教具、发表论文等）。

提的是学校从 2003 年开始实施的《首席教师评聘制度》，这是学校对教师最高层次、最全面的评价。

1. 首席教师的评聘条件①

（1）学科首席教师必须爱岗敬业，勤于思考，从事本学科教学工作 6 年以上，不受年龄和现有职称限制，并是本学科教育领域中的最优秀者，被评为市级以上骨干教师。

（2）教学基本功过硬，并在国家、省、市、区获综合奖励。例如，被评为市级以上"十佳"、"教学能手"或"新秀"等，并多次做过市级以上公开课、观摩课、示范课，且得到一致好评，教育教学经验在市级以上范围内交流推广。

（3）所教学科的教学水平必须得到市级以上教育教学主管部门的认可，且教学成绩列本学科之首，并有很高的科研、教研水平，至少参加一项课题研究并取得结题或获奖，多年有一二篇论文在市级以上刊物上发表或在市级以上教研会上交流。

（4）能把握教育教学改革的方向，精通所教学科各年级教材，教学方法有自己的特色，在教育教学中能熟练地运用现代信息技术，积极参加信息技术培训，教学艺术和效果得到同行的公认和好评。

（5）多次承担指导青年教师的任务，在提高青年教师的思想、文化和教育教学方面取得显著的成绩，所指导的青年教师获区以上奖励和表彰。

在这些条件之下，又分化出几个小的指标，包括所获荣誉（15 分）、科研成果（15 分）、教学成果（20 分）、一节公开课（10 分）、微机（10 分）、民主测评（10 分）和专家评委（20 分）。根据学校制定的相应程序评选，在申报的符合条件的教师中每年选出 3 位，奖励是 3 万元。这是学校对教师的最高奖赏。学校试图通过丰厚的物质激励，刺激教师的竞争意识和上进心。从另一角度看，首席教师的评比条件和标准本身也表明了学校对"首席"的理想追求。"首席"，应该是全面发展的："爱岗敬业，勤于思考"；教育教学经验丰富；教学水平高；有一定的科研能力；

---

① 摘自学校的《首席教师聘任方案》。

能把握教育改革的方向；掌握先进的现代信息技术；有团队的精神等。

2. 教师对首席教师评比的反应

2004 年，学校最终参评的教师共有 8 位。在我看来，大多数的教师对这项制度并没有想象中的那样热衷。在他们的眼里，首席教师的评比就像诺贝尔奖一样，永远只是少数人的利益。

"利益是这样的，当大多数人得不到这个利益的时候，这就不是个利益了。是不是这样呢？你得大部分人能够得到，另一部分人得不到这才有竞争。只有一小部分人得，没什么作用。"（宋老师）

真正让教师关心的、渗透于教师日常生活的是学校的《教师立功授奖方案》。

(二) 教师的立功授奖

学校文化往往具有一定的隐秘性，每一所学校都有"不可告人"的一面，组织里的人会倾向于把组织最好的一面展示给你。但是，一旦你向前走一步，就会发现原来事实并不像展现出来的那么理想。因此，从这个意义上说，对改革实施程度的考察，不是看他说了什么，而是看他做了什么，他怎么想。在这里，选择《教育教学立功授奖方案》，是因为在调查的过程中发现，这个方案是学校评价教师的最主导方案，也是切实执行的一个方案。对于教师来说，这是一项主导他们行为导向的制度，是他们最为关注的一项制度，也是和他们关系最为密切的一项制度。

1. 成文的制度规定

在二年级的文科办公室里，我见到了这份隐秘的不为外人所知的《L 中学教育教学立功授奖方案》，下面是这个方案的全部内容。因为篇幅的限制，对于不影响理解的内容，稍有删减。

一、任课教师立功条件

1. 初三在中考中和初一、初二在区统考中各科教师单科成绩及及格率、优秀率列全区第一名立特等功，第二名立一等功，第三、四名立二等功，第五、六名立三等功。

		特等奖	一等奖	二等奖	三等奖
A 层次①	优秀率	300 元	240 元	180 元	120 元
	及格率	150 元	120 元	90 元	60 元
B 层次	优秀率	225 元	180 元	135 元	90 元
	及格率	225 元	180 元	135 元	90 元
C 层次	优秀率	150 元	120 元	90 元	60 元
	及格率	300 元	240 元	180 元	120 元

2．以备课组为单位，集体成绩在市、区统考中，及格率列第一名立集体特等功，奖励 300 元；第二名立集体一等功，奖励 150 元；第三名立集体二等功，奖励 120 元；第四名立集体三等奖，奖励 90 元。（个人成绩低于全区平均及格率者不立功）

3．三年级按照中考成绩：及格率达 90% 以上可立集体功，每人奖励 300 元。

4．在中考中，达到东北师大附中统招录取分数线（含指标生），A 层次班级每生奖励 500 元，B 层次班级每生奖励 1 000 元，C 层次班级每生奖励 2 000 元；达到吉林省实验、十一中、市实验统招录取分数线（含指标生），A 层次班级每生奖励 400 元，B 层次班级每生奖励 800 元，C 层次班级每生奖励 1 600 元；达到二中、二实验中学统招录取分数线（含指标生），A 层次班级每生奖励 300 元，B 层次班级每生奖励 600 元，C 层次班级每生奖励 1 200 元；达到六中统招录取分数线（含指标生），A 层次班级每生奖励 200 元，B 层次班级每生奖励 400 元，C 层次班级每生奖励 800 元。奖金按照人数累计。主管三年级的领导受奖与 A 层次班级班主任同等待遇。

5．在中考中，区状元班级奖励 3 000 元，参加中考科目的任课教师平均分配奖金；市状元班级奖励 5 000 元，参加中考科目的任课教师平均分配奖金。

6．不够课时的教师立功等次降一级。教 C 层次班级的教师立功等次

---

① A、B、C 层次是这里分班的一个特点，即按照学生的成绩分为三个不同的层次。

提一级。如果教 C 层次班级教师的成绩未达到全区第五六名，但在非改制校中名列第一，可立三等功。教 A 层次班级的教师立功等次降一级。

7. 指导学生在区级以上各科竞赛中获奖的辅导教师、班主任及任课教师按照获奖级别和人数立功受奖。见下表：

辅导教师															班主任及任课教师				
区竞赛(1人次)			市竞赛(每人次)			省竞赛(每人次)			国家竞赛(每人次)			世界竞赛(每人次)			区赛	市赛	省赛	国家赛	世界赛
一等奖	二等奖	三等奖	一等奖	二等奖	三等奖	一等奖	二等奖	三等奖	一等奖	二等奖	三等奖	一等奖	二等奖	三等奖	班主任3元	班主任5元	班主任7元	班主任10元	班主任20元
20元	15元	10元	50元	40元	30元	100元	80元	60元	200元	150元	100元	300元	250元	200元	任课教师5元	任课教师10元	任课教师20元	任课教师30元	任课教师40元

B、C 层次班级学生获奖，班主任和任课教师奖金为标准的二倍。

8. 教师获优秀班主任、教学新秀和教学能手等奖项者，可立功受奖。区级奖励 40 元，市级奖励 80 元，省级奖励 150 元，国家级奖励 200 元。

9. 教师获国家、省、市、区各级优秀课者可立功受奖。区级奖励 50 元，市级奖励 150 元，国家级奖励 200 元。（获优秀课或教学新秀等称号者不重复奖励，按优秀课奖励标准执行）

10. 教师的教育教学论文被评为优秀论文者获奖。等次为区级 10 元，市级 20 元，省级 30 元，国家级 40 元。（国家、省、市、区为同一篇论文者只取最高奖。著书立说者按此标准奖励）

11. 教师在教改实验中有科研立项并结题者可立功受奖。区级奖励 50 元，市级奖励 100 元，省级奖励 150 元，国家级奖励 200 元。

12. 体育教师在区运动会乙级队获得前三名，甲级队获得前八名的基础上，教练员获奖，获奖按照得分多少计算，每分奖励 5 元。班主任取教练员奖励的一半。

13. 音乐、美术、劳技、微机等教师组织的集体活动在区级以上比赛中获奖可立功受奖。国家级奖励 80 元，省级奖励 50 元，市级奖励 40元，区级奖励 20 元。学生个人参加由教育部组织的竞赛按学科竞赛奖励标准执行。

二、班主任立功受奖标准

班级精神文明、综合治理、教学成绩、体育达标、卫生普法、爱护公物和成绩显著者可立功。

1. 在中考和区统考中，A 层次班级各科优秀率达到 90％以上的班主任立特等功，奖励 100 元；及格率平均达 95％以上的班主任立特等功，奖励 50 元。B 层次班级各科优秀率达到 85％以上的班主任立特等功，奖励 75 元；及格率平均达 90％以上的班主任立特等功，奖励 75 元。C 层次班级各科优秀率达到 60％以上的班主任立特等功，奖励 50 元；及格率平均达 85％以上的班主任立特等功，奖励 100 元。

2. 在中考和区统考中，A 层次班级各科优秀率达到 85％以上的班主任立一等功，奖励 80 元；及格率平均达到 90％以上的班主任立一等功，奖励 40 元。B 层次班级各科优秀率达到 80％以上的班主任立一等功，奖励 60 元；及格率平均达 85％以上的班主任立一等功，奖励 60 元。C 层次班级各科优秀率达到 40％以上的班主任立特等功，奖励 40 元；及格率平均达 80％以上的班主任立一等功，奖励 80 元。

3. 在中考和区统考中，A 层次班级各科优秀率达到 80％以上的班主任立二等功，奖励 60 元；及格率平均达 85％以上的班主任立二等功，奖励 30 元。B 层次班级各科优秀率达到 75％以上的班主任立二等功，奖励 45 元；及格率平均达 80％以上的班主任立二等功，奖励 45 元。C 层次班级各科优秀率达到 20％以上的班主任立二等功，奖励 30 元；及格率平均达 75％以上的班主任立二等功，奖励 60 元。

4. 班级被评为区、市、省、国家优秀班集体（班团队会奖），班主任可按等级立功，区级一等功，奖励 40 元，市级以上特等功，奖励 50元。（因班级被评为先进班集体而获优秀班主任的不重复奖励，取最高等级奖励）

三、特殊贡献奖

在学生遇到危险时，或学校发生意外情况时，能挺身而出、见义勇为的教职工，学校依据具体情况给予立功和奖励。

四、附注说明

……

这是一份很详细、周密的立功受奖方案，其中包括对教师个人和教师集体的评价，对不同层次班级任课教师和不同学科教师的评价，而且，授奖充分地体现了学校层次管理的思想，根据不同班级学生素质的不同给予不同的奖励，体现了"公平"的原则。例如，由于考虑 B、C 层次班级学生的原有素质，获奖班主任和任课教师奖金为标准的二倍，C 层次班级教师立功等次提一级等。从评价的标准看，包括各种统考中的及格率、优秀率、达到重点学校录取分数的学生人数、指导学生竞赛获得名次、教师的教育教学论文、科研立项和获各种比赛先进等。尽管条件很多，但是无论是从方案所占篇幅还是从受奖的金额，都能看出制定方案的人的一种主导价值取向："率"，这是教师立功的最重要的标准。从中考到区统考，再到各种竞赛，其中反映的"率"是教师立功受奖的重要标尺。评价的一个内在功能是甄别和选拔。学校以"率"来评判教师的工作业绩。这个评价的标准对教师的发展无疑是一个导向。在学校里，能否获得奖金（钱），对于教师来说并不重要，他们看重的是对自己工作的认可。教师工作的积极性往往并不来源于物质的奖励，精神的奖励更具有激励性。从这份授奖方案中，教师明白了学校最重视的东西和学校最终追求的目标。为了实现这个目标，自己能做的就是必须不能放弃各种"率"，就必须尽力使学生在考试中考高分，拿名次。如果要实现这一点，教师们认为传统教学是提高分数的最有效的方式。

下面这份中考后的"教师成绩单"就是中考后学校对教师授奖的一个重要依据。[①]

---

① "成绩单"原本是学生学习的一个反馈结果的书面方式，但在 L 中学，考试之后，除了学生的成绩单以外，每一位教师也有一份成绩单，即他所教班级学生的各种"率"。该资料是在中考后，7 月 10 日学校召开的初三年级中考总结大会上公布的数字。大会上，年级主任以这种方式公布了其他所有学科的成绩，并且要求相关教师作出一定的总结。

表 4 - 1　　　　　　　**2004 年中考语文成绩分析一览表**

	班级	人数	及格率（%）	名次	优秀率（%）	名次	平均分	名次	最高分	名次	最低分	名次
×老师	1	55	100	1	52.3	2	101.76	1	115	2	81	3
	合计											
×老师	2	57	100	1	45.6	3	100.09	3	116	1	78	5
	7	41	97.56	9	14.63	11	93.49	11	107	8	69	8
	合计	98	98.98	3	32.65	4	97.33	4	116	1	69	3
×老师	6	46	100	1	32.51	5	97.07	7	108	7	82	2
	5	46	97.83	8	19.57	10	94.52	10	106	10	60	10
	合计	92	98.91	4	26.09	6	95.79	6	108	6	60	5
					……							

表 4 - 2　　　　　　　**语文中考各班总成绩分析一览表**

	总人数	优秀人数	110分以上	最高分	最低分	总分	平均分	优秀率%	及格人数	及格率%
三年一班	55	29	7	115	81	5 598	101.78	52.72	55	100
三年二班	57	26	4	116	78	5 705	100.08	45.6	57	100
三年三班	50	29	1	111	83	5 027	100.54	58	50	100
三年四班	53	13	0	107	59	5 120	92.83	24.33	51	96.22
三年五班	47	9	0	106	60	4 348	96.76	19.14	46	97.86
				……						
合计	505	169	17	48 737	96.5	33	498			

　　这是学校语文教师的中考成绩单，其中包括每位教师所教班级学生的总成绩和每个班级的总成绩。每位教师一般都承担两个班级的教学任务。因此，对学科教师的授奖一般都将两个班级合计的成绩作为教师最后的"成绩"。另外，每个班级的成绩单主要是班主任的受奖依据，学校将按照这份成绩单的及格率、优秀率的名次来对任课教师和班主任进行

奖励。

　　暂且抛开考试最终产生的"率"是否能够评价学生的全面素质，但就以"率"授奖这件事，足可窥视学校的应试文化取向。实际上在这所学校生活的一年里，这是一个非常强烈的感受，对于这里的每个人来说，考试都是一个挥之不去的情结，或者说是一个挥之不去的阴影。因为，更多的时候，考试已经失去了教学的反馈功能，而演变为束缚教师教学的工具，成为学校追求分数的手段。

　　2．不成文的规则——看"率"

　　尽管学校里有几项关于教师评价的制度，关于如何评价教师，学校领导有着最完善的理论。但是在教师的眼里，这是一个没有异议的答案："成绩就是衡量老师的唯一标准。"

　　我：学校现在怎么评价老师？

　　李：我们？就是成绩呀！成绩不好，那就是你没有教好。差班和差班比，好班和好班比；平行班，你排第一了，那你就教得不错呗！和评价学生是一样的，我们都在围绕成绩去奋斗，去努力。学生学得好，就意味着老师教得好，这是成正比的。我们现在就是这样，任何一所学校都是这样。成绩就是衡量老师的唯一标准。

　　我：每年都给你们定优秀率、及格率什么的？

　　李：前几天我们刚定完指标啊！

　　我：指标由谁来定？

　　李：学校的领导、年级主任。我们自己没定，我们没有发言权，人家定完了，告诉你，你执行就行了。他们是把学区的优秀率、及格率、平均分拿来，一比，你这个班 A 班，你应该达到这个，B 班达到这个，就完了。像我这个班，要求我的优秀率达到80％多，一个班56个人，得有四十五六个超过优秀，这是根本做不到的。

　　我：这个指标是根据学区整体的水平定的吗？

　　李：不是整体水平，是最高水平。校长还是希望拔尖的，哪个校长不想做到最好。

　　我：你们是不是每个学期都定那个率呀？

李：上边（学区教师进修学校）也比呀！每个学期的期末考试都是全区排名的。其实从国家看，已经制止学区教师进修学校搞这个排名了，但是不搞这个他们干什么呀？教师进修学校是培养教师的，但是培训的最终结果看什么呀？还不是分数吗？

我：校长评价你的时候，是看你平时的表现还是看你班学生考试的成绩呢？

孙：嗯……主要还是看考试成绩。班里有没有出现什么问题，纪律怎么样，各种活动、劳动什么的怎么样，这是评价班主任方面的东西。然后评价教学，主要还是看成绩。能力的培养，要看学生考试的效果。

我：能力培养这块怎么评？

孙：语文这东西，期末考试其实考的都是能力，课本的知识它没有呀！就是考你阅读的能力、分析的能力和记忆的能力。最后还是看你这张试卷答得怎么样。

我：现在学校是如何评价老师的？

宋：还是量化的。只要师德不出现问题，评价老师更多的还是看教学效果。

我：教学效果怎么衡量呢？

宋：就是分数呗，就是看分数（强调的口气）！

我：就是看分数啊？

宋：就是分数。

孙：因为领导看这个呀，中考、区统考、市统考、学校考，这与评奖、评优、结构工资都是挂钩的呀！领导们可是只管你分考得怎么样。"不管黑猫白猫，抓住耗子就是好猫。"只要分数高，他不管你过程怎样。领导也有领导的苦衷，学生分数不好，招生招不来。再说学生花钱择校，就是要分数的。你考得不好，家长也不允许呀。考试毕竟是个指挥棒，它指到哪里，老师就跟着去哪。

通过上面几位老师的谈话，可以发现，在 L 中学，教师深谙学校评价教师的规则。尽管有教师师德评价、教学评价，但是在教师的眼里，评价的一个"潜规则"是"分数"。"成绩就是衡量老师的唯一标准"，"成绩不好，那就是你没有教好"，"学生学得好，就意味着你老师教得好，这是成正比的。我们现在就是这样"。教师深谙分数的利害。"因为领导看这个呀！中考、区统考、市统考、学校考，这与评奖、评优、结构工资都是挂钩的呀。领导们可是只管你分考得怎么样，不管黑猫白猫，抓住耗子就是好猫。只要分数高，他不管你过程怎样"。

为了提高学生的成绩，学校有相应的举措，在开学初根据学区的最高水平，定出不同层次班级的优秀率、及格率，这些"率"就成为老师这一学期奋斗的目标。为了达到这个目标，教师除了努力工作外，也有自己相应的对策：

"目标放在好学生、中等学生身上，大部分跟上就行。咱年级的优秀率可不高，要抓尖子生，领导给咱们的压力也挺大，尽力了也就无愧于心。及格率差不多，优秀率实在达不到。优秀率上不去，无法和别人抗衡。尖子生能拽几个就拽几个。我在每个班的时候，把重点学生的作业放在最上面。领导的优秀率放在人数上。二班我划了 25 个，一班 40 个。你们也划范围，找出重点学生。"（李老师）

教师根据学校规定的"率"的比例，在自己班级里划定重点培养的对象。把学生分成不同的等级。这里的老师和学生一样，"我们都在围绕成绩去奋斗，去努力"。老师清楚，为了证明自己"教得好"，就必须以学生的成绩来说话。学生考试的分数就代表了自己教学的水平。这种分数的压力使教师之间也充满了竞争。"有升学压力，他互相比呀。"教师很苦恼，他们认为学校评价教师的方式是影响教师实施新课程的一个最不利的条件。但是，对学校的选择，教师是予以理解的。在上面的访谈中，我们可以发现，实际上教师指出了学校的这种选择也是无奈。

"领导也有领导的苦衷，学生分数不好，招生招不来。再说学生花钱择校，就是要分数的。你考得不好，家长也不允许呀。"（孙老师）

"上边（学区教师进修学校）也比呀。每个学期的期末考试都是全区

排名的。"（李老师）

学校不是一个真空的存在，它有自己生存的环境。从文化生态学的角度看，任何文化都是对环境适应的结果。学校要生存和发展，必然要适应和迎合社会的需要和取向。家长要分数，上级教育行政部门要以分数排名，这些都是直接影响学校生源的制约条件。学校要发展，没有其他的选择。

3. 面对课程改革的两难选择——戴着镣铐跳舞

在以"率"为主的教师评价制度下，参加课程改革的教师就仿佛戴着镣铐跳舞。他们听着课程改革的优美、动听的音乐，心里充满了舞动的激情，但是很无奈，脚上戴着"分数"的镣铐。痛苦地戴着镣铐跳舞，不如不跳，这就是很多教师的心态。因此，现实的、明智的选择还是为分数而奋斗。

我：在教学、班级管理方面，你最关心的问题是什么？

孙：成绩，实话实说还是成绩。尤其到期末的时候，你的心都跟着成绩走。初中确实是有升学的压力，你也想培养学生的能力，也想踏踏实实地搞点有意义的活动，他们感觉有兴趣的活动，老师和学生在一起。但是这样的话，学生的基础知识肯定不扎实，肯定的，那样的话考试成绩肯定不行。

宋：对于提高学生的分数来说，传统教学永远是最好的、最有效的。这一点你不能否认。如果真正实施新课程，学生的成绩肯定会下降。

从上面的分析看，教师所以放弃课改走老路子与老师对新课程的一个假定有关，即新课改必然会带来学生成绩的降低，除了对新课程的这种假定影响了教师的选择外，不愿意承担改革的风险也是一个原因。教师改革需要勇气，需要额外的时间和负担。教师文化的保守性已经让教师很难迈出改革的步子，更何况要与学校的管理取向相悖呢？

于：其实有很多老师是很希望改的，也都厌倦了现在的教学，是都没有那个勇气。本来工作就很忙，没有时间。改革还要冒很大的风险。因为改革总是要探索，刚开始的时候不一定能够见成效，也许会影响成绩。如果对改革的老师能有一个长期的标准还行，比如说三年或者五年的。但是现在是每学期、每学年都评。谁还敢啊？还不如不改呢？你也说不出来什么。

王：像历史、生物这些小科，本来是能很出彩的课，可是没有办法，中考不考这个。现在快到期中考试了，我们组历史老师说他们已经开始做大卷子了。期中考试也是要成绩的，所以当然要很重视，复习了。

私底下的故事：改革的代价

新学年开始，学校教师竞聘，很多老师都换了岗位。被老师们一致认为课程改革做得比较好的、能够大胆改革的语文教师××，没能够继续担任他的二年级 A 班教学，而是被安排到一年级。很多老师私下里认为，××老师因为课改而影响了期末考试的成绩，所以才落得这样的下场。大家当然不愿意看到自己会有这样的遭遇，自然而然地不敢怠慢了"率"。而能够短时间提高"率"的就只有是反复的练习了。

这是一个勇于改革的教师所付出的代价。不管××老师是不是真的因为课改影响成绩而"被贬"，就从教师对这件事的诠释，已经可以窥视教师对课程改革的心理：作为对理想教学模式的探讨，出公开课、研讨课可以，但是无论如何不能影响孩子的分数。在教师的心里，能够提高分数的就是传统的教学，反复练习。这仿佛是一部机器，一直按照应试的原理高速地运转。即使技术发展到一定程度，可以有更好的运转模式，而机器原有的惯性却难以停止下来。这在课程改革领域，可以称为"课程的惯性"，即教师因为各种困难而放弃课程改革使旧课程一如既往地延续下去的趋势。

新一轮的课程改革，虽然在不断地强调要建立促进教师成长的考评制度，强调学生创新精神的培养、实践能力的养成以及批判与反省能力的提高。然而，长期以来"优胜劣汰"的社会价值观使考试文化演变为学校文化的一种主宰：任何课程改革最终必须回归到学生的考试表现。教师关注学生的个人发展，对他们的学业成绩寄予厚望，愿意付出额外的时间和精力，帮助学生操练"应试"的技巧。在为"应战考试"而共同奋斗的岁月里，校长支持，行政配合，教师努力，学生勤奋，全校上下一条心，充分发挥了学校共同理念的积极效应。相反，任何有可能导致学生成绩下降的改革措施，则会在校内遭受到教师的整体质疑和排斥。其中出现的矛盾并不源于改革技术的分歧，而是源于教育基本价值观的差异，即教育应该追求学生的发展还是追求考试分数的差异。"应试"与"发展"，原本不是对立的两个价值追求，但是在应试主导的学校文化和社会价值观下，二者之间的矛盾演变为主要的矛盾，成为教师教学的两难选择。当课程改革的理念与学校的应试价值取向发生冲突的时候，学校文化成为学校改革的强大的阻力。

　　在新课程改革的背景下，为什么尽管学校在制度方面做了很多的努力，但是对教师评价的最根本的"以分论英雄"的制度仍保持不变？"对一所学校的评价，历来都有'理论标准'和'社会标准'两种：前者是指来自符合素质教育理念的学生全面发展标准，而后者却是由强大的社会观念及需求驱使的考试成绩的标准。大多数学校目前都处在既要努力符合'理论标准'，得到上级'称好'，又要符合社会标准，让老百姓'叫好'的两难困境中。"① 以"率"授奖也是社会对教育的不健康的期望造成的，校长也很无奈。在这里，我们看到，学校制度文化变革的进程，非常明显地受到观念文化的制约。实际上，观念文化是制度文化变革的"无形之手"，观念文化的诸多因素从深层次上指挥或导演着制度变革的发生及其走向。任何制度的变革都是在一种观念文化的路径中进行的。

二、教师竞聘制度——压力与竞争

　　教师聘任工作是学校内部体制改革的一个重要组成部分。学校"内改"始于 2001 年，是长春市教育体制改革的强制性结果。在长春市，"内改"的落实情况不同。在 L 中学，教师竞聘工作得到了真正落实，也就是说，每年都有教师真正的落聘，不得不走下讲台，或者再竞聘行政

---

① 郭亮. 学校评价的社会标准与教育市场化出路. 教育发展研究，2002（11）：102.

岗位，或者做工人。这对于以讲台为事业的教师来说，无疑是一个不可接受的打击。况且，落聘也将影响教师的工资收入。每一位老师都很担心自己落聘，因此，每一个人都拼命地工作。但即使这样，仍然有不幸运的人。一年一度的教师聘任大会就好像一个审判大会，气氛压抑而沉重。

（一）场景：教师竞聘大会

今天是新学期教师上班的第二天，对于每一位老师来说，这都是一个让人提心吊胆的日子，因为今天要进行一年一度的教师竞聘大会。

上午八点半，在大会议室，教师竞聘大会开始。首先，由人事科的王老师宣读学校的《教师聘任工作实施方案》和今年的岗位数额以及具体的岗位。

第二项，每位老师先填一张表，填上自己竞聘的理由、学科、班级和今后的打算，然后按照学科顺序每个人都站起来说。大约每个人说一至两分钟。［大会以后，有几个老师私下里和我说，这都是走形式，实际谁上谁下领导心里早就有数了。］

第三项，领导讨论。［这当然是不能公开的，因此讨论的程序我不清楚。但是教师认为，虽然竞聘不完全以成绩为标准，但是有一点是肯定的，只要你成绩好，就一定不能落聘。］

第四项，下午三点钟，公布竞聘成功的教师名单和岗位。落聘的教师可以申请二次竞聘行政岗位。第二天进行二次竞聘大会。

第二天上午九点钟，7位落聘的教师进行二次竞聘。一个小时后公布了竞聘结果。落聘的语文、数学教师分别竞争到了历史和地理教师的职位，剩下的几位分别竞聘到了科研室和教务科等行政部门。有两位老师彻底落聘。

我目睹了教师竞聘的整个过程，真正体验了他们的紧张。后来有两位老师和我讲起当时的感受。

王①：虽然我并不担心自己落聘，但是那个气氛让我心里特别难受。

---

① 王老师是学校的微机老师，教师数和岗位数是相同的，所以不存在下岗的问题。

你没看大家谁都不太说话，都小心翼翼的。

孙[①]：当时我衡量了一下，觉得哪一个人都挺厉害的，肯定得拿我了。（笑）……当时气氛特别压抑。尤其我们人多，不像小科，一个人一个位置，就不担心。每个人都打自己的算盘，担心自己落聘。

于：别的学校也像我们学校这样吗？我觉得压力太大了，每年都担心自己下岗，总提心吊胆的。

这就是生活在优胜劣汰竞争压力下的教师的感受。这与学校领导的管理理念和取向有直接的关系。

副校长：校长经常在大会上提要打破教师的铁饭碗，就是要给教师一种紧迫感。铁饭碗养了很多人，现在就是要打破它，引进竞争机制。这样老师的责任感立刻就强了。区里现在给我们学校的编制是110人左右，而我们学校现在将近150人。那就说明有30～40人要下岗了。学校改制就不可能养那么多闲人，就都得像我一样，一个人干好几个人的活。

（二）竞聘制的行为影响

1. 传统："我们学校老师都非常敬业"

L中学一个典型的文化特征是"这里的人都很认干"。这是在访谈中大家意见最为一致的地方。

我：在学校这样的环境里，有哪些东西是你自然而然就去做了，是这个环境对你的影响？

李：我们学校老师都非常肯干。我吧，刚来的时候，也没有那种非常想拼搏的念头，但是到了这以后，就感觉我们学校的老师特别能干，对学生的那种认真负责的精神，不是领导让我们去做我们才去做的，绝不是那样的，是当老师的一种自觉的意识和自觉的行为。我们学校的老师就是特别能干，所以我看到大家都这么能干，我也就跟着干了，要不我不就落后了吗？这是一点。

---

① 孙老师是数学教师，学校提供的数学教师岗位是23个，但是学校一共有25位数学教师。因此，必然要有人下岗。

我：没课的时候，你还要到班级里去辅导吗？谁规定这样做的呀？

于：没有人规定，大家都这样做，你也得这样做。

我：那你刚来的时候怎么知道的？

于：看着别人这样做，自己就跟着做。

我：不这样做不行吗？

于：虽然没有人规定，也不行。领导认为你不积极，班主任也对你有意见。

我：从历史上形成的一个传统啊，咱们学校最大的特色在哪里？

校长：从历史上传下来的特色首先是教师的责任感强，敬业。还有一个是教师肯钻研，形成了学科发展的优势，主要体现在学科竞赛上。不管学校发展怎么样，在竞赛上看，一直在长春市、朝阳区都不错，学科基础比较深厚。另外还有一个是近几年来学校的德育工作比较有特色：自我体验教育。

我：从1996年来这里，已经接近10年的时间，您觉得这所学校形成的传统是什么？有什么特色？和其他学校不一样的地方在哪里？或者说您在这里工作有一种什么样的感受？

宋：真实的感受是这里的老师都非常敬业。当然不是8个小时都敬业，相对来说很敬业。老师都非常忙。

我：你觉得学校和其他的学校相比有哪些特点？

孙：这里的老师都很认真、肯干，很踏实。一有时间就去要课，给不给钱都去要课。你这节课时上完了，还想要其他的课节。……这里的老师几乎都已经形成那个习惯，尤其是在期中、期末考试之前，几乎小科的课都被大家要来了，大家都抢啊。谁先抢到就给谁，都挺卖力的。

(1) 故事——一位累倒在讲台上的老师

陆老师的故事，在 L 中几乎尽人皆知。第一次听这个故事是在一次语文组老师开会的时候，大家就提到这件事。起因是老师们都抱怨工作太累，素质教育还不如不实施，改的范围越来越大，老师越来越累。大家说，早晚有一天，我们也像陆老师那样累死在讲台上。以前没觉得这个故事有多么重要，但是后来忽然醒悟：大家越是觉得不愿意像她那样，其实越从一个侧面反映出这里的人的一种敬业精神。

王：陆老师是数学组的组长，是学校的骨干教师。她教的班级都是一类班级，在学校的教学中占据着举足轻重的地位。她很敬业，常常是废寝忘食地工作。这个"废寝忘食"不是夸张之词，大家都有目共睹。她当时采用的教学策略就是"精讲多练"，准备很多数学习题卡片，让学生当堂完成，当堂反馈。如果有一名学生不做完，她都不会休息。就是这样的敬业精神。后来，因为家庭、身体本身等多方面的因素，她终于倒在了讲台上，从此再也没有醒过来。

这是一个很多人都在讲述的故事，包括校长在很多场合也都讲这个故事。但是大家讲这个故事的心态是不同的。校长是以陆老师为榜样，希望教师都能够那样敬业，而老师们讲陆老师的故事，往往是提醒自己和同事没有必要那样卖力地工作。

(2)"班主任老师的一天"

学校的时间安排大体可以分为下面四段：

7：20——8：00　早自习

8：00——11：40　上午四节课

13：00——16：35　下午四节课

17：00——18：30　晚自习

在这四段时间里，班主任除了要承担自己所担任学科的 2、3 节上课工作外，一般情况下都呆在自己的班级里一边批改作业，一边监督学生，协助其他上课教师维持课堂纪律，与其他学科老师沟通，随时了解学生的表现情况。包括早、晚自习，即使这一天不是自己当班，为了保证学生学习的效果，他们一般也都会留在学校里，一直到学生放学离校。包括每个周六学校补课的时间。

"我每天早晨 6 点多从家里出来，晚上 7 点多回家。一般都是这样。我和我爱人都是老师，结果我们家的房间根本没有人打扫。每周要雇钟点工来做。"（孙老师）

无论是新教师还是老教师，无论是男教师还是女教师，无论是语、数、外教师还是理、化、生教师，大家同样积极肯干。曾经有一段时间，我为教师敬业的精神而感动。我曾经也很困惑：教师们为什么这么努力地工作？因为从学校的管理来看，还是存在很多问题的。例如：校长管理的专制，老师们有苦不能言；学校里给教师的福利待遇不好，除了工资什么都没有，没有额外的报酬；精神上的鼓励和支持也很少，领导甚至都不知道你做了多少工作。但是就在这样的情况下，为什么教师们却能这么辛苦地去工作？是因为学校目标的凝聚力？是由于学校的激励？是出于对学生的爱？是源于对教育工作的热爱？……一年之后，我发现，其中一个非常重要的原因在于这所学校一个突出的文化特点——以奖惩机制为代表的优胜劣汰的竞争文化。

我：校长又不给你奖励，为什么这么辛苦地工作？

吕：为了自己的前途啊！干不好，下岗了怎么办？现在学校搞教师聘任制，每年都有被解聘的人。

郑：不认干哪有分数啊？为啥老师都得敬业，因为最后还是要看分数的。没分数就证明你不行，你不称职。

当然，教师认干，也存在其他方面的重要原因。例如，教师出于自己的职业道德和良心；出于教师对自己职业日常行事规范的认知。

孙：面对那么多学生，他们的命运都是掌握在你手里的。不能对不起他们。有时候一节课什么也不讲，就觉得对不起他们。这是一个良心活，是职业道德和良心的问题。

宋：实际上，我觉得当老师这个工作挺单调的。看书，备课，然后到课堂和学生交流，就这样。这个过程中你说老师敬业？你说我不和学生交流，像大学老师那样，上完课夹着书本就走，这对中学生来说绝对不行。虽然上课时都会了，但是你不辅导也不行，中学生自主学习的能力极差，所以你必须和学生交流。这些都是老师工作的一个日常行为。

2. 教师之间的竞争

教师竞聘制带来的另一个重要的结果是教师之间的竞争。可以说，这是影响教师之间人际交往的一个重要因素。在论文第五章"我们如何相处？——学校人际关系规范"中，我会分析到这是一所以竞争为主的学校。当然造成这种人际关系的原因是多方面的，但是在教师看来，教师竞聘无疑是一个非常重要的原因。

吕：……也有同行之间的竞争。我们学校现在竞聘制都是真的，再说本来我们数学老师就超编，竞争更激烈了。

3. 职业认同感："你可千万别到中学来"

在这种竞争压力下的教师，每年都面临着发展的危机，他们对自己的职业有什么态度？

在学校里，每当有老师知道我的身份，知道我在东北师范大学读博士，知道我将来会在大学里任教时，他们都会由衷地表现出对我的羡慕。"你读博士，多好！可千万别到中学来。看我们，一天累得要死。"（华老师）

"我们的工作，没意思，都是瞎忙，都是重复性工作。像你们，多好，做点研究，也轻松，没有时间限制。"（王老师）

"早知道也考研究生，就不用到这鬼地方了，压力大，干得没劲。"（李老师）

这就是很多教师对自己职业的一种态度和价值观。

三、走向"科研兴校"——"走形式"与"真研究"

"科研兴校"对于中国的学校来说，再熟悉不过，这是很多学校的口号，也是 L 中学的一个办学理念。现任校长在上任之初，也就是 1998 年，根据学校当时的状况，高起点地确立了"科研兴校"的主导思想，确立了"以课题研究为载体，整合学校工作"的办学思路，于是就有了后来在德育工作、教学工作和管理工作方面的系列研究课题。也正因为如此，校长被评为"科研型名校长"。从学校的历史看，这里有重视科研的传统，并且，从校长的角度来讲，科研的确对学校的发展发挥了重要的作用。学校的教育教学管理章程第十七条规定："积极开展教研、科研活动。定期举行'专题研讨会'、'主题教研活动'、'教学开放日'。"从学校的历史和现今的制度看，这里的科研是繁荣的。但是科研除了制度上的规范和行为上的参与外，更加重要的是追求一种研究、探究与反思的文化氛围。那么，在这里，在"科研兴校"理念的指导下，学校的科研状况如何？教师们又如何看待科研？

（一）新机构的建立与新制度的诞生

2002 年 2 月，学校成立了科研室和相应的领导小组，并建立了相应的制度规则，包括学校的教育科研管理工作制度、科研课题申报管理制度、科研成果验收与推广制度以及论文奖励制度。这些制度，详细地规定了学校科研工作运行的规范。例如，科研管理工作制度，从科研的组织建设、规划课题、培训队伍、强化管理、成果验收、交流经验和经费保障等方面规定了学校科研管理的举措。

文本制度的制定与新机构的建立是重要的，是学校科研走上规范化的前提。在这一制度的强制要求下，学校教师开始做科研。无论接受与否，效果如何，在这里，你能够看到教师做研究的"形似"。

（二）制度规范下的科研

制度在本质上是精神的，它表现在行为过程中，因此养成行事规范是制度建设的重点。新机构的建立与新制度的诞生并不标志人们行为的转变，即使是行为的转变也并不标志人们观念的转变。伯兰兹（Berends）在对英国指定进行调整的 123 所学校进行的一次研究中得到一个结论："对于一项改革来说，结构的调整并不意味着标准、习惯、技能和信念的改变，即重新结构不是重新培养。改革最难实现的是教学实践的变革和教学精神的变革。"随着新机构的建立和新制度的产生，学校的科研发生了什么变化呢？制度对人的行为的规范有多大的作用？通过观察和访谈发现，对于大多数老师来说，新制度意味着"那是写给别人看的制度"，不能指导和规范教师的行为，他们也很少按照制度去做。

1. 学校的科研状况

(1) 学校承担的课题

为了调查学校的科研状况，我统计了 2001 年以来学校的课题总数。

学校从 2001 年到 2005 年，共承担了大型的课题 11 项。去掉学校离退休职工，学校有专任教师 137 人，每个课题组的构成大约有 30 人左右。按照这个数字计算，平均每位老师要承担课题 3 项左右。这是在2004 年学校没有申报新课题的情况下计算的。从课题的数量看，学校的科研真正呈一派繁荣景象。但是如果设身处地地想一想，教师的现实工作状况，每一项研究课题的难度，这么多的课题如何才能实实在在地去做呢？

(2) 教学副校长："重视证书，不重视做的过程"

"我们学校的科研，你在这里待的时间长，你知道究竟是怎么回事。'科研兴校'那是说给别人听的，我们校长嘴上说重视，是重视证书，而不是重视做的过程。依我们校长的意见，我们学校的科研应该由我自己来做。你都看见科研室的情况嘛，都是下岗的人才到科研室去的。他们没有什么理论的水平，教学也是教得不好的。他们能做什么科研？每年换一个人，连日常的工作都还不太熟悉，更别说做什么科研了。那是'铁打的衙门流水的兵'。科研室成立了，随着每年下岗的人不同，工作的人也就不同，能做什么科研呀！这次教师竞聘，有两人下岗后被分到科研室，都是毕业刚刚两年的大学生。其中有一位英语教师前两天又回去教课了，现在就剩下一个人。另外的科研室主任是三年级的班主任，还负责两个班级的数学奥赛，哪里有时间管科研室。所以我们学校所有的科研材料都由我写。"

这是对教学副校长的访谈，在她的眼里，校长对科研的态度是"重视证书，而不重视过程"，"'科研兴校'是说给别人听的"。这也许是目前中国很多学校科研面临的问题。"科研兴校"仿佛是一个门面。不能否定学校对教师的立功授奖方案中包含着对科研课题的奖励，但实际上教师也清楚这其中最重要的是一个证书。学校的这种"重证书"的管理取向，也影响了教师对科研的态度，就是我在后面呈现的"教师交钱很积极"。另外，在上面的一段访谈中，我们也能够看到这所学校科研室的实际状况。到科研室工作的人都是竞聘中落聘的老师，"他们没有什么理论的水平，教学也是教得不好的"，"铁打的衙门流水的兵"。也就是说，科研室的工作人员是随着每年落聘老师的不同而不同的。这无形中给了老师一种暗示：教学不好的人才去做科研。暂且不说科研是否只有科研室工作人员来做的问题，学校对科研室工作人员的选择就给教师一种暗示：做科研是不重要的工作，对于学校的发展来说，不重要，对于一位教师的发展来说，更不重要。

（3）新科研室主任："我还不知道我该做什么"

2004 年秋季，学校按照教师竞聘工作的程序，任命了新的科研室主任，他是初三两个班级的数学教师，同时负责学校的奥数辅导。也就是说，科研室主任是他的兼职。根据研究的需要，我于 2004 年 11 月与这位新官进行了交谈。他说："我还不清楚科研室的工作，对学校的科研工作也没有什么计划，目前为止，还是只有其名，没做其事。"

（4）语文学科带头人："课题挺多，但真正做的没有"

我：学校的科研工作状况怎么样？

李：你想听实话吗？我们学校的课题确实挺多，但是真正做的（她使了一个眼色，小声说）没有。明白我说的是什么意思吗？就是这个课题是有，但是搞成什么样就不知道了，有的荣誉证书我都不知道怎么来的。所以我觉得很悲哀，知识这个东西是不允许掺假的。你说给你一个课题，也不告诉你怎么做，也不给你指导，让你写两篇论文就完事了。我们学校就这样。没有那个学术氛围。你像东北师大附中就不这样，人家是一所以搞学术为主的学校，有那个科研的氛围。是真正搞了，真正地去从事。这和领导的管理有直接的关系，和领导的指导也有关系。像理论方面的东西我们都不懂，真的不懂，但是领导给你这些东西，没有人指导你也只能去做。我们怎么去做呢？每天大家忙着批改作业，上课，本来就有一堆工作要做，谁还有时间去做它。

(5) 场景："迎检"①

明天，有人要来检查学校的科研工作情况。因此，科研室布置每位老师交自己的课题结题材料，下班之前交齐。这个要求几乎涉及全校教学一线的所有老师。因为这里的理念是"人人都有课题"。所有的老师一片忙乱。有的老师不知道自己都做了什么课题，所以跑到科研室来询问。科研室主任很不满意，责问他们为什么不把自己承担的课题用一个本子记录下来。有的老师来找以前他写的总结，准备拷贝一份就完事。总之，在繁忙的教学之余，老师们匆匆忙忙地补着自己的课题总结。一位老师说："这里什么都是假的，我们就知道抄袭。这里上级的检查不断，为了应付检查，我们都加入到造假的行列。制造假的政治学习材料，编写假的校本课程教案，编写假的课题讨论会记录……"。

通过上面访谈资料的呈现和一个"迎检"场景的描述，你可能已经感觉到，这里的科研制度的确如老师所说"那是写给别人看的制度"。教师做课题，没有像制度中描述的"培训队伍"，要经过"个人申报、论证答辩、批准实施"等一系列过程，一个直接的环节是"颁发证书"，甚至有的证书教师都不知道怎么来的。

(6) 我的欣喜：学校校本课程的研究

通过对教师做课题的过程的观察，我感觉到了探究、反思文化氛围形成的星星之火。我根据学校以往的文件记录和自己实地的观察、访谈，对学校 2002 年 3 月～2005 年 1 月校本课程的发展历程作了回顾和分析。

该课题是某研究所的一位教授主持的全国教育科学"十五"教育部重点课题"基础教育课程开发与推进的比较研究"的子课题。学校里有 35 位教师参与了该课题的研究。

一、播种阶段——校本课程的引入

2002 年 3 月 1 日，校长、教学副校长以及该课题组的 35 名成员参加了会议。会议的目的是根据基础教育课程改革的要求，根据学校的具体情况提出学校课程改革的构建与实施构想，努力在 2002 年 8 月新生入校前形成比较完整的校本课程。在这次会议上，校长发表了重要的讲话，

---

① 摘自研究者的田野日记。

第一次将校本课程引入学校。

"这次南方考察，让人受益匪浅，主要的印象：特色学校，有实效；特色表现，有特色校本课程；特色教师是特色学校的前提。我们学校先把校本课程搞起来，这样会促进我们学校教师的特色发展。教师有特色，才能立于不败之地。当前校本课程编写，一定要推行这样的原则。首先要摆脱传统教育思路的束缚，形成学生自主、参与、交流的多元形式。其次，创新性，要有各自的特点，有利于学生的创新思维发展。再次，实践性，为了保证学生的参与，要把我们的……和本校的实际情况相结合，力争使学生在实践活动中，培养出责任感。

我校校本课程的思路：1. 期中考试前各组以年级或学科为单位拿出校本课程样本草稿，期末前形成比较完整的校本教材，突出校本特色；2. 各学科组长要起带头作用，为本组教师做楷模；3. 校本课程，要每人都（参与），各科都在学校课程改革的原则基础上，求得个人的特色发展；4. 大家要重视这项改革，这里没有什么经验，都需要大家来摸索。只要大家认真对待就能把校本课程搞好。"

然后教学副校长布置了教师的任务："从今天起，我们在较短的时间内写出自己学科的校本设想，交给我，然后各组讨论一下自己大致的安排。"

二、成长阶段

在这一阶段，学校又分别召开了几次会议。

1. 2002 年 4 月 8 日，各学科汇报校本课程方案。

2. 2002 年 5 月 20 日，谈各组校本课程编写情况，交流各组纲要，求同存异，互相促进。

3. 2002 年 9 月 20 日，校本课程进入关键时期，要求参加校本教材编写的教师把编写的校本拿出来共同研究一下。

4. 2002 年 10 月 11 日，落实校本课程情况反馈，了解大家在校本课程实施中遇到的一些问题。

5. 2002 年 11 月 18 日，总结一学期来落实校本课程的情况。

6. 2003 年 4 月 30 日，校本课程进入关键时期，参加校本课程编写的老师汇报校本课程的进展情况。

7. 2003 年 5 月 12 日，总结一学期来落实校本课程的情况

8. 2003 年 8 月 11 日，总结回顾上学期本校校本课程实践和课题研究情况，并做好本学期校本课程深入开发计划布景。

（中间间断。学校再没有这样的活动安排。）

9. 2004 年 11 月 27 日，学校计划出一本校本课程的书，布置每一位教师写一个校本课程教案。

三、收获阶段——校本课程成果

在学校原有的活动课的基础上，构建了学校的校本课程体系：人文学科综合实践活动（主要包括语文、历史、地理、政治、艺术等学科）、科学学科综合实践活动（主要包括数学、物理、化学、生物、体育等学科）、古典诗词。在我离开前，为了响应学校出校本课程书的号召，每一位老师都交了一份校本课程教案。

我用了很大的篇幅来描述学校校本课程发展和成长的历程，目的并不在于说明学校在这方面取得了多么突出的成绩。实际上学校的校本课程存在的问题很多。例如，校本课程有无的问题。

偷　听[①]

老师们又谈到明天的校本课程检查的问题，好像是学区教育局要派人来检查的。一位老师问："每周都安排两节校本课，可是都没讲，要是问学生们讲没讲怎么办？"另一位老师说："你要先布置好，告诉学生，要是问他们，就说讲了。"

实际上，这里的校本课程并没有形成真正意义的校本。而且，按照校长的指导思想：因为有中考的限制，要求教师校本课程要以学科知识的选择、拓展为基础，校本课程的发展也必然受到更多的限制。但是所以更关注这个过程，因为在这个过程里，让我看到"研究"的一个雏形，是学校形成学习、研究文化的一个良好的契机。首先，领导重视。校长是学校文化建设的关键人物。校长对课程改革的态度直接影响着教师参与改革的积极性。在这里，校长通过全校性的大会，向教师强调，学校

---

① 摘自研究者的田野日记。

要借助课程改革，借助校本课程形成学校发展的特色。这个仪式给了教师一个暗示：在课程改革的过程中，校长是支持我们的，是和我们站在一起的。其次，以学科组为单位，重视教师的合作和交流。校本课程是一个崭新的事物，无论是内容的构建，还是实施过程，较之传统的课程都有很大的不同。这对教师原有的观念和行为都是一个挑战。在这种情况下，如果以教师个人为单位来实施，一方面，教师个人的专业知识、能力、时间很难应付，另一方面，更加强化了以孤独为特征的教师文化。学校采取的以学科组为单位来探索校本课程的开发和实施，是学校合作文化形成的一个有利时机。很显然，学校没有把这种讨论和交流的形式坚持下去。

这就是教师眼里的科研和我看到的科研，似乎是喜忧参半。新课程追求研究、探究与反思的文化，倡导教师通过行动研究来反思自己的教学生活。为什么按照这样的理念建立的新制度却是无力、无为的？这背后制约的因素是什么？

2. 教师对科研的态度与感受

（1）没有时间

大规模的课程改革加重了教师的工作负担，迫使他们付出更多的精力和时间去回应、去改变，这样教师难免会产生抵触的情绪。对科研，他们首先的回应就是"没有时间"。

"每次论文都是前一天布置，第二天交，匆匆忙忙地，能写什么呀？再说老师也没有那个时间，每天都有新课，尤其是主科的老师。"（李老师）

（2）没 用

"你说科研，一周一篇论文，一个月一篇论文，能写出什么呀？老师，你就应该研究研究为什么这个学生学习好，那个学生学习不好？这是怎么回事？这才是本分的。你说那论文有什么用啊？'虚假政绩'。"（郑老师）

（3）考 试

"中学教师做科研，不像大学里，有那个研究的氛围。中学面临着升

学的压力，这些老师每天光是教学工作就已经应付不了了，哪有时间做科研。"（李老师）

"期中、期末考试，学校都要成绩，要是没有升学率，怎么整都行。"（宋老师）

（4）交钱很积极[①]

"现在评什么优秀，都需要这个，老师们都非常清楚。"（于老师）

老师认为，科研是"没用的"，为了"考试"，他们也"没有额外的时间"去做科研。在行为上却出现"反常"——交钱很积极。交钱拿证书，对于教师来说这是一个潜在的规则。因此，尽管不情愿写论文，但是教师交论文的评审费还是很积极的。

为了调查都有哪些评价涉及教师的科研成果，我查了几项制度，发现在学校和学区的很多制度中都涉及对教师科研的评价。例如，学校的教师教学考核制度、学校和学区的首席教师评比、骨干教师评比和学科带头人等。制度是一种规范和导向，教师是社会的人，追求功利的心理使教师无法不去做科研。但是，这里的科研，绝不是教师的一种生活方式，不是教师职业生活中不可缺少的部分。对于教师来说，这是额外的负担，是对自己正常教学生活的干扰。

文化是有依附性的。在这所学校里，我们通过教师的外在行为表现，看到了科研工作的繁荣。但是文化学中对人的行为的研究，绝不是研究行为本身，而是研究行为背后的内隐概念。正如罗伯特·欧文斯（Robert G. Owens）所说："尽管人类学家和社会学家认为，文化，不管是一个较大社会的还是一个组织的，都可以从对人们行为的观察中推知，但这不是真正地在研究那行为。"[②] 透过教师"积极"参与科研的行为，我们会发现，实际上教师对待科研的态度和观念还是传统的、消极的，在这种观念下，可以预料，当外在的约束停止的时候，教师必然又回到从前的状态。也就是说，当教师的观念没有改变的时候，一切改革都将是表

---

① 这里的"交钱"，是指目前很多部门举办的论文比赛都需要交一定的评审费，每篇论文30～50元不等。据教师的反映，只要你交了钱，肯定能拿到一张证书。

② 季萍. 学校文化自我诊断. 北京：教育科学出版社，2004：39.

面的。

为什么教师对学校的科研工作有这么多抱怨？为什么教师对科研是这种抵触的情绪？首先，学校科研工作本身存在诸多问题。例如：让教师研究什么样的问题；让教师怎样研究，是让教师一周写一篇论文，还是一个月写一篇论文……另外，这其中还有些原因不能被忽视。

第一，新课程下，我们对教师寄予了无限的期望：教师不再是单纯的知识传授者，而是学生发展的促进者；不再是学生的管理者，而是其发展的引导者；由"教书匠"转向科研型、创新型教师；由单一型教师转向综合型教师等等。新课程倡导的研究的生活方式打破了教师原有生活方式的平静，对其原有的技艺、观念带来了强烈的冲击，这迫使教师走出自己心理的舒适地带①。所以很多教师把写科研论文和进行科研交流看成"额外的事情"，他们认为自己受到大量文书工作的轰炸。自己把那么多的时间花在无用的文书工作上，使教学时间受到严重影响。

第二，学校的一个新的规章制度要想成为成员的内心特质，需要有一个内化的心理过程。有人研究认为，从学校规章制度的发展看，学校的规章制度要想成为其内心的特质，需要经过一个"服从———同化———内化"的心理过程②。从这个意义上讲，L 中学科研制度的内化还仅仅停

---

① 所谓舒适地带，是指每一个人都有自己熟悉的范围和习惯的经验，人们在这个范围内活动就会觉得安全、舒适和稳妥，而一旦逾越则可能遇上困难、麻烦、危险和挑战。参见：操太圣，卢乃桂. 抗拒与合作：课程改革情境下的教师改变. 课程·教材·教法，2003（1）：71～75.

② 服从，这是学校规则内化的第一个阶段，表现为学校群体中的各个成员在社会压力下，表面上转变自己的看法和态度，服从群体的规范准则。但是这种服从不是自愿的，更不是发自内心的，而是由于外界环境压力的结果。多半受奖罚等外因的影响，一旦外因消失，顺从行为也就停止。服从行为有两种：一种是在有一定组织的群体压力规范影响下的顺从；一种是对权威人物命令的服从。后者是由学校的领导发出的，具有强制性；而前者作为多数人的意见，虽然不具有强制性，但个体在心理上难以违抗。如果个体一旦偏离学校的群体规范，就会受到群体的惩罚。这种惩罚不仅有明文规定的措施，更令人心理上难以承受的是群体大多数成员对个体的疏远和孤立。这种无所归属、无所依附的失落感，是学校群体压力对偏离群众规范的个体施加的最直接、最强悍的威胁。认同是学校规范内化的第二个阶段。在这个阶段，学校中的各个个体把群体规范、舆论吸收过来，心理上与之趋向于一致，这是一种规范的移入过程。内化，这是学校规范内化的最后阶段。在这个阶段中，教师开始把自己认同的东西与自己的心理结构有机地结合起来，变为自己的价值而并入价值体系中。参见：俞国良. 学校文化新论. 长沙：湖南教育出版社，1999：140～142.

留在服从的阶段，教师不是自愿地，不是发自内心地做科研，而是屈从于外在的压力和奖罚等因素的影响，按照制度内化的心理过程原理看，一旦这些外在的压力停止，教师的顺从行为也将停止。

孙中山先生曾在建立中华民国时说，中国民主制度的真正确立需要一个漫长的历史时期，因为真正的民主制度是以大众的民主意识和民主能力的形成为基础的。一所学校真正的科研的确立也需要一定的时间，因为真正的科研是以科研意识和科研能力为基础的，是已经成为教师的一种日常生活方式的科研。

第五章

我们如何相处
——学校人际关系规范

    一个组织里的人如何相处，除了组织正式规定外，更多的是一种非正式的、无形的"规范"，是"团队成员已经接受为合法的行为规则"，是由群体交往中形成的被大家认同的潜在规则，是绝大多数团队成员对成为一名好成员应该如何行事的共同信仰①。在 L 中学，学校的愿景是追求"和谐"，这其中就包含人际关系的和谐。那么，能否真正地实现"和谐"呢？

    对于这所学校的人际关系，我将从教师——教师、教师——学生、教师——管理者以及教师——家长的角度分别来展现。

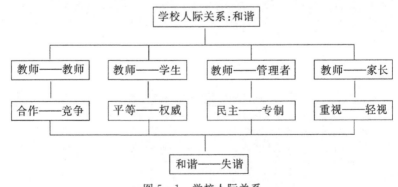

图 5 - 1　学校人际关系

---

① A. R. Cohen and others. *Effective Behavior in Organizations* (3rd ed). Homewood, IL.；Richard D. Irwin, 1984：62.

一、教师和教师之间——合作与竞争

教师之间的人际关系是学校人际关系中最基本的方面，它直接影响了教师的工作状态和学生的人际关系，是教师文化的最基本形式。透过教师文化方式，那些不同的文化内容被再现、再生产和再界定。教师团体的信念、价值和态度的变化，取决于先前的或同时的教师关系类型和联系方式的变化。那么，在这所学校里，教师之间的关系类型和联系方式怎样呢？

（一）竞争是最根本的

用老师们的话说，这里的人际关系比较"微妙"。微妙就体现在其既有竞争，也有合作，是竞争之下的合作。尽管老师们一致认同合作对教师教学质量提高的意义，但是学校制度管理方面的导向和教师文化本身的特点，使竞争成为教师人际关系的主流。

我：在学校这样的环境里，有哪些东西是你自然而然就去做了？

李：我们学校老师都非常肯干。……另外一点，我们学校还有一点（想了一会），人和人之间的关系还是比较融洽的，相处得比较好。谁有什么事了，我觉得大家能够互相关心。虽然知识分子容易互相猜疑吧，但是我感觉人情味还是比较浓的。

我：嗯，这个挺难得的。

李：这个吧，也是因人而异……在这里，要和其他老师做到相处融洽，其实是很难的。有升学压力，要互相比呀！

我：老师之间是竞争多一些还是合作多一些？

李：竞争多于合作。要达到老师之间真诚地合作，完全地合作，毫无戒心地合作，做不到，完全做不到。竞争还是最根本的问题。在竞争的压力之下，如果你想让自己班级的成绩高于其他班级，那么你就要有一些精品的东西，非常有经验的知识性的东西，你会有所保留，你不会和别人去说的，说了的话，别人可能就超过你了。

我：你刚来的时候有师傅带你吗？

于：有，也形同虚设，没指导什么。再说有同行之间竞争的问题，人家只是形式上地指导你一下而已。

我：那你是怎样适应这里的工作的？

于：自己逐渐适应呗。刚来的时候，我什么也不知道，就以为只要教好就可以了，实际上每年区统考都有一些题的，一些老教师都知道，可是他们不告诉你，我就自己闷头搞。这里的老师搞个什么东西，都掖着藏着的，害怕别人知道。你看东北师大附中就比较好，人家是老师之间合作。一个老师负责一块，然后再大家聚到一起。而这里就是自己干自己的。

我：老师之间的合作怎么样？

孙：合作呢？就是比较困难一点，大多数情况下还是自己干自己的。老师之间也会互相帮助一下，也有，但是不太完善，每个老师还是自己弄自己那一摊。

我：你们之间有没有认为有价值的问题大家互相交流一下的？

吕：也有，但是很少。这可能和我们班级的特点也有关系。因为一班和三班是好班，人家的进度讲得比较快，后面那些班讲得就慢，人家也没有必要和你讨论，就自己整自己的。另外，也有同行之间的竞争。我们学校现在竞聘制都是真的，再说本来我们数学老师就超编，竞争更强了。

我：不是这样。他教学上可能也有困惑需要交流呀，这是大家都受惠的事情。

孙：我们学校这方面做得不好。现在组内教研这方面其实是很重要的。在处理教材、课堂教学的时候都有一些困难，如果大家能坐下来好好地说一说每个人的特长啊、怎么讲啊、好的方法呀，介绍一下，大家学习。你一定要主动地问人家，人家才能告诉你。他们就是自己弄自己的，这个特别强。干脆就没有什么合作。也不太重视组内听课。说是重视，但是都是表面的，根本不落实。组长也不太重视和组织，也从来不组织我们听课。

何：老师之间确实需要合作。比如说组内教研是十分重要的。有些东西你不懂，你想啊，一个人的思维毕竟是有限的。这一节课怎么讲，你想了很多，看了很多资料，但是就没有人家的一句话来得那么快。往往就是那一句话给你启发，忽然就有了灵感。有时候讲课，一个老师先讲的，他可以把他课堂上出现的问题告诉我们，提出来，这样效果不就更好？那我们也就不能再犯同样的错误。就像学生一样，一个学生的问题，可能另外一个学生就能解答了。教师之间合作，既解决问题，同时效率也高。这些我们都没有，就自己整自己的。

吴：我第一年来的时候，在我们几个都不是班主任的时候，大家能一起研究研究，因为刚毕业也没有教过，第一次教，就必须要问，但是问也必须问愿意告诉你的，有的人不愿意告诉。你要问人家讲到哪里，告诉你。你要是问怎么讲的，人家就告诉你："就那么讲呗。"根本不告诉你。可能怕你超过他吧。

吕老师的故事[①]

我在高中、大学时都任过班干部，是一个争强好胜、不甘人后的女人。虽然我教的是普通班，但是我教班级的学生的成绩总是要高过"好班"。所以，我总是受到同事的排挤和嫉妒。我和我们组的老师相处得不好。我性格比较直爽，有什么说什么，所以常常惹人不高兴。有时候我会在办公室里抱怨领导的不是，同事就会跑到领导那里打报告，结果我就会遭到批评。所以我现在习惯了不说什么。以前我不知道，有一次，我看到同事讲试卷的方法是一道一道地逐一讲，我觉得没有什么必要，就建议她选择几个比较典型的题目讲讲就行了，个别问题可以让学生们

---

① 吕老师是教初三的数学老师，在 L 中学工作了 8 年。

之间解决。结果，这个同事生气了，拉着脸说："我教了这么多年书，难道连这个还不懂吗？"哎！我当时那个尴尬。所以，从那时起，我什么也不说，也不和他们交流，我就自己闷头干我自己的。在这里，只有没有利益冲突的教师才能成为好朋友。像同一个学科的老师，往往因为竞争比较大，很难真正地合作，所以很多问题都需要自己来解决。

通过以上资料的呈现，我们可以发现，这里的教师在教学实践中已经发现，同事之间的合作实际上是很必要的，他们很认同教师之间的合作关系。"一个人的思维毕竟是有限的。这一节课怎么讲，你想了很多，看了很多资料，但是就没有人家的一句话来得那么快。往往就是那一句话给你启发，忽然就有了灵感。有时候讲课，一个老师先讲的，他可以把他课堂上出现的问题告诉我们，提出来，这样效果不就更好？那我们也就不能再犯同样的错误……"大部分教师都意识到组内教研、教师交流的意义和价值。但是由于学校政策的导向，例如教师竞聘制、学校的班级划分原则、对教师的立功授奖和对教师施加的升学压力等原因，竞争成为学校教师人际关系规范的主流。这种人际关系带来了教师教学行为的一个突出特点：保守。"这里的老师搞个什么东西，都掖着藏着的，害怕别人知道"，"大多数情况下还是自己干自己的"，"每个老师还是自己弄自己那一摊"，"他们就是自己弄自己的，这个特别强"。

竞争是一把双刃剑，对于学校发展来说，也是利弊兼具的。一方面是竞争文化"比较"的优势。这种比较带来了学校发展的活力和动力。"班主任工作的压力大。除了教学工作量大之外，竞争也很大。尤其是来自平行班的压力。同时竞争不可避免地带来恶性的比较。有人曾经总结，在竞争性的学校里，"学生致力于超过他的同学，教师追求比他的同事教得更好。这样做，学生和教师都把他人的成功看做自己的失败。他们感觉是在被审判，被否定，因而隐瞒而不敢直面自己的缺点，并掩盖自己的问题。"[①] 在这所学校里，我们已经看到，竞争带来了教师面对教学的单打独斗局面，"很多问题要自己来解决"，"我就闷头干自己的"，"你就

① [美] 戴维 W. 约翰逊，[美] 罗杰 T. 约翰逊. 领导合作型学校. 唐宗清等译. 上海：上海教育出版社，2003：9.

要有一些精品的东西，非常有经验的知识性的东西，你会有所保留，你不会和别人去说的”，“师傅带徒弟，那也是形同虚设”及新教师对教学的不适应等问题。即使同一个学科的教师之间，因为存在竞争，也很难成为好朋友。

（二）竞争之下的合作形式

这是一所以竞争为主流的学校，校长的管理思想也在于此。“要打破教师的铁饭碗，就是要给教师一种紧迫感。铁饭碗养了很多人，现在就是要打破它。从机制上要引进竞争，强调教师之间的竞争。这样老师的责任感立刻就强了。”（副校长）但是，学校里并非没有合作。在很多方面，你能够感受竞争之下的宝贵合作。李特尔（Little）认为合作是通过四种特殊的行为得以展现的：学校中有合作关系的人讨论实践；他们互相观察参与教学和管理的实践；通过计划、设计、调查和评价，一起参与课程工作；互相展现他们了解的关于教学、学习和领导的知识。L 中学教师的合作通过不同的方式表现出来。下面，我结合访谈和观察的资料，对这所学校里合作的形式与状况进行总结。

1. 集体备课

集体备课作为教师专业发展的一个重要的方式，在我国有着光荣的传统，是我国教师专业合作的一个重要形式[①]。很多人的研究表明，集体备课作为学校教学文化和教研的形式，对教师的专业发展和课程改革实施有重要的意义[②]。在这所学校里，从学校的管理制度上看，有集体备课的要求。学校 2004 年 4 月制定的《教师备课的基本要求》中第 11、

①　香港大学教育学院吴浩明曾经对大陆和香港的教师文化作过一个研究，认为“交流与分享”是二者的差异之一。他通过调查发现，大陆教师在教师互相听课和每周的校内备课、校内集体教研活动、师傅带徒弟等方式都表现突出，与香港教师相比有很大优势。参见：吴浩明. 香港与大陆教师文化差异研究. 华东师范大学学报（教育科学版），2002（3）：71～82.

②　马云鹏通过对城市和乡村 4 所小学数学课程实施情况的调查研究发现，集体备课模式作为学校文化的一个重要表现，对学校数学课程的实施有直接的影响。参见：马云鹏. 课程实施探索：小学数学课程实施的个案研究. 长春：东北师范大学出版社，2001. 尹弘飚通过实地调查研究发现，教研组和备课组对学校的课程实施亦有显著的影响。参见：尹弘飚. 基础教育课程实施的影响因素分析：重庆北碚实验区的个案调查. 南京师范大学学报（社会科学版），2004（3）：62～70.

12条规定："同学科必须集体备课；集体备课每周举行一次，每学期不少于12次。由备课组长主持，每次活动要设主讲人，主讲人由组员轮流担任，须在此之前做好准备，组长要做好记录，以待备查。"在教务处办公室里，我见到了这样一张表格：集体备课时间安排。

表 5 - 1　　　　　　　　　　集体备课时间安排

星　期	节　数	科　目	年　级	教研组	负责人
星期一	8	语　文	一年级	一年文科	李××
	6	语　文	二年级	二年文科	张××
	2	历　史	全体	二年文科	刘××
	1	信　息	全体	二年文科	张××
星期二	1	物　理	二年级	二年理科	张××
	2	地　理	一年级	一年理科	高××
星期三	3	英　语	二年级	二年文科	李××
	5	政　治	二年级	二年文科	高××
	6	政　治	三年级	三年文科	刘××
星期四	7	数　学	一年级	一年理科	化××
	7	英　语	一年级	一年文科	王××
星期五	6	数　学	二年级	二年理科	唐××
	5	语　文	一年级	一年文科	董××

那么，在这样的制度要求下，教师的集体备课落实得如何？以集体备课作为主要的合作形式和载体，教师们合作的情况又如何？

场景：记一次教师集体备课（节选）[①]

李[②]：备课怎么总也备不上？这些人都干什么呢？（组长有点生气和不耐烦。此时是下午一点钟。按照规定，他们的集体备课是每周五下午一点开始。但是每次都不能按时开始。一些班主任总是呆在班级里，要

---

① 摘自研究者2004年3月25日的田野研究日记。这是一年级语文组的集体备课，地点在一年级文科办公室。
② 李老师是一年级语文组的组长。

么处理班级的事情，或者其他的，总之很多人都不按时来。可见，尽管有制度的强制性约束，教师们仍然毫不在乎地违反。）

王：小班①的郭老师好像下午有课。付老师去班级了。

李：焦×，咱们开始吧，不等那些人了。（此时大概已经是1点15分，已经晚了15分钟，还差小班的语文老师和付老师没有来，但是组长宣布开始了。今天的主持人是焦老师。她是今年才分来的毕业生。）

焦：第三单元主要是人物描写的课文，要找到作家的作品风格。我比较了一下。《口技》这篇课文，导入准备用……（具体介绍每一课的具体做法。大约一点半的时候，付老师来了。没有人理她，她默默地坐到自己的椅子上，开始参加备课。）

李：模仿这四篇文章，写自己的生活经历，或者找课外的名人传记，不超过600字。一定要学会写人物传记，不仅写自己，也写别人，这是作文。这几篇文章侧重传记，要学会塑造人物，评价人物。

张：（补充）我想把四个人放在一起讲。因为从描写的人物看，有科学家、革命家，所以可以利用几节课的时间把这几篇课文整合到一起讲。只要让学生学会人物传记的写法就行了。

焦：那课文不讲了吗？

张：就让他读。从课文看，只有《福》的肖像描写比较有价值，可以留作文，介绍这个人物。其他简略介绍就行了。

李：可以拿范文。学会写传记，这是目标之一。另外情感的目标……就这个重点。课外延伸可以读名人传记。

张：读罗曼·罗兰的。

李：作文练笔一天一篇，一定要让家长签字。《文言题典》期中考试前要讲完，分散讲，每天讲一点。

焦：他不写怎么办？

李：有惩罚措施。目标放在好学生、中等学生身上，大部分跟上就行。咱年级的优秀率可不高，要抓尖子生，领导给咱们的压力也挺大，

---

① 这里的小班是五四制学生，虽然学习的内容一样，但是教学的进度和六三制班级不一样。

尽力了也就无愧于心。及格率差不多，优秀率实在达不到。优秀率上不去，无法和别人抗衡。尖子生能拽几个就拽几个。我在每个班的时候，把重点学生的作业放在最上面。领导的优秀率放在人数上。二班我划了25个，一班40个。你们也划范围，找出重点学生。

张：我们是及格率也有问题。两手抓，两手都要硬。我看尖子生可以单独留。

李：小作文一天一篇，大作文一周一篇，文言文一天一篇。中考250分，课外文言文中考要争取少丢分。我现在课堂上用的一套辅导材料，我感觉挺好，年级统一买吧？

焦：用不用报学校领导？

……

这是一次一年级语文组的集体备课。由于篇幅的限制，在这里仅能截取其中的一个片断。从以上简短的文字描述看，尽管教师集体备课也存在一些问题，例如总是有老师不重视，不遵守时间，使每一次备课都不能按时开始。但是我们还是感受到了教师集体备课的形式、内容和成效。教师通过讨论解决了这样几个问题：作为人物描写的一个单元，教学的目标（知识目标、情感目标）应该放在哪里；教学的重点是什么（写传记）；教学方法怎样处理（或者逐篇地讲，或者把几篇综合到一起讲）；作文；辅导资料；如何应对学校的优秀率、及格率。这些问题可以说是下一个星期教师要解决的主要的教学问题。通过这样的讨论，使一些教学中的疑难问题得以解决，例如教学目标如何处理，如何对付那些不学习的孩子，如何确定教学的重、难点等。尽管有些问题还存在着争议，如教学方法，但是教师会通过这样的讨论来思考这个问题，在实践中他可以尝试和选择方法，而不是固守自己的教学天地。这仅仅是一次备课，可以想见，一学期、每周一次，教师可以共同解决多少困惑呢。

我：教学方面你们同事之间交流吗？比如教研组里的这些老师。

孙：交流呀，每周都有集体备课呀，这都是真备的。除非特别忙的时候，那就算了，而且带小班。其实学校要求还是挺严的，所以都是真备。我们一年级数学组每周四的第七节课是集体备课时间。一年组的六个老师，一个人主持，把你这周的教学，你怎样讲解课文，有哪些计划，印哪些卷子，都说说。其他的人可以提提意见。大家轮流做主持人。比较简单，就是说说大纲，谈谈想法，真正发挥的还是自己。

我：这个学校老师之间的交流多吗？

宋：应该说吧是有。咱们说（集体）备课，其实备课过程就是一次交流。每周、每个教研组都有备课，有时按照教材的一个章节来进行。其实，老师之间的交流是必然的，尤其是那些年轻老师，包括一个知识点怎么讲，知识点怎么砸实了。老师常常是这样，包括教了多少年的老教师都是这样，有时某个知识点的教法也会有浮动，有时他也会觉得不知道怎么教。这时候怎么办，大家到一起讨论一下，最后的落脚点是什么呢？虽然有争议，但是要按照大多数人的意见去教。（交流）这是肯定的。

教师把集体备课作为一个主要的交流方式，他们认为交流是"必然的"，无论是对新教师还是对老教师都是这样。当然也有做得不好的教研组，在这样的教研组里，教师对教学的反应是消极的，更多的是抱怨。

我：你们有固定时间的集体备课吗？都做什么？

于：有是有，但也都是形式上的，大方向上的把握，讨论一下进度什么的，没有实质的内容。

王：我们集体备课的时候，只有非常少的老师才会说一些教学方法什么的，我们以前都是跟着老教师学习的。中国人就是这样一种思想，你是新教师，你刚刚毕业，你没有说话的资格，你一定要谦虚地向老教师学习，而且不要轻易地说你自己的想法。

为什么有的教研组做得好，有的教研组做得不好？通过观察发现，这和备课组组长的管理、本组教师的人际关系、学科以及教师所教的年级有关系。一般的情况是，备课组组长抓得比较严的组相对要好一些；教研组内的教师人际关系和谐的教研组，由于教师不顾忌说什么，所以敢于、也乐于公开地表达自己的观点；主科（语文、数学、外语）由于教师多，容易形成讨论和研究的氛围，相对要比小科（历史、地理、生物等学科）好一些；初一、二年级受升学压力较小，要比初三年级好一些。

2. 日常的交流

除了集体备课外，日常的随时随地交流是教师合作的最主要的体现，甚至这种合作的方式由于其"随时"的特点比集体备课更能解决问题。这种合作是很随机的，不同学科、不同教研组和不同年龄的教师之间也存在着一定的差异。

我：校本课程是你们组的老师先集体讨论一下吗？

孙：也就是平时聊天的时候讨论，不是要求必须集体实行的。有时候是聊天的时候无意中透露出自己的打算。有兴趣的话，你觉得他讲得挺好，你就可以用在自己班级上。经常是这样。

我：那你刚来的时候很多问题都不懂，你一般怎么办？

李：我经常问一个老师，那个老师现在教小班。有时候平时聊天的时候就问问，有时候专门去向他请教。他对我帮助挺大的。

这两位教师都是日常交流的受益者。他们通过日常的聊天，了解其他老师校本课程、训练学生、布置作业和教学等的方式，模仿别人的做法。这对于新教师来说，是很好的适应环境的方式。

下面是期中考试前某一天下午在二年级文科教研组邂逅的一幕，是英语教师、语文教师的日常聊天。

英语组老师的讨论

"调研题（一）第一单元的第三题你做没做？"

"怎么了？"

"你看一下那个答案对吗？判断正、误那个。我怎么认为这道题是对的呢？"

"I don't often have breakfirst，就是 often 的用法。"

"我认为是错的。你看……"

"我认为是对的。"

"咱们几个意见一致就行，不用管区里给的答案。"

语文组老师的讨论

"宋老师，这份试卷上的题有答案吗？"

"没有，都是书上每篇课文前面方框里的。因为没有什么其他材料可以参考，所以就只能用这个了。"

"达标的那个你们都做没做？课外阅读和单元训练都做没做？"

"这个对我们班级的学生已经足够了，所以我们班没做。"

"我们班期中考试前再考一套题。"

"生字不知道考不考？我还要给学生打出来一张卷子练一练呢！"

"星期三前一定要打出来，周四之后就不要再打了。"

……

这是教师日常讨论聊天的两个片断，可以说，这样的对话和交流是常见的现象，但是我却发现，教师的日常交流往往局限于对答案、出卷子、做考试卷和用什么辅导材料，而对教材内容如何处理以及课堂教学的成功与失败之处等问题较少涉及。麦克劳林（Mc. Laughlin）和塔尔伯特（Talbert）得到了一个非常具有批判性的结论：并不是说任何专业学习团体都是有价值的。合作是有力的，这意味着它可能有力的坏，也可能有力的好。同样的合作形式，其优劣取决于合作文化的内容。当教师们的合作加强彼此的坏的或无效的实践时，他们将以使事情更糟而告终[①]。

3. 互相观课[②]

互相观课也是我国教师特有的一个传统。有些学校对教师之间互相听课是有明确的制度规定的，规定每学期至少听其他教师的课的节数，并且要检查听课笔记。这种制度上强制要求听的课，因其强制的色彩，往往会遭到教师的反对和抵制。而教师自己基于问题而听的课，效果才好，因为有内在的动机需要。在 L 中学的一份教学考核表上，我看到其中一个评估指标："每位教师每月听同学科五节课，每月被听两节课，鼓

---

① ［加拿大］迈克·富兰. 变革的力量. 中央教育科学研究所，加拿大多伦多国际学院译. 北京：教育科学出版社，2000：242.

② 这里的"互相观课"既包括学校组织的大型的公开课、研讨课、示范课，也包括学校教师日常的互相听课。

励 35 岁以下教师多听课，小科可以听相关学科。"从这个评估标准我们可以看到，学校规定了听与被听的双向的次数，可见，学校是鼓励教师之间互相交流与分享的。并且，我从教学校长那里了解到，实行新课程以来，学校有一个"不成文"的口头的规定，教师要开放教室，开放课堂。每位教师都可以随时去听其他老师的课，每个人都不可以拒绝。这个口头的规定着实让我这个外人欣喜了一阵，让我感到，新课程在这里迈出了实质性的一步①。在这里，我重点研究的是教师不是出于学校的制度规定以完成任务的心态去听课，而是自己主动地为了解决教学问题而听课。通过调查发现，这里教师主动去听别人的课也时有发生。

下面是对一位只有两年工作经验的年轻教师的访谈。

我：毕业的时候适应吗？

孙：……自己的教学，包括我现在管理班级的一些做法，都受以前老师的影响特别大；再就是听课，听别的老师的课。你听的时候觉得特别好，你再讲的时候就受他的影响了。比如说我今天讲的这个《土地的誓言》，我本来就想去听听我们组长的课，但是因为我昨天病了，就没有去。

我：你听别的老师的课多吗？

孙：我觉得听得不够多。因为我自己的课比较多，另外我当班主任，本身自己有一个班要带，所以听得不多。但是要碰到我不知道怎么讲的课，我就尽量抽时间去听别人怎么讲，看他讲的方式好不好。如果我认为这样讲效果会好，我就会用这种方法。我很容易受影响，特别容易受影响。我还是希望多听听别人的课，有一些好的东西吸收过来，特别

---

① 所以有这样的感觉和想法，是看到日本著名教育家佐藤学在《静悄悄的革命》一书中提出的学校发展的三个阶段，而其中第一个阶段，即改革的第一年就是要在学校里建立起教师之间公开授课情况的校内教研体制，第一步就要打开教室的大门，在校内建立所有教师都参加的公开课体制。只有教师之间彼此敞开教室的大门，互相观摩教学、互相批评，每位教师都作为教育专家而共同构建一种互相促进学习的"合作性同事"之间的关系，学校的改变才有可能。在教室之间相对封闭的学校里，教师之间的团结、合作的意识很淡薄，而且教师们按照教育观、人生观的不同聚合成一些小团体。正是这种学校内部的同事之间的权利窒息了学校的发展。"教室的墙壁、学科的隔阂，是校园内部运作的最强有力的权利。如果不是所有的教师都打开教室的大门，并且从内部彻底粉碎这种权利关系，那么，学校的改革是不可能的。"

有用。

我：那你一般听课是和听课老师打声招呼，直接过去听就可以吗？

孙：对，打声招呼就可以了。他们都挺欢迎新教师的，随时都可以过去。

这位新教师认为听别人的课对自己的影响特别大，除了受自己以前老师的影响外，最重要的就是听同事的课，这是自己适应新工作的两个重要的方式。尤其是遇到不知道怎么讲的课，就更要听。听别人的课，当然不是照搬照抄，还是会根据效果的好坏加以取舍和借鉴。他喜欢这种方式，如果不是因为自己的任务多，他希望能够多听听其他老师的课。而且从学校的环境看，这种交流的氛围还是比较浓厚的。要听课，"只要打声招呼就可以了"。

我：你在教学中遇到疑难问题的时候怎么处理？是自己想还是向其他的老师请教？

孙[①]：有时候问其他老师。尽管教了这么多年，也积累了一些教学经验，但是对一些知识点还是有拿不准的时候。尤其是新课程改革以后，教材变化的幅度也比较大，刚接到教材的时候，就感觉不知道怎么教了。所以有一些问题还是需要向别人请教的，而且现在课堂教学都提倡使用多媒体，年轻老师在这方面更有优势。

这是一位有经验教师的感受。尽管她有着较长的教龄，也有着丰富的教学经验，但是新课程带来的挑战使她有时候也必须向其他老师请教，尤其是自己的短处：多媒体。

以上分析的是教师的常态观课，即教师常规教学中的观课情况和感受。在观课中，还有非常态的形式。例如，学校组织的公开课、骨干教师示范课和研讨课等。在此所以没有作分析，是因为我在实地调研的一年时间里，先后参加了学校举行的大型的公开课活动约有 8 次。每次活动之后，我都非常希望能有一个交流研讨的环节，听一听教师自己如何反思以及同行如何评价。但是很遗憾，根据我自己的观察，在学校安排的活动中，没有设计研讨的环节，一般只要求上课教师写一篇教学反思。

---

① 孙老师是一位有着 10 年教龄的教师。

所以上完公开课后，教师很少再回头共同讨论教学的成败。而所谓的教学反思，也仅仅成为科研的"形式主义"，成为教师所说的"虚假政绩"。可见，学校虽然能够意识到公开课、研讨课等活动的示范和导向作用对教师专业发展的价值，但忽视了课后研讨是教师改进教学的一个重要的环节。

4. 班主任教师和其他教师的合作

L 中学的班主任认为与其他学科的教师合作对班级的管理和班级成绩的提高是很重要的。因此，几乎每一位班主任都注重和学科教师搞好关系。因为重视和追求，所以这种合作发生的频率比较高。另外，这里班主任的工作方式①也使这种合作具备相应的便利条件。

下面这位教师就认为班主任和科任教师的合作非常重要。

罗：班主任和科任老师之间要合作。就是说，班级管理是所有科任老师对班级的管理，但是操作者是班主任。大家都在管，哪位老师进入课堂，你就必须要管学生。如果哪位老师说我就管这 45 分钟，其他的我不管，那就完了。然后如果科任老师之间有矛盾的话，协作不好，两个人配合也不会好。比如，A 老师上课时，说：'你上我课坐好了，其他的课我不管啊！'这样的话可能就是顺嘴说的。学生如果听你的了，那么别人的课他肯定上不好。所以老师之间的合作非常关键，要有团队精神，每个人上课都应该考虑其他学科。班主任更是这样，必须考虑其他老师能不能上课的问题。

一位老教师的经验之谈

张老师是一位优秀的班主任，她有 30 多年的教龄，曾经多次获得省、市、区优秀班主任，优秀教师称号。她管理班级的一个秘诀就是和科任教师合作，搞好关系。

张：和科任老师搞不好关系，等于这个班级就是你一个人在管；如果能够搞好关系，就是大家管。力量当然要比你一个人强。尤其是与主

---

① 这里的班主任一般很少到自己的办公室，除了给其他班级的学生上课外，几乎都呆在自己班级里，随时监督班级学生的学习情况，随时与科任教师沟通，了解学生的情况，甚至帮助科任教师维持课堂纪律。

科语、数、外教师搞好关系，就更重要。

张老师的确很看重这一点，我就亲眼目睹她在期中考试之后请语文、数学、外语老师吃饭，当然是私人请客，就是为了表示感谢。她说："我们班成绩这么好，都是他们三位的功劳。"所以，在她的班级开家长会，一个特点就是一定邀请三位主科老师来，向家长讲讲每一门学科该如何学，孩子考试情况怎么样。

5.　学科教师的资源共享

"新课程改革后，合作交流增多了。最重要的一点是资源上的共享，比如课件的制作。课件的制作很费时间，一位老师的精力毕竟是有限的，如果你花了更多的时间在制作课件上，那么会冲淡你其他方面的精力。因此，我们组对于课件的制作，采用分配的方式，一人一个单元。"（二年级语文组组长）

做得最"突出"的一个组是一年级数学组，除了课程资源共享外，教案也是共享的。

"教案是我们组长写的，然后发给我们大家，但是教案的整个思路是我们组的老师集体备课共同研究的结果。上课的时候，除了具体的语言表述不同外，基本上都是按照这个思路来讲的，包括课后的习题都按照预先讨论设计的进行。"（一年级数学组王老师）

撇开全组复制一个教案这件事情的好坏不谈，非常令人高兴的一点就是教师们开始有强烈的合作意识。当然，合作可以有力的好，也可以有力的坏，其效果要取决于在哪个方面合作。如果是教师齐心协力来应付教案检查，或者因为统一的教案束缚了教师课堂教学的机智，那么，合作就带来了它的负面功能。

（三）寻找"病"因

在竞争为主导的人际规范下，教师之间也存在一定的合作形式。那么，造成这种人际关系状态的原因是什么呢？对于影响教师合作的因素很多人都做过相关的研究①。下面，结合理论，对这所学校里影响教师人际关系的因素作一简要的分析。

1. 有利于合作的条件

在日常的教学中，尽管倡导竞争，但是我们看到教师之间还是有一些合作。这其中除了教师合作的意识外，学校具备的一些有利于合作的条件也很重要。例如，教师办公室的物理空间分布。学校教师办公室主要分布在教学楼的 4 楼，三个年级组的办公室按照文科、理科划分为 6 个办公室，按照顺序连在一起。文科办公室里主要是语文、外语、历史、政治学科。理科主要是数学、地理、生物、物理、化学学科。从物理空间的角度看，这种安排实际上比较有利于教师之间，包括不同学科之间教师的交流。另外，学校在制度规范方面的导向，例如，对集体备课的规定、对教师听课的要求、开放课堂和师傅带徒弟等，都从制度上对教师合作予以支持。但同时，我们看到更多的是不利于合作的条件，这些条件使教师的合作面临重重困难。

2. 不利于合作的条件

（1）教师之间的竞争

合作是两个或者两个以上的人、群体为达到共同的目的，自觉或者不自觉地在行动上相互配合的一种互动方式，其中必须具备的一个条件是有共同的目的。而实践中，教师之间以竞争为主导的文化使他们在合作的目的上产生了分歧：不是双赢而是战胜对方，而且竞争使教师人际关系变得微妙，彼此之间缺乏信任。

李：……在这里，要和其他老师做到相处融洽，其实是很难的。有升学压力，教师之间互相比。在竞争的压力之下，如果你想让自己班级

---

① 富兰（Fullan）和古德莱德（Goodlad）描述的教师日常工作情况是同事之间极少有机会相互交流。这种相互孤立现象的原因在于学校组织采用的教师管理形式和教师们的时间安排问题。参见：[美] 艾伦 C. 奥恩斯坦，弗朗西斯 P. 汉金斯. 柯森主译. 课程：基础、原理和问题. 江苏教育出版社，2002. Lortie 认为教师的孤立，并非都是学校建筑的隔离性，而是教师缺乏自信、自我防卫和焦虑的产物。参见：冯生尧. 教师文化与教育改革. 21 世纪中国课程研究与改革. 北京：人民教育出版社，2001. 通过梳理发现，大体上可以归结为几类原因：学校的物理空间、学校教师的管理形式、教师自身保守的文化特点和教师的时间安排。

的成绩高于其他班级，那么你就要有一些精品的东西，非常有经验的知识性的东西，你会有所保留，你不会和别人去说的，如果说了，别人可能就超过你了，怎么办？

我：你刚来的时候有老教师带你吗？

于：有，也形同虚设，没指导什么。再说有同行之间竞争问题，人家只是形式上指导你一下而已。

吕：……也有同行之间的竞争。我们学校现在竞聘制都是真的，再说本来我们数学老师就超编，竞争更强了。

我：老师之间要产生矛盾，一般都是因为什么呢？

李：主要是工作，工作上的竞争是最主要的。

我：其他的呢？

李：应该是没有，我认为。

对于教师之间的合作来说，相互信任的文化环境的营造是根本的。如果仅关注合作的形成而不考虑文化的发展，要建立合作，也只能导致行政强加的合作，它的作用是破坏性的。"组织内部的合作环境是由相互信任的文化环境和特定的权利运用模式构成的。"①。同事之间的信任关系是减轻教师参与合作心理压力的最有效因素。这种无实体的文化是关键的。在这样的组织中，教师之间彼此相互信任，相互同情，每个人都能够自由地承认错误，表达愤怒。人们以问题的解决为目标，确定规划和解决问题的机制。"这种环境下的交流是人与人之间的真实的交流，不是相互控制，而是激发和被激发，向他人学习并把自己的知识奉献给他人，改变自己观念的同时也影响他人的观念。"

（2）没有时间或者时间冲突

全国义务教育课程改革实施评估调查发现，90％以上的教师感觉新

---

① R. Stacey. *Complexity and Creativity in Organizations*. San Francisco：Berrett-Koehler，1996：189.

课程使他们的工作量增大。全新的课程改革给教师带来了繁重的工作任务，而教师要合作，往往会涉及两位或者更多的教师，需要一个共同的时间表。在紧张的时间安排下，教师很难抽出特定的时间进行同事合作活动。

孙：现在大家不能经常互相听课，主要是时间问题，大家的时间总是冲突。你看我，一上午三节课，真的太累了。所以只有一节课的空闲，一偷懒，不过去听了。再就是，老师们的课都是相互冲突的。我在这里上课的时候，他同时在那个班上课，有时候想听也听不上。调课也不是很容易。

我：你听别的老师的课多吗？

孙：我觉得听得不够多。因为我自己的课比较多，另外我当班主任，本身自己有一个班要带，所以听得不多。

（3）学校的制度

制度与文化共同构成人的社会行动的环境系统。L中学强调教师竞争的制度和不允许教师平时随便到其他办公室聊天的制度导向，从某种程度上影响了教师的合作。

校长：要打破教师的铁饭碗，就是要给教师一种紧迫感。铁饭碗养了很多人，现在就是要打破它。从机制上要引进竞争，强调教师之间的竞争。这样老师的责任感立刻就强了。区里现在给我们学校的编制是110人左右，而我们学校现在将近150人。那就说明要有30~40人要下岗了。学校改制就不可能养那么多闲人。

学校还有另外一项不成文的规定，那就是校长曾经在大会上提出的一项要求：教师在空闲时间不得随意到其他办公室聊天。这样，很多教师为了避免有聊天的嫌疑，就连其他的办公室也不去了。

（4）学校的组织构成

对于中学来说，学年组和学科组是两个重要的基层单位。但是，也正因为这两个单位的设置，影响了学校教师之间的合作。教师之间的合作往往仅限于自己学年组的和学科组的。

我：在这所学校里，你最佩服的老师都有谁？

孙：说两位我最佩服的老师。学校的吗？我接触得特别少，我是初一年级组的，我就接触初一组的这些人，初二、初三的我也接触不到。

我：平时老师只接触自己年级的同事吗？

孙：对，我几乎只接触我们文科教研室的老师，我们一年级语文学科组的这几位老师，甚至我只接触我们班。因为我是班主任嘛。平时和大家接触得特别少，最主要是同学科的。剩下的联系就不多。还是和同教研室的老师、学年主任啊这样的联系多一些。

宋（年级组长）：我们组做得是最好的。但是每个人和每个人都合作得非常好，这是不可能的。从整体上看，我们组最好。

我：你了解其他组的情况吗？

宋：其他组的？不便了解。我得知道我的范围。（笑）

我：你们组和组之间划分得很清晰吗？

宋：这是我的原则。你李家的事你偏要过问张家的事，张家有张家的思路，两家的思路是不一样的。你能致富人家也能致富啊。自己有自己的思路，所以你过问就不好。

这是中国家族式思维的传统文化。作为一位年级组长，这种家族式的管理思维，限制了两个年级组之间的交流。

（5）性格、性别与年龄结构等个人因素

①性　格

李：这个吧，也是因人而异。如果你对人以诚为本、真诚，我觉得无论你到哪里，做什么工作，都能和大家相处好。但是如果你对别人不诚心，你自己很虚伪，那谁能主动和你成为好朋友呢？……咱就把教学搞好，对人真诚，我觉得到哪里都没有问题。

②性　别

我：为什么大家不愿意交流？事实上可能大家都知道交流的好处。

孙：可能是女性的关系。女老师总是要保留一些，有的老师不愿意告诉。比如我在我班讲课的时候，发现了一个好的方法，我不想告诉你，我自己留着，告诉你的话你的成绩不就比我好了吗？而我爱人的学校，都是年轻的男老师，在一起有说有笑的，氛围特别好。什么问题都拿到桌面上来讨论一下，特别好，没有什么忌讳。哪里讲得不好，处理得不明白，都会说出来，大家讨论。

③教师年龄与教龄结构的异质

于：在主科中，我们初一语文组做得相当不错了。老师和老师之间，三位刚毕业的教师，三位老教师，很少有什么问题。

（四）教师人际关系状态对教师的影响

教师的人际关系状态对教师的工作，对学校的发展，对一项教育改革，都是十分重要的影响因素。很多人曾经分析过学校人际关系对教育改革的影响。例如，Barth 从积极的人际关系角度来分析，他认为学校里出现的一些好的迹象也许和合作的人际关系有关：学校的决策趋向于更好；决策的实施也趋向于更好；在成年人之间有很高的道德感和信任感；学生的动机和成绩上升。萨拉森则从消极的角度来分析人际关系对学校的影响，他认为教师之间相互孤立的现象对改革有着负面的影响。因为教师之间都是相互孤立的，所以使教师们感到在职业性工作上得完全依靠自己解决问题，这是他们的职责。这种态度使他们将课程计划实施带来的变化视为个人行为活动的结果。教师们认为他们的奋斗是独立的行为，这会使他们心理上产生孤独感，结果会造成他们对管理者和对忽略教师困境的改革之外的人员和机构的敌对态度[1]。

在这所学校里，教师的人际关系对学校发展和课程改革的实施产生了哪些影响呢？在这里，我主要从其对教师工作的情绪、情感影响的角度加以分析。迪南·汤普生从变革中教师的情感出发，认为要实现"真确式教师改变"，不仅要关注教学价值、观念和实践的改变，而且要重视情感和互动的重要性。

1. "我们是一块的"

这种感觉是对于那些人际关系和谐的学科组来说的。在这些组里，

---

① ［美］艾伦·C·奥恩斯坦，弗朗西斯·P·汉金斯. 课程：基础、原理和问题. 柯森主译. 南京：江苏教育出版社，2002：313.

"我们是一块的"感觉，使教师能够怀着快乐的心情投入工作，教师们共同学习，共同分享教学的快乐，共同承担课程改革带来的不确定和课程决策的责任。

"教师之间的合作，让我感到很愉快、幸福。我是从外校调进来的，以前那个学校，就是考试、考试。弄得老师们很紧张。我们数学学科很团结，大家能够经常坐下来交流新课程产生的问题。"（李老师）

"我们一起商量决定的"——一年级小班数学组的课程决策

一年级小班数学组有三位老师。按照学区的规定，他们应该使用北京师范大学版本的教材。拿到新教材后，总感觉有些问题。于是，三个人共同研究了一下华东师范大学版本的教材。根据四年制初中的特点，对四年总体的数学课程内容作了如下的调整。这个调整不仅是两个版本教材内容的取舍和综合，而且对课程内容呈现的顺序局部都有所改变。调整如下：

一年级教学进度

一年级上：

一、走进数学世界

二、有理数

一年级下：

三、整式的加减

四、图形的初步认识

五、数据的收集与表示

六、一元一次方程

七、二元一次方程组

二年级教学进度

二年级上：

十三、一元一次不等式

八、多边形（补充全等三角形，多边形内角和，镶嵌，教材以华东为主，附加别的）

九、轴对称

十四、整式乘法

二年级下：

数的开方（平方根与立方根，二次根式，实数与数轴）

勾股定理

十二、平行四边形

十一章　平移与旋转

根据教材讲一点统计的知识，同时根据内容讲一点人教社的的内容（补充）

三年级教学进度

三年级上：

二十、分式

十七、函数及其图像

十八、图形的相似

十九、解直角三角形

三年级下：

二十一、一元二次方程

二次函数

圆

（注：二次函数与圆一起讲，同步进行）

四年级教学进度

四年级上：

统计（复习）与概率（新知）

将两套教材（华东与人教社）的整体体系进行比较，查缺补漏，并进行初中数学的整体知识拓展，包括以高中知识俯视初中的数学内容，重点开发学生的思维，培养学生的学习兴趣。

四年级下：

进入初中数学复习阶段，分章节，前一段时间结合两套教材，分章节复习，后一阶段总复习，迎接中考。

由于对数学内容的生疏，我没有对照两个版本的教材内容，也没有深入钻研这样调整是否是科学和合理的。但是我关注了三位教师在课程调适过程中的心理感受。

"说心里话，我们心里也不踏实。毕竟我们没有什么理论基础，就是凭借自己多年的教学经验来调整。而人家的教材是公开出版的。我们也不知道自己调整得对不对。"（张老师）

"再说你知道小班是学校领导重视的班级，所以万一出现问题，我们谁也承担不了责任。不过好在我们是四年，即使错了，也有改正的时间。"（赵老师）

"这事只能是我们三个人一起商量才能决定，一个人我们也就是想想。这样我们还得找学校聘请的那位奥赛老教师给把关呢。给他看了后，他觉得可以，所以我们三个人才敢做。以后再问问区里的教研员。"（姜老师）

以上是和参与这次课程决策的三位老师的一次简短访谈。我发现，对于他们来说，这是一次非常"大"的事件。有授权就有问责。享有决策权力的同时，就要承担责任。对于他们其中的每一个人来说，都无法独自保证决策的科学性，更加无法独立承担决策的后果。但是三个人在一起，就有了尝试和决策的勇气，这就是合作的力量。合作带来了教师对改革探索的热情，带来了对问题的确定感。

2. "没什么希望，也就无所谓难受了"

这是援引一位老师的话。说话的背景是谈到她所在的学科组的人际关系。她最后的感叹是"没有什么难受的，就这样，没什么期望，也就没什么难受了。"[①] 她认同与接受了这里的同事关系，同时带来其行为上的一个突出的特征是，"从那时起，我什么也不说，也不和他们交流，我就自己闷头干我自己的。"这是一个典型、极端的样本，但是我们却真切地感受到不和谐的人际关系对教师行为的影响。由于班级的成绩总是很好，这位老师是大家比较认可的优秀教师。但是这种人际关系，使其他的教师无法分享她成功的经验。同时，她自己也要独自面对教学里的一切困惑，有一些问题只能是暂时束之高阁。

---

① 见本章"（一）竞争是根本的"部分"吕老师的故事"。

下面这位老师比较年轻和单纯，其对学校的人际关系非常敏感和谨慎，有意少与大家接触。

孙：因为我现在挺单纯，和同事接触也都挺简单的。另外可能也比较局限于自己的班级，一般情况下同事也见不到我，就在班级里待着，和同事的接触少一些，交流也稍微少一些。我觉得这也是一个局限吧。因为听很多人讲学校里的关系挺复杂的，挺难处理的。我这个人还是愿意说的人，为了避免少出毛病，所以就少和大家接触。挺怕出现什么问题的。

高：新课程带来了很多压力，同时也带来很多焦虑。现在使用的教材都是全新的，一切都是重新开始，所以教学上的很多问题都不知道该怎么办。这时候就很希望和平行班的老师交流一下。可是也不知道人家是不是这样想，而且有的老师问也不说。

少接触的一个直接的结果是"和同事的接触少一些，交流也稍微少一些"。"在观念上，实施至少要包括参与者对一个方案暗含的假设、价值和设想的共同理解。因为如果参与者理解了这些，他们从自己的学校、社区和班级的实际情况出发拒绝、接受或调整计划就有了一个基础。换句话说，实施就是群体成员对现实的持续构建，而这一切是通过他们在方案范围内的彼此交流进行的①。在这样的组织里，教师失去了彼此之间交流如何理解方案的机会，当然就更加无法交流如何根据自己班级的实际情况来调整课程计划。因此，面对全新的教材，教师渴望与同事交流，但是由于"不知道人家是不是这样想，有的老师问也不说"，而独自承受着改革带来的压力和焦虑。

改革是复杂的，教师面临的生存状况也是沉重的，繁重的工作量、时间的缺少、教学的不确定、改革的风险、家长的压力、领导的监督、孤独的心理环境……设身处地为教师想一想，真的感觉是"生命中不能承受之重"。

不同的人际关系状态带来了不同的工作情感感受，而不同的情感又

① Michael Fullan：*The New Neaning of Educational Change*（3rd ed）. New York and London：Teachers College Press，2001：123.

导致了对变革的不同反应。和谐状态下的人际关系让教师感觉幸福和愉悦，教师愿意与同事共同探索课程改革在课堂的落实。而孤立状态下的教师，感觉孤独和无助，使教师对学校的一切怀有消极的心态，自己独立面对改革带来的不确定和迷惑。

二、教师和学生之间——平等与权威

在这所学校里，很多老师反映近几年师生关系的确有变化：

"应该说师生关系这一块啊，所有的老师都在转变。转变的原因有三个。第一，需要转变。因为现在的孩子不是原来的孩子，如果你以原来的方式去和孩子接触和交流的话，孩子排斥你，那么你的师德就不过关。第二，这是师德问题。如果你师德不过关，在招聘、竞争过程中，你可能就是一个被淘汰的对象。第三，法律约束你。如果你有过激行为那是不可以的。"（宋老师）

这是其中一位教师总结的师生关系转变的原因。无论如何，现在的师生关系与从前相比，都是有所变化的，转变的一个重要表现，是大部分教师在爱孩子的前提下，在观念上开始认同平等、民主的师生关系。

（一）"孩子"——对学生的特定称谓

这里几乎所有的教师在提到学生的时候，都用"孩子"来称呼。"这些孩子"、"我班孩子"是最常听到的。为什么是"孩子"而不是"学生"，对学校里一位老师的访谈给了我很大的启示。

"我不烦孩子，但是我烦学生。这是两个概念。是孩子的时候，你可以和他玩，是学生的时候，你得传授他知识。压力不一样。所以课堂上我从来不管他们叫孩子。称谓本身不是主要的，但是还是很关键。九班、十班孩子管我叫干爹，这有什么？但有一点他叫我干爹，我就敢惩罚他，而且让他们回家和父母说。我就对他们说，'你在学校我打你，是教育你，那要是到社会上，你要受到法律的制裁，然后你要背一辈子的黑锅，

记入你的档案。'你要让孩子明白一些道理。"（宋老师）

"孩子"这个特定的称谓，赋予教师双重的权力，一方面是承担"传道"、"授业"和"解惑"的教师；另一方面，也是我国教师更加看重的，如家庭里父子般的长辈对晚辈的教导。

1. 爱学生

从职业的角度来考虑，很多教师都意识到爱学生是很重要的。

我：我觉得你和你班的学生关系特别好。

张：那当然要好一些，但是我也和他们发脾气。

我：作为班主任，你觉得应该怎样对待学生？

张：必须学会爱学生。这太关键了。

无论是出于职业的道德，还是个性使然，不能否定的一个事实是这里大部分的老师是爱自己的学生的。说起和自己学生的故事，每位老师都滔滔不绝。爱学生的故事不胜枚举。

2. 权威——不正常但常见的"规训"

"孩子"的特定称谓，赋予教师家长般的权力来规训这些学生。很多批评与惩罚，被教师以一句"我这是对他负责"而掩盖过去。在这所学校里，司空见惯的一个现象是教师把学生叫到办公室或者走廊里批评他们。这里的老师都觉得习以为常，有时其他教师会帮腔似的在一旁一起批评学生。

办公室一景：批评学生

（2004 年 9 月 27 日，目睹了一年五班的班主任王老师批评学生的过程。整个过程历时 4 节课，从上午的第三节课到下午的第七节课结束。）

第三节课的时候，王老师把一名学生带到办公室，让他站在自己的办公桌旁。

"你还是个学生吗？你还是个人吗？你还不如动物呢？动物还有良心呢，你连良心都没有，良心都被狗吃了。你就是垃圾一堆。你怎么能和××那种人混在一起呢？也不知道你的脸是什么做的，那么厚。活着都没有意义。你知不知道大家都怎么说你？人家都说了，调座位只要不和你挨着就行，都有人说把你赶出我们班。你就是个害群之马。我告诉你，要不你留在一年五班，我走；要不我留下来，你走。看你穿得人模狗样的，肚子里一堆稻草。我告诉你，你就是掏粪都没有人用你，净干害人的事。

你爸还出去赚什么钱呢？赚钱养活你呀？你都这样了，赚钱有什么用？还不如回家来好好管管你呢。现在的时代都是老子养你的时代了。（冷嘲热讽的口气）死不要脸的家伙，你给我站直了，头抬起来。"（上去推搡学生）

这时候，一位教政治的老师来了，上去就推搡这名学生。"节节课迟到，不说实话我就不允许你进教室。这是我的课堂。你是饿死鬼吗？你家怎么那么有钱，怎么总买吃的。（上去把吃的从学生怀里夺过来）我告诉你，我不会吃你的东西，我肯定找你家长。堂堂课迟到，你还是不是学生？"）说完政治老师走了）

班主任继续批评："不学习，就知道吃。你活着干啥呢？人活着都有一个目标，你活着干嘛呢？好学生应该自强自立。你是这样的吗？你说你开学做过多少事？写过几次作业？（老师上去打学生，学生开始哭）不学你坐着不吱声也行，睡觉也行，你别弄得外人烦。你也要点脸，别让别人都不愿意和你一个班。"

……

这是我选择的比较典型的一次批评学生的事件。说其典型，是因为老师不仅对学生进行了"分内"的学业上的惩罚及肉体上的惩罚，更严重的是对学生精神上的惩罚。这位教师因为生气，极尽所能地用了一些词汇来批评学生。尽管初衷是好的，"我这是为他负责"，但是教师就没有想过自己的批评会给学生心灵带来多么大的伤害。这让我想起教师业务学习的一项内容："长春市教师忌语"。其中提到几个示例："就你拉我们班后腿"，"你再这样，我就找家长惩罚你"，"我教这么多年书，没见过你这样的"，"你把这道题再给我写……遍"，"你就不能像……那样"，"你真让我失望"，"你一辈子就这样了"，"你给我站起来"……而这些话是我在这所学校里仅仅待在教师办公室就全部听过的了。那么，这种

"严厉型"① 的教师，对于经常批评学生怀有一种什么样的想法呢？

原因一："咱们有考试。"

"我们国家的孩子和其他国家的孩子不一样。你像国外的孩子他不用学习，他不会面临考试的压力和竞争，孩子在课堂上听不听课，你老师都没有权力去管，老师没有这个权力，也没有这个责任。学生上课无论做什么，老师都不会去管他。他就是在睡觉，做别的，你也没有权力去干涉他。但是咱们国家就不行，而且咱们有考试。咱们都经过这个考试，可以说这个考试对咱们的一生影响都是相当大的。它决定你今后走什么样的道路，但是在国外不涉及这个问题。"

这位老师是从爱尔兰回来的，堪称 L 中学老师的英雄与典范，是学区名教师。很多老师敬佩他教学的方式和方法，同时也敬佩他管理班级的方法。他在班级管理上的突出特点是"严"。因此，批评学生对他来说是最正常不过的事情。而他的理由就是对学生负责，希望学生在考试中能考出好成绩。家长们也非常认同他的做法。这是由中国的文化传统决定的。因此，尽管刚刚从爱尔兰回来，经历两种不同文化的熏陶，他仍然能够很快地按照这里的规范去做事。

原因二："学生屡教不改。"

我：我发现一个现象，咱们学校的老师很愿意批评学生。

孙：不仅咱们学校的老师，所有学校的老师都是这样。

我：我在咱们学校呆了一年，发现一个十分有趣的现象，每次来都能发现老师在走廊或办公室里批评学生。

孙：他们是怎么批评的？他们一开始也是引导、说服，态度挺和蔼的，但是他（学生）屡教不改，你说你还能表扬了吗？所以最后都恶化到批评了。（笑）我们大家都这样。对于个别学生来说，赏识教育还是很重要的。比如说有的学生自尊心很强，你要是批评他，自尊心受到伤害了，可能会记着你。但是有的学生，尤其小男孩，嬉皮笑脸的，你就要给他点颜色看看，你打他两下，他就再也不敢了。就这样。

原因三：惩罚学生"不合理但合情"。

---

① 这个概念是一个本土概念，这里的老师把教师分为两类：严厉型与和蔼型。

宋：教育行业没有最合理的规则。比如说，一名学生上课说话，影响其他人，你制止他不管用怎么办？让他站着，体罚他了；批评他，影响别的学生上课，侵犯别人的权力了；把他赶出去，侵犯他的权力了。怎么办？没有最合理的方式。这要在过去，一名学生上课不听讲，作业不写，如果一节课连续犯三次错误，肯定是有惩罚措施的。在我的课堂上一般出现这样的情况都要惩罚。

我：您一般都是怎样惩罚学生的？

宋：这要看情况了。在课上一般不惩罚。站一会儿或者给他一次警告。课后一定要惩罚。

我：课后怎么惩罚呀？

宋：体罚。让学生站着，跑一跑，做点运动。我知道这种方法不合理，但是合情。送派出所？不能，只能靠教育。咱们现在的教育就限制在口头教育，要不就搞活动，这能靠搞活动吗？反正我觉得挺难。

原因四：这"只是教育方法的问题"。

荆：我觉得在老师身上出现问题，更多的可能是一个教育方法问题。它和其他的一些刑事案件是不一样的。你比如说，中国传统教育中的"棒下出孝子"，这个方法肯定不是一个好的方法，但它绝对是一个有效的方法。这就是一个因材施教的问题。打学生犯法，但是老师是为了教育，他绝不是想打仗。所以我觉得老师在教育中出现的所有行为问题，只要不是刑事案件的问题，都是可以原谅的，这都是一个教育方法的问题。我觉得，发生在老师身上的问题，只要他愿望是好的，是为了教育孩子，那就是一个教育方法的问题，艺术手段的问题，或者是个人素质的问题。

通过上面的分析，我们可以看到，教师批评学生有其客观的原因：考试，为了能够让学生学习，考出好成绩；学生屡教不改，教师失去了赏识教育的耐心。但是更加重要的是教师对"规训"学生这个问题的一些观念和看法："惩罚学生虽然不合理但合情"；"这仅仅是一个教育方法和艺术手段的问题"。这种看法为教师批评学生找到了最好的托词，也成为教师"违规"的根源。

3. 教师在严与慈的两极徘徊

教师是爱孩子的，这一点无可厚非。但是"爱孩子，那是母鸡都会做的事"。作为教师，爱孩子，是教师的职业道德使然，如何爱孩子，还是一门艺术。经历了新课程的冲击，教师们在观念上都意识到和学生的关系应该是平等的朋友式的关系。但是，他们很矛盾与困惑。学校里优秀的教师，既有严厉的，也有和蔼的，这让他们很难选择。究竟是严一点更好还是慈一点更好呢？是让学生怕你还是让学生亲近你？很多老师像钟摆一样在两极之间来回摆动。

郭老师的故事

我记得刚来的时候，和郭××配课，他那个班，是学区班，但是后来成绩很好。可能和他管有关系，他对学生管得很严。有时上课，让学生往前面一蹲，就在那里蹲着听课。你不完成作业吧，你就在讲台前蹲着，蹲两三节课谁能蹲得起呀？学生都怕呀！学生回去就都能完成作业。所以他那个班的成绩就比较好。其实他是后来的，从××调来的，来的时候就教初三。带另外一位老师的课，带了半年，开学后就给他分了一个学区班。一般说，学区班里也会有几个好孩子，但是很少。因为稍微有钱的，即使是学区里的孩子，他也拿钱到好班里。但是他那个班管得特别严。第一年上班遇到这样的班，就觉得特别轻松，基本上不用你太管。因为班主任都为你管好了⋯⋯

郭老师的故事让大家看到教师严厉带来的效果。但是，新课程倡导的新型师生关系，与他们原有的师生观产生了矛盾与冲突。

张：面对新课程，我们有很多困惑。例如师生关系，新课程倡导民主、平等，和学生要像朋友一样，可是实际上这样并不行。我刚开始的时候就是和学生像好朋友一样，结果怎么样？我上课的时候还行，其他老师都上不了课，都说我班纪律太乱。后来我又开始严，现在上课纪律挺好，可是学生私下里又抱怨说以前的张老师不见了。我们也矛盾，不知道哪种方式好，只能自己尝试。

孙：我和学生的关系？以前我希望作为班主任，我一进班，班级里能一下子就静下来。现在提倡老师和学生之间是朋友关系嘛，但是很多老教师跟我讲，初一要打好底，要让学生怕你，以后才能好管理。还有一些老师说呢，你要和学生搞好感情。这样，我自己就挺矛盾。要让学生怕我，师生感情就不能搞好。反正不能让学生恨我。我经常在这两者之间飘来飘去的。

王：这本身就是一个矛盾，想处理得特别好，很难，你想让他怕你，情感上一定不亲近，但是如果你亲近他，他就不太在意你了。这就看你取哪一面了，想处理得特别好，也很难。想让每名学生都吃饱、吃好，很难。

这是处于矛盾状态的教师的反应，他们在"和蔼"和"严厉"的两极飘忽不定。但是学校里也有一类极端的教师认为，和学生不能成为朋友。

我：和学生的关系怎么处理？

孙：和学生很难成为好朋友。年轻的老师都追求师生要成为好朋友，但是学生总存在一些问题。他们现在有点太过分了。……有的孩子你对他赏识，他就和你晒脸，这样的孩子你就应该对他严格一些。自尊心强的学生你就应该好好地说服他，不应该批评他。

郑：我赞成要尊重学生，但是一定要有层次问题。我是老师，你是学生，这就像在家里，父子、母子关系一样，师生不能同等看待。

对师生关系的认识，尽管受到西方平等观念的影响和班级授课制度的制约，"一日为师，终生为父"，师尊生卑的观念在当代有所削弱，但是教师在某种程度上还保留着中国传统教育的实践特征："尊师爱生的伦理，强调对权威的服从和对古典的尊重，反对离经叛道或平起平坐。"[①]在对学校家长的调查中发现，家长对师生关系的认识，基本还难以脱离传统，在自由与严厉之间，严厉的成分更大。在"您认为老师对学生应该（　　）"一题中，大多数（63.9%）的家长选择"宽严并济"，33.3%的家长选择"越严厉越好"。在"一些家长希望老师能够对孩子严加管教，您是否同意这个看法"一题中，77.8%的家长选择"同意"。

---

① 丁钢主编. 历史与现实之间：中国教育传统的理论探索. 北京：教育科学出版社，2002：104.

"对孩子要严格规范，严格要求"；"希望老师越严越好，家长一定会支持老师"；"老师要严格管理学生"……家长的这些期望，对教师与学生人际关系的发展也是一个重要的影响。

（二）教师对学生的假定

1. 代际冲突——"这一代孩子不愿意学习"

张：现在的孩子学习不愿下工夫，没有自学的能力。他们的学习是被动的、强迫的，不是主动的，这样的学习怎么能获得高分？孩子主动、自觉地学习才有效果。

张：谈到学习成绩，大家的心情都很沉重、焦虑。我们班一入学就有学生好几科不及格。当然这里的原因很多，我从整体上分析。从客观上说，……从主观上说，孩子自身也有问题。这是这一代人的问题：学习态度和学习精神不像我们想得那么好。志向、竞争意识和思想素质不过硬，懒惰，享受生活等。这些都是我们无法改变的。

姜：现在的孩子学习一点也不上进。小学考试成绩也不公布，孩子也不知道自己在班级里排第几名，也没有排榜问题。但是一上初中，马上就有三科排榜、七科排榜，这给学生的压力很大。但是我觉得有很多学生对成绩这个问题就看得非常轻。我们批两个班级的卷子，一道一道地批，认真地改，批完给你发回去，但是到检查的时候发现，错的依然错，对的依然对。我就觉得学生上课听课的状态呀，尽管纪律好，但是不会学习。

王：现在对学生的方式，哪像你想得那么理想，要看什么样的学生。以前我们办公室里看过一篇写农村教师的文章，有一位老师觉得农村教师真辛苦，可是其他老师不同意，说农村学生听话，而且想学，愿意学，不像我们学校的学生，根本不想学习。

这是教师对这一代孩子的认识：学习不愿意下工夫，不上进，被动，没有自学能力，不会学习，学习态度和学习精神不好，志向、竞争意识和思想素质不过硬，懒惰，享受生活。这种认识，对教师对待学生的方式、教学方式的选择和工作方式都产生了很大的影响，例如，监督学生的学习。研究表明，在学校文化里，教师与学生之间的文化冲突是学校生活的核心。教师作为成人社会文化的代表，试图将成人文化强加给学生，而学生代表了儿童团体特有的文化。在这所学校里，教师往往以成人的观点来要求学生，希望他们能够懂事，能够理解家长的苦衷，理解学习对他们的意义，但是学生的年龄和阅历往往与教师不同。"其实我们也关心中考，关心考试，这毕竟是影响我们前途的事。但是我们也要放松啊，只有放松才能考出好成绩。"（学生）这种认识上的冲突使教师常常对学生的表现表示失望，形成对这一代人的消极的认识。

2. 对学生学习的假定

对学生本身的假定带来了对学生学习的假定——"学生学习就是要看着（监督）"。这个假定的发现，源于对这里教师工作方式的关注。在实地调查的一年时间里，我注意到一个现象：这里的办公室一般情况下人很少，除了给其他班级的学生上课外，大多数班主任几乎总是呆在自己的班级里。除非开会或者用电脑，他们一般是不到办公室的。他们呆在班级里一边批作业，一边观察学生上课的听课情况。而且能够及时地了解学生其他学科的作业情况，能够随时和科任老师沟通。为什么教师喜欢这样的工作方式，而不是到办公室里备课，和同事聊聊天？为此，我观察、访问了几位老师。发现这种现象是和教师对学生学习的假定息息相关的——"学生学习就是要看着"。因此，这些老师总是留在自己的班级里，像监工一样随时随地地监视学生，成为典型的"驯狮型"教师[①]。用他们的话说："你在和不在，学生听课的效果确实不一样。"这

[①] 以教师承担的角色，划分教师不同的文化类型，是比较常见的做法。著名教育学者哈格里夫斯（D. Hargreaves）在其《人际关系与教育》中，把教师在教室中的角色分为三种类型："驯狮型（liontamers）"、"娱乐型（entertainers）"和"浪漫型（romantics）"。"驯狮型"教师认为，教育是教化学生的过程，而学生则被看成未驯化的"动物"。教师认为对学生有益的事情就是"驱使"他们学习。教师是他所教学科的专家，他要维护这门学科的标准并把学生提高到所需的水平。学生的角色就是吸收摆在他面前的知识。纪律必须严格，考试要经常进行。而"娱乐型"教师则不同，他虽然不相信学生是愿意学习的，但认为引导学生学习的最好办法就是使教材有趣味，因而喜欢用精心设计的所谓"发现法"之类的有趣的方法进行教学，并常常使用各种音像技术，他花很多时间巡视教室，看学生是否在按照主题专心学习。"浪漫型"教师则认为学生天生乐意学习，学习是人的本能，教师的角色就是帮助学生学习，学生应该能够自由选择他们所希望学习的内容，课程应该由学生与教师共同选择，而不是由教师预先设置。教师与学生的关系必须以信任为基础，分数是靠不住的，因为对学生最为重要的是"学会怎样学习"。当然这仅仅是一种分析上的认识。见：郑金洲. 教育文化学. 北京：人民教育出版社，2000：272.

是他们实践证明的结果。

故事一："她很少下班级"

×××，她当时是新毕业的，学校就直接给她一个班级，她那个班级的孩子特别活跃。她是新班主任，也没有什么经验。她也管，管得挺狠，但是她对孩子就是挺关爱的。军训的时候和孩子处得也挺好的。但是她就是不下班级。我觉得对于新学生，班主任还是应该坐班，把孩子教育过来，把小学生那些坏毛病都改一改，最后再慢慢地离开。平时再偷偷地看一看，监视一下他们。但是她就没有这样做，刚开始的时候就不下班级，总在上面（办公室里），只有自习课的时候才去班级。这时候，她班孩子就是这种状态：她来，孩子们就老实一会；她不来，孩子就活起来了。科任老师的课很乱。我们主科的老师还好一点。班级里有几个淘气的孩子就干脆逃学不上课了。后来她觉得应该严一点管，但是已经有些晚了。习惯没养成。

故事二："他总在班级里待着"

×××是后来的，从四平来的，来的时候就教初三。带另外一位老师的课，带了半年，开学后就给他分了一个学区班。一般地，学区班里也会有几个好孩子，但是很少。因为稍微有钱的，即使是学区里的孩子，也拿钱到好班里。他那个班管得特别严……而且老师一般都在班级里呆着。开会的时候他也惦记着学生，"哎呀，开会了，我的学生咋办呢"。所以很多老师和他开玩笑说，怎么跟小孩离不开妈似的。所以他那个班的学生成绩很不错。也因为这个，他后来调去教小班了。（教小班在这里是很光荣的事，意味着你的教学水平很好。因为小班学生是学校未来升学的希望。）

似乎实践是检验真理的唯一标准。上述那位新教师尝试不像其他教师那样没事就泡在班级里监视学生，结果受到了"应有"的惩罚。相反另外一位教师，像小孩离不开妈妈一样地看着学生，得到了应有的奖励。这是老师们经常讲的故事，一个鲜明的对比。这个故事反映了教师们崇尚的一种工作方式，使新来的教师谁也不敢尝试用另外的工作方式。这就像一个试验中证明的：将5只猴子放在一个笼子中，并在笼子中间吊一串香蕉。只要有猴子伸手拿香蕉，研究人员就用高压水喷所有的猴子，直到全体猴子不敢动那串诱人的香蕉为止。接着，研究人员用一只新猴子替换出笼子中的一只猴子。新来乍到的猴子并不知晓笼中的"游戏规则"，一来便动手去拿香蕉。结果它触怒了笼中的 4 只"老"猴子。于是，它们代替原先由高压水喷头行使的惩罚任务，群起教训新来者，直到它屈从于笼中的规矩。实验人员不断将经历过高压水惩戒的猴子换出来，直到笼子中的猴子全为后进入者，但它们同样不敢去碰香蕉。高压水喷头浇铸的"组织惯性"束缚着进入笼子的每一只猴子，使它们将本是盘中美餐的香蕉奉若神明。教师们也一样，在这种组织惯性的作用下，他们不敢尝试另外的工作方式，只能日复一日地靠长时间的监视来督促学生的学习，自己也处于一种疲于奔命的工作状态。而对于那种坐在办公室里研究一下教材、教学方法的生活，仅仅是奉若神明。教师文化的这一特点给学生带来了很大的影响。往往是教师在的时候，学生还能好好听讲，而一旦教师离开，学生就很散漫。

3. "学生学习就是靠时间一遍一遍地磨"

"学生学习就是靠时间一遍一遍地磨"，是中国大部分中学校长、教师和家长秉持的一个假定，这一假定的表现就是屡屡减不掉的学生的学习负担。有人曾经统计，建国以来，中国共减负 50 多次，但孩子的书包却越来越重，补课现象也屡禁不止。重庆的学生为反对学校补课，集体跑到街上罢课[①]；河北省某县一中的校长慨叹："我们唯一的优势就是时间。"[②] 事实上，很多教师、校长、学生对补课现象都深恶痛绝，但为什么都坚持去做？这是因为大家都深信，学生的学习靠时间是能够取胜的。这也是对中国"勤能补拙"、"熟能生巧"文化传统的一个发扬。

在这所学校里，课堂上最常见的惩罚是罚写。其中最典型的例子是有一位英语教师，每天都要听写学生单词，如果有谁写错一个词，老师就很不客气地说一句："Fifty"。这就意味着这个词要反复写 50 遍了。罚

---

① 重庆两百初中生集体聚会 抗议学校周末补课. 重庆晨报. 2004-10-31 (6).
② 教育观察：为何众多家长追捧"县一中模式". http：//www. sina. com. cn，2005/02/18.

写 10 遍，罚写 20 遍……这样的事情经常见到。

今天一早，我没有去上学，原因何在？是因为我昨天的作业没有完成。

昨天晚上，在写作业的时候，我觉得眼睛疼，于是便不想再写。妈妈劝我再坚持一下，可是一想到还有那么多，而且眼睛一直隐隐作痛，最后我决然地将作业推到一边，纵身一跃上床去，把灯一关，倒头睡去。

早上起来时，不经意地看了一眼表，已经快六点四十了，要是上学倒还来得及，只是作业……作业还没有写完，我害怕受到老师的惩罚。周一，我曾亲眼目睹其他同学因为作业没有按时或按要求完成，而被老师罚写了 10 遍的悲惨情形。啊，要是我可怎么受得了啊！于是我便把自己锁在屋子里，不去上课。熬了一上午，终于把作业搞定了[①]。

这是一名学生因为没有写完作业害怕惩罚不敢去上学的心理。这里的学生每个星期都要做大量考卷，单元考、月考、期中考、期末考，大大小小的考试，各种各样的试卷。事实上，教师所以能够采用这样的惩罚手段，是因为教师相信反复写能够解决问题。

教师对学生学习的两个消极的假设："学生学习就是要看着"与"学生学习就是靠时间一遍一遍地磨"，反映了传统意义的"学习"的内涵。"学习"是什么？在传统意义上，基于行为主义和认知主义，"学习"被认为是"一种一系列阶段的、线性式发展的过程，一种累积式的'反应习得'或是'知识习得'[②]。新课程下，要求教师重建"学习"的概念。新的学习观是建立在建构主义基础上的，认为"学生的学习不是被动的过程，而是一种主动的意义建构的过程"，"学习具有主观性和个别性"，"学习具有情意性，这些因素包括自我认识、信念、个人期望等"，"学习具有社会性，具有社会互动过程"[③]。

---

① 摘自学生周记《逃避　面对》。
② 钟启泉. 课程改革纲要与"学校文化". 海峡两岸新世纪小学课程与教材改革学术研讨会论文集，2002：88.
③ 钟启泉. 课程改革纲要与"学校文化". 海峡两岸新世纪小学课程与教材改革学术研讨会论文集，2002：88.

（三）如此差别：对待"好生"与"差生"

1. 按层次分班

作为一位"外来"的观察者，在最初来这的半年里，老师们都把我当成外人，很多话他们都比较避讳我。对待一位"外来者"，他们会试图把学校和自己最好的一面展示给你。学校的分班问题即是对我的一个隐蔽话题。后来在教师的办公室里，经常听老师提到的两个词是"好班学生"和"差班学生"，我才意识到这里的班级是分层次的，而且"等级森严"。后来有老师很隐讳地给我介绍了学校分班的原则，我又查到了学校的一份科研课题。据此，了解了这里分班的"内幕"。

学校分班的原则名义上是以"异质合作，同质选学，分层次教学"[①]课题为理论基础的，这是学校主打的校本课题，实际却成了按成绩分班的幌子。实际的情况是学校里按照学生的成绩把学生分为 A 班、B 班、C 班和小班，这是不同的等级。

"A 班的学生基础好，成绩好，爱学习，是学校未来的期望，所以师资条件相对于其他班级要好，而且教师对学生的要求严格程度与其他班级都不一样。B 班要稍微差一些。C 班主要是学区内的学生，也会有几名成绩稍微好一些的学生。小班主要是五四制的学生，生源比较好，招来的学生一般都是有获奖证书的。"（于老师）

小班是这所学校不能忽视的一个特殊群体，是"特区"。小班是四年制，学习的内容和其他班级是同样的，因此他们有更多的时间来学习。这是学校未来升学的"王牌"。

班级究竟应该怎样划分，是按照层次划分，以充分实现因材施教好，还是混合成绩分组好？这在教育理论界也是一个有争议的问题[②]，执对

---

①　见论文第三章"二、难忘的历史"部分"（一）历史的足迹：学校发展的兴衰历程"。

②　这里的争议基本上可以分为两派：一派主张学校是综合的、学校内部的班级结构也是综合的。阿德勒（M. Adler）和巴克（B. Barker）认为，学校应该是综合的，不仅指学生的注册，而且指学校内部的结构，它们不应该指定学生参加不同的学业能力组或不同的学业轨。将不同学业成就的学生整合到相同班级。因为有研究表明，在混合能力组班级里，不存在一个"拉平"的标准；相反的是，"实践中，班级与学生的最高水平相吻合而不是与学生的最低水平相吻合。"当把学生分到学业水平相似的组内时，他们并没有学习得更好。另外一派主张实行"单轨制"，主张在初中按熟练程度分班，搞英才教育以及课程个别化，以彰显学生的个性。

孰非难以判断。而且，在我国按层次分班也是十分普遍的现象。但是，在这所学校里，让我看到的是由分层次分班而带来的一种差别文化，好班教师和差班教师、好班学生和差班学生以及同一个班级内的好学生和"差"学生的差异。这种差异不是个性的标榜和张扬，而是成功与失败、好与坏的差异，这种差异成为"每名学生全面发展"的障碍。

2. 教师对不同学生的差异对待

这里的教师普遍认为好班学生与差班学生对自己的教学和事业发展影响很大。下面是在教学公开日之前对一位老师的访谈，她很犹豫要不要出课，犹豫的一个重要理由就是她教的不是好班。

"我教的班级都不是好班，我担心学生素质太差。出课的老师用的都是好班的学生。而且你看，公开课推出的都是好班的老师。（那意味着差班的老师在学校其实是很难发展的）好班的学生素质好，课堂也配合，不像差班的学生，提问要'深问题浅里问'，还答不好。其实老师心里都有数，所以出课的时候都选好班的学生，有的老师不教好班，甚至借好班的学生。"（王老师）

下面是在期末考试前对一位教差班的老师的访谈。他将学生考试成绩不好的原因归咎于"差班学生素质不好"。

我：你教的是哪个班？

张：九班、十班，两个差班。学生素质也不好，不像一班、二班，有很多学生都学过。我知道他们考不好。

我：那你刚来这所学校，校长怎么评价你？

张：他们心里也明白，我也有说的。（言外之意是学生不好，我怎么能教好）

张：考试前我还挺担心的，带着他们复习，现在也不紧张了。

我：好班和差班的学生对教师的教学影响很大吗？

孙：那当然了。你是老师，你设计的很多东西，学生能不能配合你，问题的深度都是不一样的。比如作文课，你指导作文，指导完总得有一个反馈吧？差班学生的作文，每次也就能选择出八、九篇还可以值得鉴赏的，而好班的学生几乎篇篇都写得很好。有些差班学生的作文，你根本不指望他写的有什么优点，只要他能把字给你写对也就很好了。这是很现实的事情。教学的设计和学生本身的素质有相当大的关系。你说那学生连字还不会写呢，你怎么拓展呀？

　　我：你在教学中是怎么处理有关新课程教学理念方面的要求的，比如开发新课程资源和课堂教学中的合作等？

　　周：反正遇到很多困难。就说自主合作的问题吧，的确开发学生的创造性。好班的学生还可以，但是普通班和差班的学生让他们自主是很难的。

　　宋：差班的学生上课状态不好。有的睡觉，有的跟不上你的思路。其实都知道这样分班不好，没有学习的氛围。可是领导为了要成绩，没有办法。

　　学生的水平的确是影响教师教学的一个重要因素。如果说，在教学设计和实施的过程中，教师能够时时考虑学生的学习水平，是十分可取的，是一位教师应有的素质。而在对待学生的方式和对学生的期望上，时时地把这种差异表现出来，则是对学生的一种伤害。实际上，这里的老师对不同的学生是怀着不同的期望和采取不同的行为的。对好班的学生期望高，作业重点批改，对差班的学生期望低，对差生的期望是"只要不捣乱就行"。

　　（1）"好班"与"好生"、"差班"与"差生"

办公室一景

　　第二节课下课的时候，王老师气呼呼地跑到年级主任那里。"可气死我了，这是一个星期前留的作业，就交了 21 份，剩下的都找理由不交。我让他们用八开的纸写，放假十天的时间，就交了这么几份。这和差班的学生有什么差别？"

　　这位老师的言外之意是差班学生学习是没有主动性的，都是不爱学习的孩子。

集体备课片断

李（备课组组长）：作文练笔一天一篇，家长签字。《文言题典》，期中考试前讲完，分散讲，每天讲一点。

焦：学生不写怎么办？

李：有惩罚措施。我们的目标要放在好学生、中等学生身上，大部分跟上就行。咱年级的优秀率可不高，要抓尖子生，领导给咱们的压力也挺大，尽力了也就无愧于心。及格率差不多能达到，优秀率实在达不到。优秀率上不去，无法和别人抗衡。尖子生能拽几个就拽几个。我在每个班的时候，把重点学生的作业放在最上面。领导的优秀率放在人数上。二班我划了 25 名重点学生，一班 40 名重点学生。你们也划范围，找出重点学生。

张：我们是及格率也有问题。两手抓，两手都要硬。他们尖子生可以单独留。

学校对不同层次的班级提出了不同的"率"要求，教师也有相应的对策。他们把教学的目标放在"好学生"和"中等生"身上，大部分跟上就行。对于作业的批改，也是根据自己划定的范围，给予不同的对待。

（2）对班级"差生"的态度

在这所学校里，走的班级多了，听的课多了，我逐渐发现一个全校性的普遍现象。几乎每一个班级都有一类特殊的学生，他们的座位或者在离老师最近的靠近讲台的位置，或者在最后边，或者在窗户边，或者在墙边，总之班级里总有着一类"边缘人"。这些学生都是班级里的"差生"。对于他们，老师的唯一期望就是"不捣乱就行"。

我：你怎么对待班级里学习不好的学生？听说学校里，学生特别害怕班主任，害怕班主任找家长来，害怕班主任批评和惩罚。有的班级把这些学习不好的学生都排到靠窗边或墙边的位置，不管他听不听，反正不捣乱就行。

于：对呀，这是事实。班级里总是有不学习的孩子，对这样的孩子，首先还是说服，让他学习。可是有的孩子就是不学。我们班有一个孩子，那天让我找到办公室站了两节课，让他背诵古诗，结果两节课也没背诵下来一首古诗。他就是不学，也没办法，只能放弃，不捣乱就行。老师排座位的时候，尽量把那些淘气的、不学习的孩子排在特殊的位置上。

孙：班级里有些学生该放手的就放手，有的学生你累吐血了也不行，所以只能放弃。你像刚才我批评的那名学生，无论如何，你都无法调动起他对学习的一点点兴趣。那思维就像比其他的孩子少好几岁似的。不懂，就是不学，也学不进去，几科加在一起才 70 分。

研究表明，那些不专心的学生存在的主要问题是他们缺乏一个在学校里与教师、与他人之间的有意义的个人联系。或者说，他们缺乏投入学习的动力。这也是为什么儿童的情感发展总是要与认知的发展携手并进。情感发展好的学生具有个人的和社会的技能，这使他们更愿意与其他学习者竞争，反过来又带来更大的认知发展[①]。从另一个意义上讲，学生的学习就是一个对话的过程，是"学习者同客观事物的对话、同教师和同学的对话、同自身的对话"[②]。在这所学校里，教师的不同期望导致不同的师生关系，从而影响了学生的不同发展，使这些"差生"失去了与教师、同学愉快对话的过程，因此学习也逐渐地趋向于消极。这是教师文化对学生发展的重要影响，这种影响我们同样可以用标签理论来说明。标签理论认为，如果给某人一个标号，事实上他就会成为标号所描绘的人。"如果人们认为某种情况是存在的，最后它就是存在的。"教师对学生的期望不同，会导致师生间人际关系的不同[③]。这所学校的教

---

① Michael Fullan. *The New Meaning of Educational Change*（3rd ed）. New York and London：Teachers College Press，2001：159.

② 钟启泉. 课程改革纲要与"学校文化". 海峡两岸新世纪小学课程与教材改革学术研讨会论文集，2002：88.

③ 研究表明，教师一般依靠下列几种方法来传达自己对学生的期望：（1）分组。把一部分学生分为能干的学生，把另一部分学生分为问题儿童；把一部分学生分为升学组，把一部分学生分为就业组。在有些情况下，通过分派不同的课题和不同的设备，就可以反映出这种期望。（2）与学生的相互作用量。经常与成绩好的学生交谈和提问他们，而成绩差的学生，不作为谈话的对象。（3）赞赏和支持的发言量。对于期望获得良好成绩的学生，支持和赞扬的行为就多；反之，对于另外一些学生，即使出现同样的行为，也较少去赞扬和支持。（4）给予学生的作业水平。对期望其获得良好成绩的学生，就布置高水平的家庭作业；反之，则布置较低水平的家庭作业。（5）激励和暗示量。对于期望殷切的那部分学生，激励的行为就会增多，或者为了引导其得出正确答案而给予暗示的情况就会增多。
教师期望导致的师生间人际关系的变化过程，大体是这样的：（1）对每名学生的成绩，教师分别抱有不同的期望。（2）基于这种期望，教师用不同的方法对待学生。（3）教师用不同的方法对待学生，学生也以不同的方法对教师作出反应。（4）对教师反应之际，学生就表现出补充或加强教师对自己的期望行为。（5）其结果是，某些学生的成绩沿着教师期望的方向提高，其他学生的成绩却没有朝那个方向提高。（6）这样的结果在学年末的测验中表现出来，"预言的自我实现"的想法得到了证实。参见：郑金洲. 教育文化学. 北京：人民教育出版社，2000：278.

师运用分组和给予学生不同的作业水平等方式传达了自己对学生的不同期望，由此带来了学生的不同反应，这种反应在学生的考试成绩中又进一步得到了验证。

三、教师和管理者①之间——民主与专制

（一）领导和领导之间的关系

如果说学校里教师与教师之间的人际关系是一个十分敏感的话题，那么，领导与领导之间的关系就是最敏感的话题。作为课程改革的推动者团队，他们之间的关系从某种程度上影响了学校课程决策的民主程度、一致性以及学校教师的凝聚力和向心力，从而影响学校的课程实施。在这里，由于其比较敏感和隐秘，研究者只是隐约地通过一些支离破碎的片段来解释我所理解的管理者团队文化。

1. 故事一：科研室主任的抱怨

这是一次与科研室主任的"随意"聊天。

"跟我们校长谈话，十分钟、八分钟的还可以，时间长了，人家说，'没时间'，什么意思？'别说了'。谁敢去汇报工作，什么也不敢说。教学副校长也是这样，校长一手带出来的。都是一样的。"

"校长一点也不讲工作的艺术，全靠命令式的。下面的人和他说点什么情况，他就把你出卖了。弄得谁也不敢和他反映情况。"

"在这里，你哪有说话的权力，你就照着做就行了。"

"我是直接归教学副校长领导的。她从来不征求你的意见，什么事，决定了告诉你一声。你说这学期科研室组织的学科组随堂听课评课研讨活动，老师们都反映挺好的，可是领导一句话，就给停了，变成学校领导两个人一组，按照学科随堂听，也不说你干得好坏。"

---

① 在这里，我重点关注的管理者是校长。

"教学副校长从来不会和校长说我干了多少事，干得真憋气。因为她是主管科研的，我做的工作她不说，那就全是她的功劳。什么卖人情的事，都是她做的。"（语气和表情都很生气）

"我这个人也不会在领导面前讨好，校长也不了解我。校长看人，先入为主，太主观，她认为你好你就好。至于下面的老师，她更不了解了。"

2. 故事二：教学副校长的抱怨

"我们校长只是口头上重视科研，那是做给别人看的。实际上学校里的科研情况你是知道的，就我一个人在做，学校所有的科研材料都是我一个人来写。看看科研室的工作都由哪些人来做你就知道了，都是每年下岗的老师，一年换一个，还没熟悉工作，就换一个，我总在带新人。"

"昨天我们开会，有一位老师抱怨现在的教材怎么怎么样，我们校长还说他说得好，说得好什么呀？我今天就把那位老师找来了，我对他说：'依赖教材的时代已经过去了。不管教材编得好坏，最终依赖的是课程标准。你觉得教材不好，你可以统合，可以调整，你把应该讲的内容讲出来。'"

"科研室主任那个人，你知道她的脾气，挺有个性的，其实我就是哄着她干。我们学校有一位叫××的老师，这两个人经常凑到一起讲我的坏话。其实我都知道。"

通过上面的片断呈现，我对这所学校的领导和领导之间的关系以及领导的管理风格有一些强烈的感受。

第一，这里的民主程度比较低。在科研室主任的眼里，校长和副校长的管理风格都是"命令式"的，"什么事情决定了告诉你一声"，"你根本没有说话的权力，什么事情只要照着做就行了。你什么也不敢说。"这是一位中层领导的感受，那么可想而知，对于一位普通老师来说，对课程的决策和参与、民主将成为一个奢侈品。

第二，领导之间彼此心理的认同程度低。在 L 中学，领导之间缺乏彼此心理上的认同，下属对领导的管理风格和学校的规章制度缺乏一致的认可。例如，对校长的管理风格的评价："不讲工作的艺术，命令式的"；"什么事情不征求你的意见"；"不了解我，更不了解下面的老师"等。对学校规章制度的低度认可：为什么不是学科组随堂听课、评课和研讨，而是领导评课；为什么科研室的人要由下岗的人来担任，而且频繁更换；为什么学校的科研工作不能落到实处；校长与副校长对教师教学认识的分歧……凡此种种，领导者之间都缺乏心理上的认同。而心理的认同恰恰是建立领导集体良好人际关系的前提。从新课程改革的角度讲，也正是这种低度的心理认同，导致某些改革措施很难落实。

第三，领导之间彼此心理的容忍程度低。领导集体中的每个成员与他人相处的时候，在心理上都不能容忍他人的非原则性的缺点。例如，副校长对科研室主任的评价，"挺有个性的"，这使彼此之间良好人际关系的建立失去了一个重要的条件。

（二）领导和教师之间的关系

要展现领导和教师之间的关系必然涉及领导对学校的管理，因此，在这一部分，我从领导的管理入手，来分析领导和教师之间的关系以及其如何影响教师对改革的投入与参与。

1. 教师眼中的校长和管理

从总体上看，这里的老师对校长的管理是认可的。对校长个人的评价也倾向于肯定的方面。

"校长很厉害，很有魄力。"

"大校长很好。"

"校长是个雷厉风行的人，也很有魄力。"

……

在问卷调查中，教师对校长以及学校的管理总体上倾向于积极的评价。例如，在"校长是友善而可以接近的"一题中，70.4％的教师选择"同意"和"很同意"；在"校长的治校态度很清晰可以理解"一题中，75.5％的教师选择"同意"和"很同意"。但也有相当一部分教师对校长的管理表示不满意。下面是一次我和三位老师聊天的片断，说到校长的领导，他们虽然没有直接说，但是我觉得其是一种影射，影射了现在的领导就是在"搞政绩，不做实事"。

王：现在的领导都在搞政绩，不做实事。我认为做什么事情都要有个原则，没有原则就不行了。

于：不搞政绩也不行呀！校长也是要发展的。

谈起校长的管理风格，这里的老师很少有不提到老校长的。一位主张自由，一位强调束缚，两位校长管理风格的差异和鲜明对比，让教师产生对现在管理方式的不满。

郑：老校长的管理风格，是'宏观控制，微观管理'。给老师一部分自主权和自由空间，只要你能做好分内的事就行。我不管你平时干什么，最后你的成绩上来就行。什么像现在的检查、签到，根本没有检查这回事。这种弹性管理老师更有积极性，学校发展得也好。我们都喜欢。'那时候多好。'（王老师插嘴说）杨校长当时那种管理风格在当时都是有名的。现在就不一样了，这是鲜明的对比。现在的管理对老师是一种限制、一种束缚，那么老师从心里抵触你，这是对老师工作热情和激励的抹杀。在从前的宽松环境下，教师一心一意从事教学，唯一的压力就是升学，而现在教师面临的压力就比较多。

王：别的学校也实行我们这种管理方式吗？（对自己学校管理方式的怀疑）让人感觉压力太大。我们组新来的那位女老师已经开始睡不着觉了。她刚毕业，太年轻，受不了。

透过上面这段话，对学校的管理会形成一个基本的轮廓：学校管理很严格，对教师有检查、签到的督促。相比从前，教师认为现在学校管理的方式是"限制"，是"束缚"，是对"教师工作热情和激励的抹杀"，也带来了教师压力的增大，以至于年轻的教师已经睡不着觉。

对于课程改革来说，校长的管理也带来了一定的影响。下面这位老师很显然对学校教师评价制度不满，认为正是这种评价制度导致教师不敢冒风险去改革。

于：其实有很多老师是很希望改的，也都厌倦了现在的教学，但是都没有那个勇气。本来工作就很忙，没有时间，改革还要冒很大的风险。

因为改革总是要探索，刚开始的时候不一定能够见成效，也许会影响成绩。如果对改革的老师能有一个长期的标准还行，比如说三年或者五年的。但是现在每学期、每学年都评老师，排名。谁还敢啊？还不如不改呢！你也说不出来什么。

李：再说和领导也有关系。领导根本就不鼓励你改，他也害怕。他才在任几年，都想把学校办好。失败了谁也承担不起责任，还不如不改呢，稳稳当当的。

尽管校长经常会讲新课程理念，要求教师能够按照新课程去教，但是在很多教师的心目中，校长是不鼓励教师改革的。这让人想起国外的一项研究，即60多位校长参与的关于"良好声誉"的研究。戈顿（Gorton）和麦金太尔（Mcintyre）发现，校长们自己认为，在各种重要事情中，他们优先考虑学校发展。而对教师的测试却表明，校长们并没有优先考虑学校发展问题。在列举的9个问题中，教师们只把校长对学校发展这一问题的重视程度排在第五位。其他的研究结果也表明，校长对于学校发展的重视程度并不像他们自己所认为的那样，反倒像教师们所认为的那样。可见，校长和教师对彼此的认识往往不一致，这对新课程实施的影响相当大。因为在改革之初，教师在不能够确定改革的必要性，又面临重重困惑的时候，他们需要校长能够和自己站在一起，在物质上、制度上和精神上给予自己支持。但是，在这里，"领导根本就不鼓励你改"的心理印象，使教师在时间有限和工作压力很大的情况下，更加不愿意承担增加的工作量，冒风险去做一件无法预知结果的事情。

2. 教师"老实"

通过访谈发现，这里的老师认为学校一个比较突出的文化特点是"教师都很老实"。在这所学校里，教师所谓的"老实"是指教师对待学校管理者乃至上级教育行政部门和学校一切规章制度的态度，即"遵从"，"遇到不满意的事情也是敢怒不敢言"。

（1）"有意见也不说"：不想说

有一位老师和我说起，她有时候抱怨领导，同事讨好领导，跑去打报告，结果自己挨训的事情。她认为，传统的"人情、送礼"和教师的地位已经决定教师没有民主权利。对此，教师"已经习惯"。因此，有问题也不想和校长说，并且她认为即使说了也"不解决问题"。

我：您对校长有什么意见，怎么不直接找校长谈？

吕：不解决问题。现在老师也习惯了，有问题也不说（压抑）。都是很传统的东西，改不了。

我：什么传统的东西？

吕：人情、送礼什么的。其实老师是没有民主权的。老师的权力仅仅在自己那一亩三分地上。

(2)"不能和领导说"：不能说

这是一位竞争落聘的老师，他认为失败了只能把原因归到自己身上。

我：你心里有什么想法，能不能和领导沟通一下？

孙：不能和领导说，只能把原因归到自己的身上。这是不能说的。

我：那平时你们和校长有什么接触吗？

孙：比较少。因为校长太忙，我还有自己的一摊事儿。

(3)"人家是校长"：不敢说

美国社会学家贝尔（D. Bell）认为，人类社会的发展是效率、平等和自我实现这三种基本价值的实现过程，并把这些价值称为支配社会发展的中心原则。尽管其如此强调平等和自我实现，但是中国传统文化中的"君君臣臣、父父子子"和"君为臣纲"的封建伦理思想以及等级思想仍然在这所学校的管理中占有主流位置。教师头脑中固有的"校长"的等级权威，使他们有意地疏远了校长。也就是说，教师对校长的畏惧，一方面源自校长个人的特点，另一方面更多源自学校科层化的组织结构带来的校长的法定权力[1]。从社会学的角度看，学校是一个多层次的结构[2]，这种多层次结构恰恰强调了它的科层化色彩。

"平时从来不去校长那里，都是校长找我我才去的。"

---

[1] 组织权力有几种类型：强制权、奖酬权、法定权、专家权、关联权、信息权和职能权。这里的法定权是指根据角色在组织中所处的职位而被正式授予的权力。这种权力包括强制权、奖酬权等诸多的权力类型，表现形式具有非人格化、制度化的特征，是一种职位权力。参见：于显洋. 组织社会学. 北京：中国人民大学出版社，2001：219～223.

[2] 鲁洁. 教育社会学. 北京：人民教育出版社，1994：387.

"害怕领导，见了领导不知道说什么，甚至见了领导绕道走。"

"走廊里见了校长有时候都不说话。"

......

在教师这种行为取向下，校长如何了解每位老师的需要呢？

我：领导怎么处理下面老师的抱怨？怎么了解下面的情况？

吕：听别人说，中间传。这是很可怕的事情。校长是一位好领导，雷厉风行，大度，但是下面的人不好（言外之意是副校长、中层不好），信息经过他们传递，走样了。但是校长很好，从来不给你穿小鞋。

吕：校长以前总和老师在一起，但是这两年学校发展的规模越来越大，外事活动也特别多，校长也没有时间和教师在一起了。

这种状况下，事实是校长并不了解每位老师的需要。调查的结果显示，在"校长了解学校内每位老师不同的需求"一题中，近30％的教师选择"不同意"，17.6％的教师选择"中立"，53％的教师选择"同意"。在"校长说得多听得少"一题中，47％的教师选择"同意"，16.3％的教师选择"中立"，可见大部分教师都认为校长不能够听取下属的意见和建议。可以想见，在课程实施的过程中，教师遇到的很多困惑——例如对课程改革三维目标的处理，教学中师生关系的把握，教材的采纳和创新，对新课程操作性的怀疑等问题，都无法向校长吐露。这种状况也注定了校长除了看到教师表面的支持外无法了解教师面对课程改革的真正想法。

这一点与校长的管理初衷是背道而驰的。20世纪，人本管理成为管理的主流思想，没有哪一位管理者没有意识到关注员工需要的重要价值。在这所学校里，校长是重视学校管理的，在他看来，一个学校的管理办法，是一所好学校必备的条件之一。

"一所好的学校，首先是校长必须有先进的办学理念和独到的办学思想；再一个是学校的管理办法；还必须有好的办学条件和精干的教师队伍。这几点具备就可以，就是一所好学校。"因此，其在制度上的追求是，"所有的制度都要加一点人文性的东西"尤其是新课程以来。

我：新课程以来学校在制度上有没有什么变化？

副校长：当然有变化了。我这个假期就要修订制度，包括教师奖励方案、教学管理制度和备课制度在内的所有制度都要加一点人文性的东西，和谐一点，让教师从内心里愿意这样去做，而不能靠制度去压人。

权力系统的运行效率，体现在权力行使之后的结果是否为结构设计的预期，同时包括怎样实现这一预期。权力行使的目的是改变角色与群体的行为方式，使他们都能为组织目标服务，作出自己的贡献。权力的影响方式主要有三种：顺从行为、一致行为和内化行为①。在这里，我们看到，教师的行为方式很显然与领导预期的设计不同，大部分属于对校长的顺从行为。校长掌握了教师发展的资源和奖惩权力，因此教师放弃自己的意志而服从校长的意志。

3. "我就管好自己那一亩三分地就行了"

"一亩三分地"是教师自己使用的语言，是教师对自己决策权和管理权的一个刻画，是对自己角色定位的描述。用他们的话说："我得知道我是干什么的。我就管好自己的一亩三分地就行了。"有人说，中国文化的最为深厚的沃土是单一的农耕经济结构，这一文化起源决定民族的思维往往带有小农思想的封闭和保守。教师的"管好自己的一亩三分地"思想真正地刻画了教师文化的封闭保守以及对学校管理、民主决策等问题的漠视。

吕：我的一亩三分地就是我自己的班级，我只要管好自己的班级、教好自己的学生就行了。至于学校的什么制度、决策，那是领导的事，容不得我们这些老百姓来操心。

很多教师都怀着这样的心态来对待学校的决策。对于他们来说，决策是领导的事，你只要告诉我怎么做就可以了。对于课程改革，他们往往需要一种确定性，对于课程改革的调适性的实施观表现出很强的不适。

---

① 所谓顺从行为，是指在互动双方意见不一致的情况下，作用对象出于对作用者的回报而依照作用者的意志行事。这是典型的权力影响方式。是由于作用者掌握着作用对象所需要的外在资源，而作用对象又急需这种资源却不能在其他地方得到满足时，作用对象就只能放弃自己的意见，服从作用者的意见，实现双方的成功交换。一致行为是指作用对象受作用者的吸引，出于建立、维持或增进相互之间良好关系的愿望而自愿按照作用者的意图行事。内化行为是指作用对象出于自身的内在信仰和价值标准，在自己认为正确的行动方式范围内，接受作用者的影响，依照其意图行事。参见：于显洋. 组织社会学. 北京：中国人民大学出版社，2001：226～230.

"课改的内容只能说从理论上讲是非常好的，社会发展也是需要的。但是有一点，操作性过小，操作过程中还有很大的盲目性。进修（学校）的指导就说有一些东西需要自己摸索，规律性的东西需要自己去探索，那么你操作起来就更有盲目性了。"（宋老师）

四、教师和家长之间——重视与虚无

（一）校长重视家长

可以说，几乎没有哪一所学校是不重视家长的。差别就在于为什么重视和怎样重视。在 L 中学，谈起与家长的关系，所有的老师都知道的一个事实是"我们校长特别重视家长"。因此，他们也一定要"重视家长"。对于 L 中学的老师来说，能够和家长融洽地相处和沟通，能够让家长满意，这是必备的能力。

学校除了要求教师能够把日常有关学生的事务及时和家长沟通外，每年也有要求家长必须参加的常规性活动，例如学期初、期中考试后、期末考试后分别召开的 3 次家长会；教学开放日邀请部分家长等。在对学校进行调查的一年多时间里，尽管我没有和校长直接谈过这个问题，但是通过学校的一些活动，我可以领悟校长对家长的重视。

1. 学校发展兴衰史："老百姓认可"——"老百姓不认了"——"老百姓又认了"

L 中学有一个兴衰的历程。在回顾校长介绍学校历史那一段话时，我发现里面其实是暗含着一种价值追求的：家长认可与否是学校兴衰成败的重要条件。

校长：学校原来是某大学的一所子弟学校，1976 年归到学区文教处，名叫 L 中学。这里面有兴衰的历史。1988 年小有名气，及格率在长春市居第一。1992 年到 1995 年，是学校的辉煌阶段。在吉林省、长春市中考成绩中优秀率、及格率和平均分都是第一。当时学费是 12 000

元，学生都得拿 12 000 元才能来上学，那学生也争先恐后地来。后来 1995 年招 18 个班，这个学校就三层楼。当时花 100 万在学校旁边租了一栋楼上课，当时招生招得太多，没把握好时机。管理、校舍条件都很差，实验室都没有，教室都是租的。家长开始不认可。1996 年合校。合校后的两年，管理得也不是太好，学校的成绩和声誉都下降了。老百姓不认了。因为这边招生，那边上课，所以成绩好老百姓也不认了。1998 年两校又分开了，分开后，我们就想重振老 L 中学的威风。我们当时提出的口号是"一年打基础，二年上水平，三年创一流"。就这么一个规划，第一个三年规划，基本就达到了。在第一个三年规划中，也就是 2001 年，我们的中考成绩在区里名列第一，又获得了很多荣誉，该得的都得到了。原来咱们学校连学区精神文明单位都不是，2001 年我校被评为长春市精神文明单位。从 2001 年开始，学校开始发展起来了，不断地开始爬坡。

我：2001 年可以看成一个转折点吗？

校长：是一个转折点。老百姓从那时开始认可这所学校了。

从家长认可—不认可—再次认可的过程，我们看到学校和校长对家长的重视。家长的选择几乎决定了学校发展的成败。

2. "你最好自己和家长解释，让家长没有意见"

这是一次教职工大会上校长的发言。说话的情境是有家长反映学校的某位教师教学有问题，学生和家长都有意见。校长对这件事情的处理原则是让教师自己和家长解释，让家长没有意见。所以拿到大会上来说，是想引起其他教师的注意。

"有些老师，家长反映有一些问题，老师也找我解释，我们也理解，我们也可以和家长解释一下。实际有一些东西，不解释我也清楚。你说，工作给你安排了，班级给你了，学生给你了，是校长不信任你吗？是学校领导不信任你吗？不是啊。既然把班级给你了，就是信任你。现在不满意的是家长，你自己和我一个人解释有用吗？我找你谈，问题来自于哪儿呀？不是我主观印象看不上你呀！那是来自于家长，家长的反映。所以以后有问题，你最好不要找我解释了，你最好和家长解释。让家长没有意见，让你继续教学。"（校长）[1]

———————

[1] 摘自研究者田野日记。

在这次会议上，校长强调了教师一定要注意与家长搞好关系。

"和学生、家长交往的能力也很重要，你这一句话把人说恼了，本来不想告你也告你了。一定要处理好和家长的关系、和学生的关系，特别是和学生的关系。和学生处好了，回家一说，教师怎么怎么好，班级怎么怎么好，家长肯定满意呀。"

"家长是学校的顾客，他们决定了我们学校的生源。很多事情，你必须让家长满意。而且，你们都知道，家长如果不满意，他告你的状，你必须让家长支持和理解你。"

家长是顾客，决定了学校的生源。因此，一定要让家长满意，这就是学校和管理者对家长在教育中的定位。

（二）教师重视家长

教师对待家长的情感和态度是复杂的。教师重视家长，其内隐的概念是家长是"助手"，是"顾客"。从这两个角度来说，教师都不得不重视家长。而教师对家长的不同角色定位，导致了其对家长的不同态度：既"爱"又"怕"。

1. 自己的助手："爱"家长

在某种意义上，家长承担了教师课堂教学的延伸。在教师"监视"不到的地方，就由家长来完成了。所以，很多教师感谢家长，认为自己的成绩和家长的努力是分不开的。

"说心里话，我特别感谢我们班的一些家长。他们真的很支持我，没有他们的支持，我们班成绩也不可能这么好。我们班有一位家长为了辅导孩子上学，竟然都辞职了。我真的很佩服他。你说如果家长都这样，能教不好吗？"（张老师）

家长作为"助手"都做什么？透过一次家长会，我们可以感受得到。

记一次家长会①

家长会的程序是这样的，第一项：班长宣读市教委关于学生假期上网吧的文件；第二项：班委会、团支部通报个别学生的违纪、违规问题；

---

① 摘自研究者 2004 年 1 月 6 日田野日记。

第三项：班长公布班费支出情况；第四项：外语、语文和数学教师分别总结这次考试情况，并布置假期作业，希望家长能够督促学生完成作业。

外语老师：这次外语考试吧，怎么说呢，有一点难度。平时也背了，默写了，都是我们平时画的重点句子……下面说一下作业：单词（一共14个单元，每天写三个单元，一个单词写五遍）、词组、粉色的练习册（都是基础知识，都比较好）……请各位家长配合一下，把学生学过的单词都考一遍。词组和重点句子，孩子的书上都有重点的标记，平时学习的时候都画了，请家长围绕这个来考。请家长监督一下，让学生每天练习听力和练习大声朗读，每天半个小时。另外，针对学生阅读出现的问题，我们几位老师出去考察了一圈，给学生选了一本辅导书，家长记一下：《阅读升级》七年级初一，吉林教育出版社出版，讲解比较详细，建议买。希望假期家长能监督孩子，不要放松学习外语。

语文老师：这次考得不错，我非常满意。期中考试有 16 名学生不及格，期末只剩下 5 名。有些家长做得真不错，比如说听写呀、古诗词这一块啊，都不错，家长很认真地给孩子听写。我希望假期的时候，咱们家长能够一如既往，听写的时候能帮他把错误挑出来，避免下次再出现错误。

另外，期中考试以后，我带学生做了大量的阅读和作文，因此阅读这一块学生的分数上升得比较快，但是文言文还是比较弱，还是重视不够，尤其是作文。辅导孩子，就是让他多读书。

布置作业：《中学生必背古诗词》50 篇（已经让学生买过了）。家长来考，然后听写到本上，家长签字，开学后我检查。读名著 4 部、读书笔记 15 篇、作文 4 篇。期中时，语文老师就给家长发过一个书单，告诉家长这学期孩子需要读的名著，希望能得到家长的配合和支持。

另外在放假的时候我发了 3 张卷子：形近字和成语。因为学生在作文中出现大量的错字。要求家长听写。

数学老师：……下学期我们要学习的一元一次方程比这学期的还要难，我希望家长回家能和孩子说一声。数学不是硬学就能学得会的，脑袋多少要灵活一些。我很感激这半学期在班主任和家长的配合下，学生成绩考到这个样子。今后的工作也不用多说，你们努力，我努力，孩子努力，这就足够了。

从这个意义上说，家长的确是不可或缺的得力助手。如果没有家长，这些繁重的作业如何靠"缺乏主动学习的"学生来完成呢？

2. 自己的顾客："怕"家长

一半是"爱"，一半是"怕"，这就是教师对家长的矛盾心情。

于：我们校长可重视家长了，我们老师特别害怕家长。家长一反映你，你就完了。我们组有一位英语老师，他年纪比较大，刚刚接这个班。开学开家长会的时候，说了几句不该说的话。他说现在的教材都是新教材，像他这样的老师也把握不好，也有一个学习的过程。可能他心里是这样想的，但是他也不应该说出来呀。结果怎么样？一位家长反映给校长了，校长就把这位老师从这个班撤下来，换了另一位老师。校长就担心家长意见大，在外面宣传，对学校造成不好的影响，影响将来的生源。

我：哦，你们是"怕"家长？

于：对，特别怕。

顾客是挑剔的。顾客是上帝。面对"上帝"，教师理应说真话。可是说真话的结果是下岗。因此，家长的高期望和高要求迫使教师在家长面前无法流露出自己"无能"的表现，一定要戴上"无所不能"的面具。但是，面对一项崭新的、革命式的变革，教师也需要学习和适应。而家长的要求没有给教师学习的空间和时间。

故事："防家长"

在这里借用美国教育改革中"防教师（teacher proof）"的概念来说明教师"防家长"的心理。这种"防家长"的心理，充分地反映了教师和家长之间的互不信任。某天下午在办公室里，恰巧听到几位老师在讨论家长的问题。

王：我们班新来的一名学生，他家长给我打电话，问我学生练习册做了，我是否批改。我告诉他不批。我一年都是这样，你孩子刚来，还不知道。他问我那怎么知道学生做没做，并要求我能够对他家的孩子有一个反馈。结果我给他孩子的练习册写了反馈，他倒什么也不做了。他不做我更不做了。这些家长可真气人。他们以为教师是神啊，什么都管？

许：一位家长还要求我给他打电话，我凭什么给他打电话呀？我让学生给他打电话已经不错了，太不像话了。我可不能让家长知道我的手机号，要是知道了天天打怎么办？

（三）家长的参与程度及其对课程改革的影响

家长的参与程度影响课程实施的程度。前面我们分析了学校校长和教师对家长的重视和情感、行为取向。可以说，在学校与家长的关系中，学校永远是主导，家长对这种关系也相当认同。在"您认为家长与学校、教师之间应该形成怎样的关系"一题中，91.7％的家长认为"家长应该配合学校，同时学校也应该考虑家长的建议，二者密切合作"，仅有6.9％的家长认为"学校和教师对孩子的教育具有一定的权威，所以家长应该完全服从学校的安排"。那么，在学校主导型的家—校关系下，家长如何影响学校的发展，如何影响课程改革实施的进程？我们可以通过家长对学校事务的参与程度来说明这个问题。

1. 家长对学校事务的参与程度

自新课程实施以来，家长参与学校事务的程度如何？他们是否了解课程改革？通过什么方式？有什么反映？对此，我以（初一、初二各一个班级）两个班级为样本进行了一次问卷调查。共发出问卷80份，回收问卷75份，有效问卷72份。相关问题的统计结果呈现如下。

在"您曾经参加过学校组织的哪类活动"一题中，家长选择的比例分别为"家长会"84％，"开学典礼或者毕业典礼"6.2％，"运动会"4.9％，"教学开放日"2.5％，"艺术节"1.2％，"班会"1.2％。以上所列活动选项是学校每年安排的大部分的大型活动。从数据结果可以看出，家长参与的最多的活动是家长会，而学校的家长会每学期才安排两三次，可见，家长参与学校活动的机会很少。在"您是否参与过学校的发展规划"一题中，81.9％的家长选择"没有"。在"您是否使用过学校正厅里设立的'家长意见箱'"一题中，97.2％的家长选择"没有"。在"您是否知道学校里目前正在进行的新课程改革"一题中，43.1％的家长选择

"知道"，41.7％的家长选择"不知道"，几乎一半的家长不了解这次课改。在"您知道学校的教学开放日是对所有家长开放的吗？"一题中，59.7％的家长选择"不知道"。在"您是否了解学校硬件条件方面的建设"一题中，62.5％的家长选择"不了解"。对于学校的办学理念和目标以及近期的发展规划等问题，家长也不甚了解。例如，在"您是否知道学校的办学理念和目标"一题中，去掉缺失值，选择"知道"和"不知道"的比例分别为38.9％和45.8％。在"您是否知道学校最近的发展规划"一题中，去掉缺失值，选择"知道"和"不知道"的比例分别为15.3％和69.4％。

通过上面数据的呈现，我们会发现，实际上家长对学校事务的参与程度很小，甚至可以说家长的权力是虚无的。在"您对学校的支持表现在（多选）"一题中，37.8％的家长选择"积极参加学校组织的家长活动"，25.5％的家长选择"为孩子的学习活动提供资源支持"，27.6％的家长选择"辅导孩子的家庭作业"，而"为学校的发展提供建议"仅占9.2％。可见，家长在学校的决策方面起的作用是非常微弱的。他们仅仅是出于对自己孩子的关心而间接地支持学校。这种权力关系，并没有因为课程改革的引入而产生丝毫的变化。

2. 家长对课程改革实施的影响

家长对学校课程改革的影响是一种间接的干预，是通过间接地对学校的需要和期望来实现的，即通过对学校和教师的期望形成一种无形的压力来影响学校教学发展的方向。在本文的第三章，我们曾经分析过家长对学校的期望，我将其分为两种类型：高尚型和世俗型。世俗型对学生中考、成绩的期望是主导的、现实的。这种期望，在现实的社会背景下，必然影响教师对新课程的实施。因为学校也是一种社会性的存在，它的一切行动选择也必然受制于一定社会的文化和制度所构筑的文化生态环境。就像一位中学校长指出的那样，"对一所学校的评价，历来都有'理论标准'和'社会标准'两种：前者是指来自符合素质教育理念的学生全面发展标准，而后者却是由强大的社会观念及需求驱使的考试成绩的标准。大多数学校目前都处在既要努力符合'理论标准'，得到上级

'称好'，又要符合社会标准，让老百姓'叫好'的两难困境中。"① 学校既然无法忽视"社会标准"，就必然受到家长期望的影响。

　　我：现在的新课改强调的……你们怎么看？

　　宋：课改的这些内容只能说从理论上讲是非常好的。但是……还有一个问题，课改过程中对老师的评价标准和现在对老师的评价有一个反差，这个反差集中体现在在一所学校评价一位老师，家长看一位老师教得好不好，就看最终孩子考了多少分。

　　孙：家长只考虑自己孩子的学习成绩，一心想让孩子考上理想的大学。

　　宋：家长重智轻德的观念很顽固，实施新课程，家长的阻力很大。

　　于：家长和社会现阶段主要看文化成绩，教师总是不能放开手脚。

　　杨：学校在为学生减负，家长却通过各种学习班加负，学生的压力来自家长，来自社会。

　　荆：家长不十分了解课改，仍重视成绩和分数。

　　……

　　教师认为，不利于课程实施的一个很关键的因素是家长对孩子成绩的高度追求，对教师的评价标准以分数为准绳。这种评价的标准限制了教师对新的课堂教学方式的探索。设身处地地为教师想一想，改革是一个学习的过程，新的课程改革迫使教师放弃原有的价值理想，走出自己心理的舒适地带，放弃习以为常的行为方式，学习新的行为规范，这本身就是一个艰难的历程。而此时，面对考试为主导的教育文化的压力，以保守为主要特征的教师文化决定了教师不愿意冒风险去实施课程改革。学校也就将课程改革拒之门外了。

　　从家长对学校课程改革的影响角度来看，传统社会层面的以考试为导向的学校教育文化是导致家长不支持课程改革的主要原因，但是，其和家长对新课程的了解程度也是有关系的。目前，家长对新课程还缺乏系统的了解，还有相当一部分家长根本不了解课程改革。从这个意义上说，家长对课程改革的负面影响，学校也负有相当的责任。在对家长的

---

① 郭亮. 学校评价的社会标准与教育市场化出路. 教育发展研究，2002 (11)：102.

调查"您是通过什么方式了解课程改革的",排在前三位的分别为"孩子回家说的"占 38%,新闻媒体占 32%,学校的宣传活动占 22%,另有 6%的家长选择"根本不了解课程改革"。从这个比例看,家长对新课程的了解,大部分是通过学校以外的宣传获得的。因此,对于学校来说,争取家长对课程改革的支持,还有一定的回旋空间。可以采取一定的措施加大对课程改革的宣传力度,使家长能够真正的意识到新课程对孩子长远发展的影响。家长是学校发展的最有力的资源,L 中学的家长愿意参与学校的活动和决策。例如,在"你是否愿意参观孩子的教室,听教师讲课"一题中,79.2%的家长选择"愿意"。他们对家校联系的问题,认识也比较客观,能够从主观和客观两个方面来看待问题。在"您觉得目前家长和学校、教师之间的沟通存在的突出问题是什么"一题中,42.3%的家长认为是"家长无法及时了解孩子在学校里的情况",23.1%的家长认为是"学校没有为双方的沟通创造条件",16.7%的家长认为是"家长没有与学校沟通和交流的积极性",15.4%的家长认为是"家长没有时间参加"。在这个基础上,学校可以探索出一些与家长联系的途径和方式。

第六章

我 们 如 何 做
——实践新课程

　　改革中最难实现的是教学实践的变革和教学精神的变革。可以说，教与学的变革是改革的核心问题。衡量一次变革的成败，最根本的是要看课堂中、教室里发生的变化，教师的教学观念、教学方法以及学生的学习活动发生的变化，这是改革的最终落脚点，否则一切改革都将成为空中楼阁。

　　在这一部分，我将考察学校新课程实施的状况，核心是新课程实施以来教师的教学实践和教学精神。比肖（Leslie Bishop）认为，课程实施要求进行调整与替换工作。它要求调整个人的工作习惯、行为方式、课程重点、学习空间以及现有的课程和时间安排，即让教育工作者把现有的模式改变为新的模式①。教师教学改革观念的转变，包括教学价值观的转变，不能脱离教师的教学实践，不能不关注他们在自己的教学实践中如何实现内化的过程。只有教师的内在观念才具有真实地指导教师教学目标制定和定向实践行为的作用。教师对教育改革有个人的、团体的观点，教育改革的文化观就是要探讨教师如何协商并建构教育改革的意义。

　　在实地调研的一年里，除了访谈之外，我听了约 50 节课。因此，基本能够从教师论文等书面材料、教师论坛和集体备课等发表的言论、教

---

　　① 见：[美] 艾伦 C. 奥恩斯坦，弗朗西斯 P. 汉金斯. 课程：基础、原理和问题. 柯森主译. 南京：江苏教育出版社，2002：311.

师的教案以及教师在课堂上的真实表现几个方面来把握教师的日常教学生活。

一、教师理解的新课程

对新课程的总体理解，教师倾向于把它作为一个远期奋斗的目标"只能说我们在路上"，对目前条件下课程的实施并不抱有乐观的态度。

（一）初识新课程

教师对新课程的最早认识，是在 2001 年 10 月，校长"南巡"归来。

校长：我从南方考察回来之后，感触很深。现在的生源竞争很激烈，学校发展也很难，我感觉学校要生存，就一定要有自己的特色。而这一点，我们正好可以借助课程改革。所以考察回来后我给老师开了一个会，把我的一些想法，包括新课程的一些理念讲给他们听，同时也让他们有紧迫感。

对于这一次校长的讲话，教师有什么感受呢？

秦：我校最早提出新课程理念的是我们英明的校长。他从南方学习归来后，就把"新课程理念"这一名词带进学校，灌输给了我们这些老师，而当时长春市教育界对新课程改革的理解还几乎为零。但坦诚地讲，那时，课程改革也好，新课程理念也好，对我本人来讲，还只是淡淡地渗透到我的思维中。从那时到现在，虽然学校也组织过很多次的集体学习，记得主任在大会上念《走进新课程》的时候，我们在下面茫然地记笔记。学校还给我们老师买了红皮儿的《走进新课程》、蓝皮儿的《教师行为的转变》，但说实话，这些都没有改变多少我的旧观念，归其原因是因为我本人重视得不够，上级部门督促得不够。于是我们对新课程的理解还停留在表面上和形式上。很自然，在实施新课程教学过程中，虽然也常常有一些与新课程理念相一致的教学实践、教学活动，但由于对新课程改革的具体内容了解得不够全面、不够透彻，对新课程理念的理解不到位，较为肤浅，致使在自己的教学实践中体现得不具体、不全面。对于我本人来讲，真正把新一轮的课程改革、新课程理念深入骨髓的，还是这次 2 月 14 日（2004 年）组织的教师基本功技能考试[①]。

　　杨：我作为一位从教近 10 年的教师，一直是以传统教育观念来进行教学的，所以对新课程的认识不深刻，对新课程的学习也不够重视。寒假那次考试[②]迫使我在假期中学习了新课程的相关理论，使我对课程改革有了一定的认识。

　　校长对新课程的引入只是让"新课程淡淡地渗透到教师的思维中"。在 2001 年 10 月到 2004 年 3 月近两年多时间里，尽管学校和学区对教师进行了不同层次和多种形式的培训，但是教师对新课程的认识仍是"不深刻，学习也不够重视"，"没有太改变我的旧观念"，"理解停留在表面上和形式上"。这是长春市于 2002 年 6 月正式成为实验区后近两年的时间里，教师对新课程理解的真实程度。而真正的一个实质性的转变是行政干预的强迫性和高利害考试，使教师对新课程的理解产生了一个质的飞跃。

（二）对新课程的态度

　　通过访谈和一年来对教师教学实践的观察，我发现学校里大部分教师对新课程的认同程度较低；另有少部分教师持中立态度，能够客观地看待新课程；只有很少一部分真正按照新课程理念去操作的教师对新课程持欢迎和赞同的看法。

　　郑：现在的改革，领导让你摸着石头过河，那我这个石头要是摸不好呢？教育这个东西，有时候你摸着石头过河会犯错误的，这会耽误一代人的。

　　宋：课改的这些内容只能说从理论上讲是非常好的，对社会发展也是很好的。但是有一点，操作性过小，操作过程中还有盲目性。进修学

---

① 引自"走进新课程教师论坛"教师讲话。
② 两位老师提到的"考试"，均是指长春市为了推进教师对新课程的理解而组织的考试，按照要求，考试不及格的教师将下岗。这次考试对教师理解新课程起到了非常关键的作用。

校的指导就说有一些东西呢就告诉你摸索，规律性的东西让你自己去探索，那么你操作起来就更有盲目性了。

李：新课程内容挺好的，但是如果真正地按照新课程来做，学生一学期只学一门生物课，时间都不够用。

吴：教改是一件好事，这个活动非常好，它的理论也非常好，但它不适合整个的教学，教学想改到那种程度，不可能。（语气非常肯定）

张：中国的教育现在就是盲目、盲从。从国外引进的一些东西，盲目地照搬照抄。现在的新课程倡导让学生动手，让学生去做，但是数学就是讲究逻辑思维能力，一种符号美，一种符号表达的抽象的过程。由语言的表达发展到数学符号的表达是一种进步，你看'因为……所以……'，这表达的逻辑性多强。而你看现在的新教材，那是什么呀，偏要让你又回到语言的表达，然后到九年级才又学"因为……所以……"，这是一种倒退。人民教育出版社的某某，人家就可以公开地讲新课程多么多么的不好。拿出新课程的一点，他就举出一个反例来批驳你。人家是大家（专家），我们一位普通的老师也就是在私下里说一说。中国教育就像"文化大革命"的时候，大家都在喊口号。现在我们回头想想封建社会为了争夺皇位而兄弟之间互相残杀，这是很荒唐的事情。若干年后，回头看看中国现在的教育情况，也会觉得很无知。

改革不是全盘否定，应该是有立有破的。而这次新课程，将以前的教学看得一无是处，其实根本不是这样的。

我：学校的老师怎么看待课程改革这件事？

孙：肯定是有利也有弊呗。利就是说挺活的了，比以前活得多。大量的题海战术学生也不愿意学。现在就是说讲课的时候有课件，能用课件展示的东西尽量用课件展示出来，学生在那种动的环境下去学习，形象思维比较强，接受起来也比较快。差就差在知识太散，不太系统。

李：我是非常赞成这次课程改革的。到目前为止，课程改革推进的速度尽管有点快，但是还可以。按照外国的教育改革经验，它是经过一段时间的实验后才全面铺开的，而我们的推行速度有点快。你看我们的过渡教材还没有用完，马上新教材就下来了。从我们老师来说，我们从心里欢迎课程改革。旧教材、过渡教材、新教材我都教了。旧教材真是太老套了，那些篇章的选取非常古老，没有文化气息，也没有人文气息，特别压抑。换了新教材之后，我就非常愿意教，非常灵活，非常有灵性。可以给老师创造空间，让你自己去挖掘。教材换了之后，我就比以前教课灵活多了。这套教材对于我们老师来讲，非常有好处。我觉得我特别愿意教新教材，给你发挥的余地。不像以前，给你一本教材，一本参考书，让你照着去讲。那种教学非常难受。现在就不是那样了，给你教材，但是没有固定的模式让你去讲。给你一个现代文篇章，你可以随意地，想怎么讲就怎么讲。你像我讲《最后一课》的时候，那节课不是特别精彩的一节课。我让学生读课文，先让学生自己挖掘，然后我们再共同挖掘。学生挖掘的过程提醒我，我再通过我的引导提醒学生，共同学习。不是老师一味地传授、灌输，绝不是，这是非常大的变化。以前没实行课程改革的时候，讲课就是照着参考书讲，不允许你改变，答案都是固定的。非常死板，一点也不灵活。现在它的答案就不统一了，允许学生从多个角度思考，允许学生有不同的见解。这套新课程特别注重人的主体性，注重人的个性，让你能够自由地去发挥，阐述自己的见解，让你身上的灵光能够闪现出来。要是以前的话，是产生不出来的。以前的旧教材就是照着参考书讲，我越讲越乏味，学生越听越沉闷。现在课堂教学气氛感觉和以前不一样了。随着教学内容的改变，教学方式、教学方法也随着改变。

上面这位李老师是学校课程改革走在前列的人，她是真正地从内心喜欢课程改革，也切实地在做。但是，在很多教师的眼里，李老师为实施课改也付出了代价。前面我们描述的"私底下的故事：改革的代价"，故事的主角就是李老师。可以说，教师对新课程的态度，不赞成者有之，中立者有之，欢迎者有之。但是绝大部分教师还是持观望的态度，所以这样，一个主要的原因是教师认为新课程改革的操作性极差，从时间和条件上都难以实现。另外，对新教材内容的选择与编排，个别学科的认可程度低。再次，新课程赋予教师的课程选择与调适的权利，让教师感觉不适，他们担心这种摸着石头过河的实验会耽误一代人的成长。

（三）教师的课程改革取向

前面提到的学校教师对新课程的态度，决定了大部分教师采取一种消极的课程改革取向。

宋：改革就是要冒一定的风险。你像赵谦祥，你看他最初的改革面临多大的压力？他那是成功了，他能出来讲。我们是要冒着失败的危险的。你敢向校长保证，四年后我的升学率一定没有问题吗？不敢呀。所以还不如按部就班地教学呢。别冒那个风险。

于：其实有很多老师是很希望改的，也都厌倦了现在的教学。但是都没有那个勇气。本来工作就很忙，没有时间，改革还要冒很大的风险。因为改革总是要探索，刚开始的时候不一定能够见成效，也许会影响成绩。如果对改革的老师能有一个长期的标准还行，比如说三年或者五年的。但是现在是每学期、每学年都评，谁还敢啊？还不如不改呢，你也说不出来什么。

吴：领导根本就不鼓励你改。他也害怕呀！他才在任几年呀，都想把学校办好。失败了谁也承担不起责任。还不如不改呢，稳稳当当的。

一方面是教师对新课程理念的不信任，其对新课程的可操作性充满了怀疑，另一方面是改革的风险和额外的付出。在这种情况下，教师的选择是"别冒那个风险"，"稳稳当当的"。

（四）教师对学校课程实施程度的定位

新课程实施三年来，教师认为学校的课程实施程度如何？变化又体现在哪些方面呢？教师的一个共同的认识是学校有变化，但是变化比较小。

我：您是1996年到这里的，您觉得新课程以来教师在观念上发生了什么变化？或者学校实际发生的变化在哪里？

宋：实际上更多的是流于形式。如果今天都是那样上课的话，孩子成绩提高不上去。因为中国考试的本身不是考能力，如果真正考的是能

力的话，咱们的课改应该是可以很成功了。但是咱们的考试大多数考的
是记忆。这是一个事实，专家有的也这么说。

我：新课程的实施有没有带来学校的变化？
杨：有变化，但是变化很小。

我：那可不可以说新课程对老师实际上没有什么大的影响？
张：对上课本身现在来说没有什么大的影响。可能理念上有，观念
上有。但实质上说，还没激活他们。
我：那么老师现在上课还是完全依赖教材，还是……（我还没说完）
张：还是传统的。作为提高分数的（手段），传统教学是最有效的。
李：还是有一些变化的。改变了过去一张嘴、一根粉笔和一块黑板
的形式，可以借助多媒体，学生学习的内容丰富多了。
孙：现在的教学和过去比一个很大的变化是上课的资料丰富了。以
前就是一本教材，现在可以利用电脑这些先进的技术，上网查一些资料，
学生学习的内容比较丰富了。

二、我的观察：教师实践新课程

（一）课前的备课生活

1. 三级备课

所谓三级备课，是指学区的集体备课、学校的集体备课和个人备课。
对于每一位教师来说，大体都要经过这三个不同层次的备课活动，这是
中国教师特有的备课文化。除此之外还有不同形式的公开课和观摩课，
这些也都形成了一种特有的学校教学文化。有人对大陆和香港教师在文
化方面的差异作过调查，其中以集体备课和教研活动等为载体的教师交
流和合作是一个突出的差别。

学区的集体备课次数比较少，一般安排在学期初、学期中和学期末，另外会安排几次教学观摩研讨课。学校的集体备课按照规定是每个星期一次。不同层次的备课的着眼点不同。学区的备课一般是宏观层面的，针对本学期一册书的内容从总体上进行指导。学校的集体备课是中观层面的，针对一个星期内的单元进行备课。不同层次的备课所采用的主要方法也有所不同。

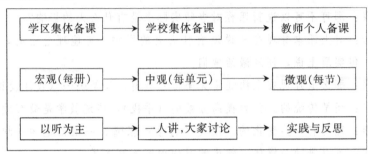

图 6-1 教师备课流程图

学区集体备课，是学区教师进修学校的一项传统的、重要的常规工作。新课程以来，教师认为学区教师集体备课也有一定的变化。"从备课的形式来看，还和从前一样，没有什么变化，但是在备课的内容上看，还是稍微有一些变化，尽量考虑新课程的要求。"（于老师）从课程实施的角度看，这是一个很好的交流平台。教研员与全区教师、学区内不同学校的教师之间可以就教学中的某一单元的内容和方面，以及课程改革中的问题进行交流。反对抑或赞同，都可以拿到这里来说。

××区初中二年级语文教师集体备课①

这是一个大的阶梯教室，大概能容纳 200 人左右，教室内桌椅的摆放是传统的秧田式。前面摆一个讲桌，学区语文教研员坐在讲台前。来的教师先签到。下午 1 点半，开始今天的教师集体备课。参加的教师大约有 100 人。

这次备课的主要内容有两个：今年中考命题、审题情况；初二备课的具体要求。备课的唯一方式是教研员讲，教师听。

---

① 摘自研究者的田野日记。

教研员讲的第一个问题是详细介绍上午初三教师备课的情况。初三教师备课时，请了吉林省中考出题组的两位老师分析中考命题、审题情况。所以，集体备课就以对今年中考试题的分析为号角拉开了序幕。教研员详细地介绍了今年的中考试题并提出注意事项。大概讲了1个小时。内容涉及中考应该注意的很多问题，"要注意两套通用教材的共同领域……要正确对待各种辅导资料和教参……要正确对待中考信息……要看淡中考出题人的风格……要注意中考试题的延续与变革……"。

第二个问题是针对初二备课的。他提了三点要求：要备学生、备课标和备教材。备学生——"初二的学生放松、自由，给我们的教学提供了一个空间，应该进行一些尝试。这两年语文教学的变化比较大，应该把自己的想法贯彻下去，搞搞自己的东西。要重视初二学生的自学能力，学生自己能解决的问题要放手给他们，把学习的主动权还给学生。语文基本的概念、基本术语要深入下去，否则教学进行不下去。要注意利用每个单元后面的综合实践活动来开展语文活动。"备课标——"课程改革强调语文的工具性、人文性、综合性、开放性、时代性。强调学生学习方式的转变。因此，要求我们老师在教学中也要有转变。教师应该放下架子，与学生民主、平等地交流，面对学生可以蹲下去……"备教材——"七年级是以专题来编排教材的。教学中要注重文体，让学生有文体的概念。……第一单元有5篇课文，第一篇主要是新闻的知识，要鼓励学生读；第二篇《芦花荡》，抓住'传奇'两个字，通过美好的描写抨击丑恶。"……（逐一地分析第一单元的每一篇课文。到下午4点，备课结束。整个过程都是教研员一个人在讲）

学区教师集体备课的内容能够配合新课程，从课程标准、新教材和学生特点的角度加以分析，鼓励教师进行教改的尝试，强调培养学生的自学能力等。但是从形式上看，老师们认为"没有大的变化"。我们看到的也是一幅教师讲、学生听的授受式课堂教学画面。这一点无疑影响了教师对集体备课的热情和参与。

经过了学区教师集体备课宏观地对整册书的分析后，教师要回到学校，进行学科教研组的单元备课①，确定单元教学的重点、难点和教学

---

① 学校教师集体备课的具体情况见论文的第四章"教师与教师之间的关系"部分。

方法等,然后进入实践的个人层面的备课。这是一个对学区和学校集体备课的反思过程,是结合自身的情况和学生实际进行调适的过程。

2. 按照学校标准的教案格式要求写教案

备课的最终结果要落实到教案上,这是备课的一个实体的表现。这在中国大陆,是非常突出的表现,即教学一定要有教案。有人研究,香港的教师则很少有教案。新课程以来,关于要不要教案的问题,也曾经有人讨论过。在 L 中学,学校是很重视教案的。在学校的一份教学考核评分表中,有专门对教师教案的要求,共有五个指标:(1)学期初超写两周教案,平时超写一周教案;(2)写出个性化教案;(3)教学环节完整,重点突出;(4)板书设计科学,重点突出;(5)使用现代化教学手段并有教学回顾。另外,学校每半个月要检查一次教师的教案,有一个专门记录的本子。检查合格者,教务主任要在上面盖一个章。主要有这几项:学科、应备节数、实备节数、教学进度表、学生名册、教学目的(知识、德育)、重点难点解决、教学环节、教学手段、教法、作业量、教学回顾、评语和检查时间。

从教师个人来说,其对教案的使用情况并不一致。有的教师,写教案只是为了应付领导的检查,这类教案对教师的教学几乎没有任何影响,仅仅是一个文本。有的教师的教案是纲要性质的,教学时整体的思路会遵照教案。学校里几乎没有老师会完全按照教案来上课。

"很多人的教案都是从参考书上抄的,主要是为了应付学校的检查。"

"只是一个纲要性质的,具体的讲课不能按照教案讲。"

"里面有一些和教材不同的,补充的习题之类的,还是要用的。"

3. 课程资源的准备

大多数教师在备课的过程中,都会考虑如何开发更多的资源,在传统的教材和教参的基础上,通过网络使课程资源更加丰富。这既是现代信息技术提供的一个便利条件,也是应新课程改革的要求。新课程后,没有了原来的工具性教参,教师失去了拐杖,为了提高教学的效果,自己就必然寻找资料。虽然带来了备课量的增加,但是用教师的话来说,"也好,老师知道得更多了。"

我：你平时上课用的资料都有什么？

孙：教材、教参。我有时到书店去看，买很多我认为好的教参。有的课是拿过来就知道怎么讲，有的课是自己不知道怎么讲，得看很多教参，有时候也分不太清楚。

我：现在学校里没有指定的教参吗？

孙：学校有一本配套来的教参。但是那上面的东西不具体，尤其有些课特别乏味，基础知识方面的特别多，也挺难讲的。有时候就上网去找。

李（语文教师）：我们初二语文的资料是以教材为圆心，还有其他的一些辅助材料，比如说《诗三百》、《名著阅读》、《意林》（阅读类）。这都是根据学生的实际情况定的。

孙：另外，从语文学科而言，有好多的课文能从网上找到大量的信息，从而开阔学生的视野，丰富教学内容，增强学生的学习兴趣。比如，这学期我们学鲁迅的《藤野先生》时，我先让学生上网查询有关鲁迅和藤野的资料（包括文字资料和图片）。在讲课之前，学生已经对鲁迅和藤野了解得很深入了。

我：平时你教学的时候主要依据什么？

孙：主要还是教材，再就是东找一本资料，西找一本资料，大量的资料。这方面的题挺好的，这道题挺好的，没见过，就是这样。再就是通过上网。

我：我觉得最基本的可能还是课程标准。

孙：以前备课的时候就拿一本教科书、一本练习册和一本参考书就行了。因为以前的参考书非常详细。这边是它的内容，旁边是注释，这节课应该怎么讲，应该加入什么，不应该加入什么，哪个地方学生的接受比较差，都给你标得非常详细，非常清楚。现在就什么都没有了，就不知道怎么办了。东找西找，备课的量更大了。其实这样也有好处，老师你知道得更多了。比如讲立体图形的时候，你可以查一些资料，结合书上的例子，通过电脑演示，让学生做模型，让大家去看，效果也挺好的。

我：李老师，现在备课和从前相比，有没有什么变化？

李（生物教师）：哎呀，变化太大了。以前看看教材就行了，现在可不行。现在的备课量太大了，每一个单元都涉及很多知识，而且生物里又增加很多新知识，有的我自己都模棱两可的，你就得上网查，自己学习，弄明白了呀。哎呀，现在备课太难备了，工作量太大。

4. 对教材的调适

谈起新课程改革，几乎所有的老师都会从教材入手，褒扬抑或贬低，我们能够感觉到教师对教材的重视，教师依然有很浓厚的教材情结。那么，在备课的过程中，教师是否有对教材内容的调适过程呢？对教材的调适源于教师自己对课程和教学的理解，源于对课程设计者预先设计的课程与自己的实际情况的不符。因此，我们首先从教师对新教材的"不满"的态度入手。在这里，我呈现了学校一、二年级的数学教师对数学教材的调适。

（1）数学教师对新教材的态度

孙：现在（人教版）把几何和代数合为一本书，而且像立体几何什么的，这都是以前没有的。例如三视图、立体图形之类的。三视图以前都是高中的内容，现在都拿到初中来学。再有就是概念性的东西少了，更加注重学生的理解。以前的教材，注重概念定理的学习。一般是先告诉你概念和定理，而现在的教材一般都是先举很多的例子，然后让学生自己总结出原理和结论，也不是一字不差地要求你背诵出来，就是给你一系列的活动，然后你通过这些活动解决问题。通过这些活动，你还需要哪些知识，需要一点一点地引入，进一步去学这些知识。

姜：新教材差在知识太散，不太系统。有些东西就比如说讲直线、射线和线段这节课的时候，用华东师范大学版的教材，一节课就完事，但是老教材要讲四、五节。（老教材）每一个概念都讲得特别细。比如说射线、线段、直线这三个定义都给得特别细，比如说一个端点、两个端点了，这些东西都给得特别细。但是新教材，它也给你线段、射线、直线，但是它没有给你具体的定义，所以你讲课的时候就需要给它补充进去。练习的时候你还是需要做大量的题。实际上你还是按照原来的老教材的路子去讲的。你要是按照新教材的路子，有很多东西你就会讲不到，但是这些东西在课后题中又出现了，所以还是需要用你补充的东西来给大家解释。

吴：新教材比较好，倡导学生动手实践，但课时不够。你说讲频率，光抛硬币就要 30 分钟。你要让学生探究，就要给他时间，但又有课时的限制。而且，学生在活动中没有目的，难以把活动和知识点联系起来。所以尽管动手能力强，但一做题就不行了。

张：数学就是讲究逻辑思维能力，是一种符号美，是一种符号表达的抽象的过程，由语言的表达发展到数学符号的表达是一种进步，你看"因为……所以……"，这表达的逻辑性多强；而你看现在的新教材，那是什么呀，偏要让学生探究，让学生用语言表达，然后到九年级才又学"因为……所以……"这种逻辑表达。这是一种倒退。

以上是四位数学教师对新教材的态度，实际上反映了教师深层次的对知识传授与活动、探究二者关系的认识。新教材倡导让学生在活动、探究中发现规律的课程内容编排方式，他们认为其冲击了对概念的精确认识，而对概念的认识恰恰是考试中需要的。因此，他们并不认可新教材的改变。调查中发现，从总体上看，数学教师对新课程和教材的认可程度比较低，无论是内容的选择还是编排。包括学区的教研员，在学区教师集体备课活动中，也可以看出教研员的取向。

"数学重在培养学生的理性思维，所以我不看重考试题目的新颖、开放、发散。现在实际的数学教学中出现很多的随意性，强调与学生的实际联系，很多教师把有限的时间浪费在细枝末节上，使数学的教学水平急剧下降。我们看一篇文章，这篇文章也反对现今的课程改革过于重视问题解决、应用性，而忽视了数学基础知识的培养。大家看一下，我感觉这篇文章所批评的和现在的新课程很相符。"（学区数学教研员）

在新课程改革中，教研员是教师专业发展和培训的最主要的人。对于 L 中学的老师来说，教研员一方面引导自己教学发展的方向，另一方面也掌管着出考试题的大印。因此，教研员对待改革的态度对教师的教学是有直接导向的。

（2）教师对教材调适的取向

学校的数学老师，对新教材进行了不同程度的调适。调适程度最大的是我们在第五章"教师与教师之间——合作与竞争"部分曾经介绍的"'我们一起商量决定的'——一年级小班数学组的课程决策"。当然这种调适，用教师的话说，"（调适）当然是新课程赋予我们的空间，但是我们也有我们的'自由度'。我们是在制度的框架内来调整的。像我们小班教学，不用参加区里的统一考试，这些学生是四年学习人家三年学习的内容，所以我们有调整的时间。而其他的老师，他们要参加区里的统一考试，他根本不敢这样调整。"（张老师）那么，其他的老师在认为新教材不能适应实际的情况下，如何调整？

孙：我们（新教师）来的时候，老教师就告诉我们说还是需要把老教材的东西补充进去的。为什么呢？因为后面涉及的练习题和我们课外找的一些辅导资料都是需要这些知识的。你在做题的过程中，都能体现出老教材的东西。当然，也可能是因为改革，老的练习册还没有很快地改正过来。但在练习题中，我们还是需要把老教材的知识补充进来的。实际上学生这时候学的东西是越来越多，既要学老教材，又要学新教材。不是减负，而是负担更重了。而且，有时候，大家很迷茫，有些东西到底该不该讲，考试的时候能不能涉及，都不知道该怎么办。因为平时倒是次要的，但是中考这些东西应不应该补进去呢，也把握不好。我也听过一些专家的讲座，说老师你自己应该把握加什么，减什么，你应该把握那个度。教材只是一个度，你要自己决定增加什么，或者哪些东西不应该讲，都是你自己决定。现在的教材也没有参考书。专家是这样说的。这也不好把握，有时候你加多了、加少了还担心，挺困惑的。

吴：尽管这样做（让学生动手做）很浪费时间，但我仍然坚持这样做，我要找大量的习题给他们做。现在的教材自己配套的习题做起来过于简单，所以讲课必须进一步拓展。我刚毕业的时候，把握不好每一个知识点应该讲到什么程度，所以课下就找大量的习题自己先做，从而决定给学生补充什么。

通过上面几位老师的陈述，我们可以发现，教师对教材调适的一个共同的做法是"把老教材的内容补充进去"，"补充大量的习题"，"尽管浪费时间也要这样做"，包括新来的老师，其受到老教师的影响也遵循这个规范。

从课程实施的角度来讲，新课程提倡调适与创生取向的课程实施观，倡导教师能够根据自己对课程的理解和具体的条件，对设计的课程进行一定的修正。在 L 中学，教师能够主动地对教材进行调适，从一个角度可以看到教师走出了"唯书"、"唯上"的局面，不再完全地崇拜教材，将教材当成《圣经》。但从另一个角度，我们看到教师对新教材的调适倾向于用老教材的路子讲新教材，这实际上反映了教师对新教材的怀疑和不信任。教师虽然认可了新课程让学生活动和探究这个理念，但其不能容忍基础知识比重的减少。在他们的心中，数学就是要通过大量的习题来巩固。这种调适的倾向，使学生既要在课堂上活动、探究，课下又要做大量的习题。既要学习新教材，又要学习老教材。有的教师因为时间紧张，就索性不让学生活动。这样，教学必然又回到从前的老路上去。可见，教师的这种调适行为会导致两种结果：一种是学生负担过重；一种是教学改革失败，"穿新鞋走老路"，"新瓶装旧酒"。

（二）课堂教学生活

1. 教学目标定位

教师在课堂上看重什么，即教师教学目标的定位，是教师在改革中始终要回答的一个关键的问题。新课程改革强调改变课程内容"难、繁、偏、旧"和过于注重书本知识的现状，加强课程内容与学生生活以及现代社会和科技发展的联系，关注学生的学习兴趣和经验，精选终身学习必备的基础知识和技能。改变课程实施过于强调接受学习、死记硬背和机械训练的现状，倡导学生主动参与、乐于探究和勤于动手，培养学生收集和处理信息的能力、获取新知识的能力、分析和解决问题的能力以及交流与合作的能力。也就是说通过结构均衡、综合和富有选择性的课程安排，立足于学校，使学生能够发展成为好思考、有创造能力的人才。那么，教师能否根据这个目标在教学上作出一定的调整和配合，是衡量课程改革成败的关键。

(1)"基础知识一定要扎实"

扎实的基础知识是很多教师，无论是语、数、外教师，还是一些所谓的小科教师课堂教学追求的首要目标，是教学中最重要的、不可动摇的信念。一切影响学生基础知识的改革，都与他们的教学价值观相冲突，他们从骨子里都不愿意接受，不能够接受，必然出现抵制的情绪。

宋：孩子首先要上大学。他不能为了能力而能力呀。他首先为了知识，为今后的工作和就业打算，能力那是之后解决的问题。你就说现在哪种教育方式能够保证这个孩子将来发展的能力就强呢？没有，没有人能够肯定。任何一种教学方式它必须到实践中来，实践最终的结果是啥呀？它还必须有一个知识的问题。你考试分数高，你没有能力，清华大学也愿意要；你分数不高，再有能力，也没有人愿意要。咱们说这个能力是什么？你最终还是要落到学习上，学习、分数上不去，成绩上不去，那么这个孩子的能力就很难谈了。你没有一定的文化课基础，你想把工作做好，也是不可能的。

孙：学生的能力有时候在短时间是显现不出来的，有的时候是学生毕业之后才逐渐地显现出来。但是眼前还是要分的，这是眼前利益。

我：那你现在教学的时候，除了知识点上的目标外，还会考虑比如说过程、方法、态度、价值观之类的目标吗？

于：也会考虑一下，但是主要还是知识点上的。其他的考试也没法衡量，所以就把重点放在知识点上。

为什么教师把自己的教学目标定位于"基础知识要扎实"，这里面其实反映了几个方面的问题。首先是教师如何看待学校教育的价值问题。学校是一个什么样的地方？在教师的心里，学校最首要的是学生能够步入大学殿堂的一个阶梯，"孩子首先要上大学"。因此，学校追求的首要目标是让学生能考高分，"能力那是之后的事情"。教育在今天的中国不仅是促进人发展的工具，更重要的还是改变人的社会地位的一种途径。其次，教师如何看待知识、能力以及二者的关系。教师认为，一定的知识是形成能力的基础，能力最终也必然落实到知识点上。再次，教师如何处理学生发展和自己的眼前利益的关系。教师是功利的，从人性的角度考虑，教师有关注个人幸福的权力。学生的分数是衡量自己工作成败的重要甚至是唯一的标准，而学生的能力发展是长期的，眼前是显现不出来的。在眼前利益与长远利益之间，在自我利益与他者利益之间，教师还是选择眼前的自我利益。最后是教师对新课程的信心问题。如果教师能够坚信新课程对学生能力发展一定是有价值的，那么其在行为上也许会有调整。但是，目前新课程还没有在实践中得到检验，教师文化固有的保守性使他们不愿意去冒险。

　　注重学生基础知识的学习，这一点无可厚非。新课程并不是不要基础知识，但是不能为了基础知识，而扭曲了教育的本真面貌。事实上教师也不反对教学中要发展学生的能力。从这一点上说，所有人对教育都怀有同样的期望，期望教育能够真正的"为学生好"。但是教学过程永远存在一个矛盾，即在有限的教学时间内实现学生知识与技能，过程与方法，情感、态度与价值观的发展，这是一个多重的目标。现实的情况是，教师选择了"扎实"基础知识，因为这是考试能考的，会影响学生的分数和前途。这种选择有可能带来两个问题：一是在有限的教学时间内无法实现全部的目标，因此，要延长时间，从而带来学生学习负担过重；另一个是在有限的时间内只能充分地实现基础知识目标，只能放弃其他的目标。可见，真的像有些学者所说的，"从教师的课堂教学价值观取向上看，已经把'培养人'的任务放在了第二位，而首先想到的是如何应付考试，如何和别人的步调保持一致，如何保持课堂的纪律，如何让学生掌握书本上的知识。而唯独没有想到的是学习的内容和过程对学生终生发展的影响。"

　　在 L 中学，看到很多这样的场景：为了巩固学生的基础知识，学生要做很多卷子；为了巩固基础知识，学生要被罚写 50 遍。

我：你们是每学完一个单元都做这个题吗？

宋：对。

我：做这个题主要目的是什么？

宋：主要是巩固知识。有一些基础的知识，学生必须掌握。现在由于是开卷考试，学生也不背，就等着到书上去抄。但是有一些基础知识他不知道，比如说法条，考试的时候他都不知道到哪里去找。我们做这个调研题，主要就是巩固学生的法律知识。做了这个题，一遍一遍地做，学生自然就掌握了。

李：我们生物课每周都要做一套卷子。

我：做卷子的主要收获是什么？

李：还是知识点上的。讲过了如果不做卷子他也记不住，巩固一下。

（2）学科目标

除了基础知识要"扎实"外，教师侧重的是自己学科的课程目标。例如，数学老师比较重视学生数学思维能力的训练，让学生学会举一反三。

张：数学题你怎么讲？数学讲题要求你要讲明方法，要由浅入深、循序渐进。做题的过程中学生有疑问是很正常的事，重要的是老师要能给引导过去，你要引导不过去，那就是做老师的失败。从数学这块来说，现在新课程绝对不崇尚满堂灌，不强调你讲多少多少东西。你讲得再多，学生不理解，你也白讲。所以现在提倡的一个教学方法和教学模式是什么呢？就是你不能只给学生讲一道题，你要做到讲一道题，能够拓展出一类题。变式，变换形式，这样学生的收获才大。

2. 教学实施的过程

（1）教学的转变："起起落落的故事"

故事的主人公是二年级小班的班主任，学校里许多老师都很佩服她。

"二年级的××老师吧，我挺佩服她的。她可真是实行新的课程理念，无论是班主任啊，还是语文教学，就感觉她特别热爱工作，热爱学生。你看她每天特别高兴，很乐观。她班的学生也是，感觉她在语文教学上投入了很多的精力，而且感觉她特别乐于投入。这和其他的老师迫于本职工作、迫于压力呀就不一样。我第一次见她的时候就这种感觉。"

　　而就是这样一位老师，也曾经经历了"起起落落"，用她自己的话说，"也不一直是这样春风得意。"

　　"我是一个不太受传统教学方式束缚的教师。从任教以来，就一直致力于追求能真正调动学生的积极性。而这一点，却让我付出了沉重的代价。我是 1996 年调到这里来的。当时学校对外招聘教师，听了我的试讲之后，就决定把我留下来。我很高兴，由一所县城中学调入到市里，这让我感觉自己终于找到一个施展的空间。刚来的时候，我教的是中等班。由于我的教学方式和一般的老师都不太一样，他们上课就是老师讲，学生听，下课反复地练习。因此，同事们都不理解我，也都孤立我，领导也不太认可我。当时的心情，就想起历史上很多文人、诗人得不到重用的失落。唉！真是太难受了，当时想死的心情都有了。一直到新课程改革，大家忽然发现，新课程倡导的教学方式，和我从前的教学如出一辙，才逐渐地开始认可我，我也开始得到重用，担任学校语文备课组组长，当了小班的班主任。可以说，我的经历也是很复杂的，也不是一直都是这样春风得意的。"

　　一个人如果明显背离其所生活于之中的文化时，他的生存就将陷于困境。新课程改革之前，李老师的教学方式明显不同于这里的老师，因此她被大家视为"异类"，也造成了她"想死的心情都有了"的境地。在这种文化的束缚之下，李老师度过了难熬的几年，直到新课程改革，让她"春风得意"。尽管这只是一位老师事业发展的一个简短的历程，但从中可以透视这里的教师在教学观念上的转变过程。从对李老师的孤立和排斥，到认可与接受，实际上表明了教师对一种新的教学文化的接受和认同。这种认同成为文化变革的一个必要的前提条件。

　　实际上，透过实践中的课程，可以发现，在课堂教学中，大部分教师在教学实践中奉行的价值观与他们抽象地谈论的教学价值观还有很大的差距。就像学校的校长对教师目前教学的评价："总体的感觉是教师放不开，教育观念还要转变，教师总担心自己讲少了，老师的地位无法得到体现。老师认为自己是导演，是大演员，整个舞台都被自己占据了。按照新课程的理念，教师现在应该退居二线，引导和帮助学生，教师现在还不太适应。这说明老的教育观念和做法根深蒂固。"很多教师的教学行为还停留在"传递知识"上，其中有一些教师虽然已经关注到学生的技能、技巧，甚至能力和智力的发展，但大多数仅为点缀，是课堂教学的一个小花絮。"点缀"与"花絮"也意味着希望，教师在教学精神上已经意识到自己以往的教学与新课程之间的矛盾和冲突，它从某种程度上表明教师对新课程某些理念的认可。如果说观念可以划分为三个层次：认知上的、情感上的和行为上的，那么可以说教师在认知上已经开始发生变化。因此，在这一部分，我将展现教师在课堂教学中设计的一些小"点缀"。这是他们对新课程的一个大胆的尝试，是在现有的考试制度束缚下迈出的可贵的一步。

（2）教学的"花絮"与"点缀"

①重现代信息技术媒体的使用

这个转变，实际上是多方面因素导致的结果。首先，学校的物质文化条件提供了一定的便利。其次，校长的现代教学理念。"利用现代信息技术，能够带来学习的革命。日本、美国的教学，无不是利用先进的技术手段。因此，我们非常重视信息技术与学科教学的整合。教师在这方面也进行了一些探索。"因此，校长非常重视教师对现代信息技术的使用。2003年和2004年，学校的教学开放日主题都与现代信息技术、网络媒体有关："网络信息在研究性学习中的应用研究"、"基于网络环境下创建新课型教学开放日"。从学校角度看，是否使用多媒体技术也是衡量教师教学效果的一个重要标准。再次，教师具备使用现代信息技术的条件和素质。

②重教学情境的创设

很多教师都意识到通过情境的创设能够引起学生学习的兴趣，能提高教学的效果。

下面是学习"全等三角形的识别"一课时姜教师创设的情境。

"同学们，今天先请大家帮个忙，老师不小心把一块三角形的玻璃片打碎了一角（出示打碎的玻璃片，见图形），要到玻璃店去配一块完全一样的玻璃片，老师应该带着哪一块去呢？老师带着第二块去玻璃店，带去的是三角形的哪几个元素呢？那么知道了两个夹角及其夹边分别相等，是否能够判定这两个三角形全等呢？让我们通过实践从理论上来验证。"（让学生通过动手来探索）

"我在讲魏巍的《谁是最可爱的人》时，首先播放故事片《英雄儿女》中的王成'向我开炮'的镜头，让学生在学习课文之前充分感受志愿军舍生忘死的大无畏的英雄气概，然后再去读课文，这样就会与作者所要表现的爱国主义精神产生强烈的共鸣。在结束本课教学之后，我又播放了王芳演唱的《英雄赞歌》，将抗美援朝的爱国情怀移植到学生的心田，从而激发了学生学习本课的极大兴趣。"（李老师）

③"课堂上学生是主体"的认可与实践

"课堂上学生是主体"是对传统教学"教师讲、学生听"的教学模式的最大颠覆。尽管有个别老师对新课程倡导的这一理念认同程度比较低，认为如果课堂教学真的那样去做，学生的成绩都得下降，这一理念的可操作性过低等。但是通过调查发现这里的绝大多数老师都从观念上认可"课堂上学生是主体"的说法。

我：这里的老师一般认为课堂上老师和学生之间的关系应该是怎么样的？

李（语文教师）：哎呀，我们学校领导提倡学生是主体。

我：大家都在提，可是实际上做没做到，老师们认不认可，是个问题。

李：这个我绝对认可。这个吧，没有什么疑问的，我特别认可这一点。如果你讲课的时候你都不能把学生作为一个独立的人来看待的话，你这节课讲得再好也没有用，他根本就不听你的。你要让他感觉他自己是一个人物，这个课堂就是我的，就要看我的。这样学生才能积极地去学习。这一点疑问都没有。所以，在我的课堂上，我对我的学生说："这个课堂就是你们的。老师和你们一样，老师也不会，我们可以共同切磋，你不会问我，我不会可以问你们。"所以课堂上一般要让学生去说，要让他体会到他是课堂的主人。

李（生物教师）：在课堂教学活动中，老师应该处理好与学生的关系。课堂学习活动的主体是学生，所以我在设计教学环节时给学生留有相当大的参与空间，让学生在其中畅所欲言，真正做到师生民主、平等交往和共同发展的新型关系。

在认可"课堂上学生是主体"的同时，教师们在课堂上尝试如何让学生成为课堂学习的主体，他们通过给学生活动的时间和空间，让学生讨论、合作及探究。

我：那你当时就想到要让学生自主探究吗？

孙：对，一般课的时候我都会想，是不是适合探究。看看他们能不能探究出来，最好是他们自己能提出来。但是有的问题他们根本提不出来。如果他提出来那就更好，能够一问一答，课堂气氛也好。也要看他们的探究状态，如果状态不好的话，也很难去探究。

李：上学期我搞了一项活动。我教过那几首诗后，我让学生根据诗的意境，自己想象，选择一两首诗描绘那样一幅图画。有的学生画得相当好，非常好。学生画完后，大家把作品挂在黑板上，大家分享。我当时非常惊讶，学生们太有创造力了，太有想象力了。我就觉得我有时候太限制孩子了，还是没有完全让他们放开手脚。有些事情让学生自己去做，他做得会远远超过你，比你做得要优秀得多，出色得多。我画不出那么有意境的画，但是学生完全可以做到，而且他想得比你想得还要细致，还要周到。我就觉得咱们一定要让学生放开手脚，要让学生体会到我是这节课的主人，但是实际上有的时候有的老师的课堂还不能做到这一点。还是学生围着他转，他设了一个圈套，一个陷阱，学生跳进去。上课的时候，应该是老师顺着学生的思路，学生有疑问的时候，你告诉他。要真正体现学生的主体性，还是有一定的难度的。

秦：在教新目标英语第三册第六单元时，该单元的教学目标是形容词、副词的比较级、最高级的用法，描述人物性格特征。在对比较级和最高级作了简短的说明后，又向学生交待了可以描述人物性格特征的一些词汇。然后，我让学生进行小组讨论，互相交流一下自己父母的性格特征差异。明显能看出学生对这一活动非常感兴趣，所以他们之间交流得非常积极、热烈，没有学生溜号的现象。然后，我又让他们对比自己班级任课教师的性格和外貌特征，学生更高兴了，个个跃跃欲试。课后，我又为他们设计了这样的作业：让他们回家问问父母，或自己认真思考对比，把自己身边的亲属互相进行对比，写成小文章交上来互相交流。通过这项活动，我们就把本单元的重点、难点以及主要内容全部以积极的方式练习到位了。学生的积极性也调动起来了。

"花絮"与"点缀"意味着希望和信心。这样的课堂，给学生枯燥的学习生活带来一种全新的感受。

"我记得在我们现在用的教材里有一篇文章名为"行道树"，老师对这篇文章的讲解方式很不一样。那一天，老师带领我们到学校附近的行道树旁边，之后拿录音机放着优美的歌曲，让我们观察行道树的特点，以及行道树对我们的贡献，我认为这样的方式比对待那些死书硬背强多了，难道不是吗？我认为这种方法不但使我们记忆深刻，并且使我们了解了关于行道树的基本资料。这种方式在我们同学的眼中特别的好，而且个别原来不喜欢语文的同学也有了兴趣。"（学生甲）

"我们的摄影课就是如此改头换面的。老师在课堂上为我们展示各种规格不同、年代不同的相机，介绍它们的历史；拆拆装装，为我们讲解了相机的工作原理。随后，老师为大家准备好了伞灯及各种静物，让我们实践'在不同光线下物体的成像'。同学们都跃跃欲试，上前认真地调对光源，摆正物体最佳的受光状态，左挪挪，右看看，那样子还真像个专业的小摄影师。快门一次次按下，一张张'经典的'摄影作品由此诞生了。像这样关于实践与培养能力的例子还有很多。历史课'丝绸之路'为我们交流网上的资源提供了机会；地理课'世界的语言'这一节，我们也可以'弄'句不同国家的语言；语文课《羚羊木雕》则成了一场激烈的辩论会……各种途径，提高了同学们多方面的能力。既轻松愉快，又有所获。"（学生乙）

当前，这样的"花絮"往往出现在公开课与研讨课上，当"花絮"与"点缀"从"节日性"的行为转化为"日常生活"行为的时候，那就意味着新课程的真正实现。但是，在当前情况下，我们明显能够感觉到教师精神上的裂变和冲突。文化对人的行为的影响的最根本特点就在于其无意识性，是主动、不自觉、自然而然地去做的，成为日常行为的一部分。在当前，教师自然而然的状态是"教师讲、学生听"的他能够控制与驾驭的课堂模式，而教师意识中认为正确的行为方式是给学生自主、合作、探究空间的课堂教学。这种认识上的矛盾和冲突使教师在教学中需要一个强制的、有意识的转变过程，来克服传统行为的惯性。而这一转变，需要一定的技术和方法，需要一定的制度和情感的支持。这也是当前学校文化转变的一个重要策略。

（三）课后的反思

我们对教师的理想的角色形象定位是"反思性实践家"。"'反思性实践家'教师的特征就在于，不是以'科学技术的合理运用'原理去从事实践，而是以实践情境中的省察与反思性思维为基础，同学生、家长、同事合作，解决复杂的问题。"[1] 其职业的核心就在于"省察"与"反思"。这一点，与传统的"技术熟练者"的教师形象是有很大不同的。在"技术熟练者"模式下，当教师掌握了与教职相关的科学知识与技术时，教师追求的是"效率性"和"有效性"，教师工作是以重复性和经验性为其主要特征的。

新课程改革期待学校能够形成研究与反思的文化氛围，教师能够形成研究与反思的生活方式。因为，改革就是改变传统的生活方式，以新的价值体系重新认识原有的工作内容和意义，并形成新的行为方式，从而达到改进的目的。从这个意义上说，改革意味着学习、研究、反思和创新。一套全新的课程方案，在进入实践的过程中存在着无限的可能性和不确定性，在不同的地区、学校，由不同的人实施，会产生不同的结果，出现不同的问题。如何根据实际，创造性地实施乃至改进新课程是

---

① ［日本］佐藤学. 课程与教师. 钟启泉译. 北京：教育科学出版社，2003：260.

每一所学校、每一位老师必须面临的全新课题。因此，实施新课程，需要教师进行理论研究与反思以及实践研究与反思。当学校总体上形成这样一种研究、反思、争论、研讨的文化氛围而不是仅仅停留于个人层面上的时候，那么课程改革将更容易成功。

为了调查教师教学反思的情况，最初我查看了很多教师教案中"教学回顾与反思"一栏，都是空洞的"教学效果较好"和"学生基本掌握"一类的话。我也向一些老师问过"反思日记"之类的，大部分老师都说没有。所以最初我得到的一个结论是"反思型教师——一个遥远的梦"，我认为这里的教师很少反思，他们自己也这样看。

"你说反思日记之类的呀？很少，几乎没有。你要真的还是假的呀？真的没有，假的倒是很多。我现在一个晚上有时候能写好几份材料，都是假的，有什么用啊？你说反思，我们也想反思，但是根本没有时间啊！现在的老师除了每天的教学，还有很多什么继续学习笔记，你看这不又在要吗？你说这东西，咱不能说它没有用，但是在老师们教学都没有时间仔细反思的情况下，搞这些东西真的都是形式，这就是形式的需要，而且上面那些检查的人他们也不看呀。哎呀，反思，真的没有，老师都是疲于奔命。上面对老师有一个要求，老师在没有时间的情况下，也就不去想什么创新了，只要按照要求能做好分内的事情就好了。也就这样一年一年耗磕下来了。"（吴老师）

教师们的教学时间很紧张，更加没有时间去写反思日记之类的东西。但是反思并不仅仅表现在教学回顾和反思日记一类的书面的材料上。通过与教师的日常聊天，可以发现：教师，处于一种职业的自然需要，并不像他们自己所认为的，"一年一年耗磕下来"。对于有些课，教师在头脑中还是有一个反思的过程，或者和同事聊天讨论的过程也就是一个反思的过程。

下面是一位老师在谈到新课程数学课堂教学应该注意培养学生举一反三能力时给我讲的他自己的课堂教学故事。

张：前天我讲了一节课，当时也是临场发挥的，我感觉就很不错。你看，直线上有两个点，能把直线分成几条线段？（给我演示）2＋1条。

如果是四个点呢？（演示）1＋2＋3 条。就这样的一道题，你就可以扩展。扩展也是一种想法，这个是我准备课的时候没有想到的，就是没有想到要扩展到这样的一个模型，但是创设情境这个我想到了。情境教学，就是让你在教学中找到一种情境。比如说学生可以找到生活里的一斤糖 a 元，三斤糖多少元；如果等边三角形的一条边是 a，那么等边三角形的周长是多少。可以说出很多。就是创设情境，找出学生的生活背景。当时我就想起一个生活情境。一条线段上有 n 个点，你看从每个点出发能引三条线段（包括一条重复的）。四个点能引几条？$4 \times 3/2$ 条。

　　我：你怎么让学生发现这个？

　　张：你让学生考虑，他们就会考虑。他们会想，然后要是 n 个点呢？$n \times (n-1)/2$ 条，这不就是总线段的条数吗？这就出来一个总线段的模型。学生再遇到这样的问题就会解了。我出了一道题，说 10 年以后，我们班 50 个人要团聚，大家见面都要握握手，每个人都要和其他 49 个人握一次手，你说全班一共要握多少次手？这时候，有的学生就在想了，他就开始一个人一个人的点。我和你握与你和我握是一回事啊，要除以 2。说总共握多少次手？这样学生就能得出 $50 \times 49/2$ 次。接着说，我们见过面，吃完晚饭，各自回家了，有的上北京大学，有的去上海大学，都走了，就需要坐车。坐车就涉及站点问题。北京——上海，或者长春——沈阳，两地之间总共有 3 个站点，而且距离各不相等。这又涉及票价和车票的问题。这是 5 个站，总共有多少种票价呀？这又是一个线段问题。有一条线段，就有一个票价呗，距离不等，票价不等。哎，这是票价问题。那么有多少种车票呢？哎，这个就不能除以 2 了，你从北京到长春和从长春到北京，这不一样，所以就不能除以 2 了。说到这个问题后，接着说。我们回到各自的岗位了。我们要彼此写一封信。我们要写多少封信呢？这个也不能除以 2 了。就把这一问题建立这样一个模型，通过这样的情境调动学生的积极性。这就是大学学的建模，这不就是建立模型吗？其实这个会了你还可以扩展。说球队比赛，单循环，每两支队之间赛一场，一支要赛几场？也是这样的一个问题。你还可以扩展到数角的问题。有的学生立刻就可以想到用我们学的这个模型。其实这就是一个问题，就运用这个模型。现在的老师上课吧，就是老师缺少这种经验，也缺少这种思想，就本着一道题。我们下去听课，就感觉特别明显。老师就拿出一道题在那里讲。有时候老师一堂课讲完了，你再看看学生，一个字也没听。老师讲课你得调动学生的兴趣和积极性。我感觉这种教育方式不好。现在一到期末考试的时候，各科老师都要讲卷子。很多老师就是一道题一道题的逐一地讲。我要是讲题的话我也绝对不是这样讲。先看，心里大体有数，一堂课就讲一道题。因为啥呢？由这一道题我引申出去，引申一类题。从表面看，学生只学了这一道题，但实际上学生学会了这一类题的解法。否则你把这一张卷子逐一地都讲完了，回头再碰到别的题，学生还是啥也不会。所以很多学生考试的时候，除非考试题和他曾经做过的一模一样他才会，稍微变换一种形式，他就不会了。这是很关键的。

讲述的过程就是张老师对自己课堂教学的反思过程。在访谈中，当问到一学期你认为自己上得比较成功的课和比较失败的课时，每一位访谈老师都能说出很多。可见，教师并不是没有反思，只是对于行政命令下的反思日记反感。但是这种非系统的反思相对于系统的反思来说，很显然对教师的再学习和提高所起的作用要小。

Bell 和 Sigsworth 认为学校存在一种非正式的文化，"当一组人在一起相处一段时间后，就形成一种特有的非正式的文化。因为人们在分享他们的经验时，他们就拥有一些共同的看法。一个家庭是这样，在一所学校也同样是这样。在学校的职员中，由日复一日的工作而形成一种他们特殊的非正式的文化。他们分享有关好学生和不好学生的观点，什么是合理的课堂控制等。"① L 中学的老师，在共同相处的过程中，形成了他们实践新课程的共同的规范：要参加"三级备课"；要按照学校标准的教案格式写教案；教学目标是"基础知识要扎实"以及对教材的调适是"把老教材的内容补充进去"等。

---

① 马云鹏. 课程实施探索：小学数学课程实施的个案研究. 长春：东北师范大学出版社，2002：57.

三、影响教师实践课程的因素

(一) 改革观：进一步完善传统教学

"对于新课程的理解，我个人认为，新课程理念中有我们从未触及的新名词、新名称，这些应该值得我们去特别注意，反复思考，不断研讨，努力贯彻，尽力实施。但其中也有很多内容是我们传统教学中一直强调和贯彻实施的东西，只不过我们在实施的过程中，因为受到了旧观念、旧思想的束缚，没有把这些内容作为重点，注意得不够，或方法、方式不当，所以没有真正地落到实处。"（秦老师）

"我对新课程的理解就是在新课程理念的引导下，把原来我们在做而一直没有做好的、没有做到位的许多地方，落到实处，把原来偏颇的地方归到正位上来，把陈腐的东西彻底抛掉，把新提出、新增加的地方，也就是在深入理解新理念后，将其贯彻到自己的教学中，这就是新课程。能做到这一点，我们就是走入了新课程。关键是我们如何把没做好的地方做好，把没做到位的地方做到位，如何把新理念理解好，贯彻到我们的教学中。这些方面在教学中体现的程度如何，就是我们评价新课程落实好坏的标准。"（宋老师）

"新课程理念中，在谈及学生学习方式的转变时，谈到了现代学习方式的五大特征：主动性、独立性、独特性、体验性和问题性。我们不妨分析一下这五大特征，它们都是我们常挂在嘴边的东西，其中主动性、独立性和问题性一直是我们常提及的问题，就是我们平时所说的培养学生学习的积极性、主动性，培养学生独立思考、自我发现和解决问题的能力。至于其中的体验性，对于理科，尤其是物理、化学、生物等，学生的实验课本身就是一种体验，再寻常不过了。而对于语文课，也是如此。像外语课，我们平时采用的情景教学、模拟对话和小组讨论等，对学生来说都是体验。其中的独特性，也就是我们平时说的要根据学生采

取不同的教学方式，使每一名学生都获得发展。"（孙老师）

　　教师对教育改革有自己的建构方式。从教师的理解来看，新课程并不是全新的，它与传统教学有着直接的关系，或者说新课程就是对原有课程的进一步发展和完善。因此，教师对新课程的实施，倾向于将新课程纳入到旧有的课程体系之中，"把原来我们在做而一直没有做好的、没有做到位的许多地方，落到实处；把原来偏颇的地方归到正位上来；把陈腐的东西彻底抛掉；把新提出、新增加的地方，也就是新理念深入理解后，贯彻到自己的教学中"，在原有的教学框架内来完善新课程的要求。

（二）学科教学价值观的背离

　　"数学就是讲究逻辑思维能力，是一种符号美，是一种符号表达的抽象的过程，由语言的表达发展到数学符号的表达是一种进步，你看'因为……所以……'，这表达的逻辑性多强；而你看现在的新教材，那是什么呀，偏要让你又回到语言的表达，然后到九年级才又学"因为……所以……"。这是一种倒退。"（张老师）

　　我：您平时上习题课怎么上？

　　孙：有时是先把习题布置给学生，上课的时候我和他们一起做。有时候没时间就不能事先布置，上课的时候就直接做了。处理不一样，没时间的时候就直接把答案告诉他们。

　　我：为什么不让学生自己去做？

　　孙：数学与语文学科不同。如果是数学，按照逻辑推理就可以了，而语文不行（所以要老师带着做）。（她所谓的老师带着做，就是让学生把标准答案简要地记在书上。她说，这是帮助学生掌握做习题的方法，帮助他们学会归纳。）

　　教师的学科教学价值观关系每位教师如何认识自己任教学科的具体价值，只有认识上明确了，才可能从教学过程前的设计活动做起，把对教学价值观的认识落实到具体教学行为的策划中，为教学实践的开展提供一个与价值取向相符合的"蓝图"。那么，在这里，教师对数学教学的定位就是"符号美"，用符号来表达事物，因此对新课程"让学生用语言表达"的做法不认同；孙老师认为语文不像数学那样可以通过逻辑推理来解决，因此在习题课的方法上选择"要带着学生做"，让学生把标准答案记在书上，"帮助学生学会归纳"。

（三）教师教学方式、方法的惯性

李：要真正地体现学生的主体性，真正地做到这一点，还是有一定的难度的。

我：你说做不到这一点，是观念的制约，还是……

李：不是观念问题，是方法问题。有的老师不擅长这种方法，只擅长我在上面讲，你在下面听。你学生什么都不要说，你听就可以了。有的老师就这样。为了节省课堂时间，让学生说那不是没完没了了吗？怕你影响正常的课的进程啊，他就赶紧说，说完就完事了。

王：关于转变，肯定有一个观念、内容、模式和方法的问题。观念认识到比较容易。对于内容，有一个熟悉的过程。方法和模式，有的老教师几十年就是这种模式、方法，有一个惯性在里头，哪里那么容易就改变，这需要"洗脑"。

教师的教学行为是多年教育实践的结果，有一定的惯性。从一种行为模式过渡到另外一种行为模式，除了教师观念和心理上的接受外，还有本身技能、技巧的掌握问题。对于改革来讲，最首要的前提条件是技术层次的改变。这些经过短期培训的教师在短时间内还无法在方法上适应新课程。

（四）统一的教学进度

按照学校和学区的规定，同一门学科的教师在教学进度上要基本保持一致，否则会影响整体的考试安排。实际上这种统一的教学进度要求对教师的教学实践也产生了很大的影响。

表 6 - 1　　　　　　　　　初一语文学科教学进度表①

时　间	教学进度
8 月 30 日～9 月 3 日	《新闻两则》（2）；《芦花荡》（2）；《蜡烛》（1）
9 月 6 日～9 月 10 日	……
9 月 13 日～9 月 17 日	……
9 月 20～9 月 24 日	《老王》（2）；《写作》（2）；说"屏"（1）
9 月 27 日～9 月 30 日	《中国石拱桥》（2）；《苏州园林》（2）；《桥之美》（1）
10 月 11 日～10 月 15 日	《故宫博物院》（2）；《写作》（2）；《你的社会所见》（1）
10 月 18 日～10 月 22 日	《大自然的语言》（2）；《奇妙的克隆人》（2）；《生物入侵者》（1）
10 月 25～10 月 29 日	《阿西莫夫短文两篇》（2）；《写作》（2）；《大道之行也》（1）
……	……
12 月 13 日～12 月 31 日	总复习

　　这是初一语文组在开学初制定的一份教学进程安排表。对于学科组的老师来说，这几乎就是本学期的教学进度安排。无论班级的学生基础如何，无论自己的课如何设计，都要遵照这个安排去做。这个安排对教师个性的教学设计无疑是一个束缚。

　　与之相关的一份表格是学区期中考试进度表。为了考试能够取得好成绩，教师必须在期中考试前完成规定的内容。

表 6 - 2　　　　　　　　初一、初二各学科的考试进度②

学　科	考　试　进　度
初一数学	第八章第二节　三角形结束
初二数学	第十七章结束

---

① 摘自初一语文教学计划。
② 摘自学区教师进修学校网页。

初一语文	基础知识（前三个单元，可参考前三套调研题）；文言文阅读（课外）；现代文阅读（课内外结合）
初二语文	第一、二、五单元
初一英语	新目标七年级下 Unit 1～Unit 6
初二英语	统编教材 Unit 15～Unit 20
初二物理	第六章、第七章（前三节）
初一政治	前三课
初二政治	前四课
初一生物	第四章结束
初二生物	第七单元第二章结束
初一地理	第六、七章内容
初二地理	第五、六章内容

　　教学与考试内容的统一安排，对教师的教学是一个时间的限制。为了能在规定的时间内完成教学任务，教师只能牺牲学生的探究和理解过程。

　　孙：如果这样（让学生自由讨论、探究），就无法完成教学任务了。我们也知道那样好，能培养学生的能力，可是有教学任务，时间有限。你想，这些平行班，别人都讲到第几单元了，你还没有讲到，学生到考试的时候就答不上。这些学生可不行，没讲到的课文他就答不上，不是形成分析能力就行的，有时候能力是显现不出来的。这样自己就吃亏。

（五）考试与评价的束缚

　　孙（语文教师）：要成绩呀，也没有办法。一提分数，老师压力都很大，尤其是语文老师。

　　孙（数学教师）：……有的老师只顾"眼前利益"，不顾学生的长远发展，只顾抓分，训练那种死题，学生成绩上得快。我以前就不明白，吃了很多亏。现在是两方面都想，二者兼顾，在二者之间。因为领导看这个呀！中考、区统考、市统考、学校考，这与评奖、评优和结构工资都是挂钩的呀！领导们可是只管你分考得怎么样。"不管黑猫白猫，抓住耗子就是好猫。"只要分数高，他不管你过程怎样。领导也有领导的苦衷，学生分数不好，招生招不来。再说学生花钱择校，就是要分数的。你考得不好，家长也不允许呀。考试毕竟是个指挥棒，它指到哪里，老师就跟着去哪。我们学校是区属学校，不像东北师大附中，自己愿意怎么考就怎么考，我们必须跟着上面的考试走。

李（英语教师）：现在咱们新课程理念不是有一句话吗，叫做"学生终身学习能力的培养"。我觉得这是至关重要的，是工作的第一重点吧，这个才是最重要的，而不是考试得多少分。要让他通过共同的研究、学习来掌握，得教会他这个能力。首先是发现问题，这是第一点。会发现问题、处理问题和解决问题，变成一种能力。但是绝大多数的初中老师在教学中面临着困惑，就是教学中受到考试的制约。谁都是，我也是。无论哪一个单元，都是这样。你像我这节课，"no longer"没有必要讲得那么细，但是为了让学生掌握，你就得反复讲，反复练。为什么呢？因为最后这个东西必须落到考试上。你说怎么评价一位老师？就是考试能评价一位老师。

我：现在英语教材的变化很大，不像我们从前是直接分析课文。现在是让学生先听一段话，然后再根据听力资料分析，最后是课文分析。变化最大的地方就是要求学生在充分听明白听力材料上的文章后，才能够进行下面的学习。而这里的英语教师通常的做法是仅仅让学生听一遍，也不教给学生听力的技巧，就把听力材料发给学生，让学生把听力材料背下来。结果学生整天都在背英语课文。这就违背了课程设计的意图。

于：正常啊！考试也不考学生的听力，它还是要落到笔上的，要落到知识点上的。要考高分，时间有限，老师当然没有办法。这是很有效的方法。

李（语文教师）：考试制度，能不能别把它当成指挥棒来指挥我们？其实我们现在平时的教学，就是为了中考那一天，甚至是为了中考那两个小时而奋斗。语文吧，就两个小时，我们就想方设法提高学生的考试能力和应变能力、应答的技巧，这是平时教学中必须注意的。就像上学期学生一开始的时候不会回答现代文阅读中的问题，我就花了很长时间，告诉学生怎么回答这种类型的问题。这不是告诉孩子怎么对号入座去填空吗？但是你必须得教他，因为中考需要这种考试的技能与技巧呀！

许：非常、非常矛盾。如果没有中考的话，我的、我们的教学会丰富多彩，五花八门。每位老师其实他就是一个资源宝库，一个人的创造性是无穷的，只要你好好开发，然后他可以带领学生进行丰富多彩的文学活动。但是现在不可以。要不你考试怎么办呢？要看成绩的。你说不领学生做大卷子还不行，领着做吧，还没有什么特别大的效果，但是中考还需要。很矛盾。你看这个（拿一份卷子给我看）有的时候真是不愿意做，特别闹心。学生一看也不愿意做。写完之后你说学生能获得什么呢？

面对新课程和传统的考试，教师的情感是矛盾的。一方面是没有考试束缚的理想的教学："着眼于学生的长远发展"，"培养学生发现问题、处理问题和解决问题的能力"，"我的、我们的教学会丰富多彩，五花八门"，"带领学生进行丰富多彩的文学活动"。但教育的现实是无情的，与自己、与学生利益高度相关的考试扭曲了教师教育、教学的理想目标。"考试是指挥棒，它指到哪里，老师就跟着去哪"，在这个指挥棒的引导下，教师的教学变成了服务于考试的工具，教给学生应试的技巧成了教学的首要目标。"考试也不考学生的听力，它还是要落到笔上的，要落到知识点上的。要考高分，时间有限，老师当然没有办法。""其实我们现在平时的教学，就是为了中考那一天，甚至是为了中考那两个小时而奋斗。语文吧，就两个小时，我们就想方设法提高学生的考试能力、应变能力和应答的技巧，这是平时教学中必须注意的。""你说不领学生做大卷子还不行，领着做吧，还没有什么特别大的效果，但是中考还需要。很矛盾。"

（六）教师对学生的假定

教师们在自己的教学实践中会透漏出其关于儿童、关于性别差异或智力发展机制和学业失败原因的深刻观念。在本文的"教师与学生的关系——平等与权威"部分我们分析到，学校教师对学生的一些固有假定和对不同层次学生的差异期许，影响了教师教学行为的设计和选择。

于：也有一些变化。我们也尝试去启发学生，调动学生的自主性，但是学生根本就不行。我教的班也不是好班，学生有时候根本不能跟你配合，就好像听不懂你说什么似的。我教的那个班，学习好的那几个都是女同学，会了她们也不举手说，结果你也不知道她会不会。而愿意发言的都是男生，他们学习还不好，上课净瞎说。学生不好，有时候也没有办法让他们探究，而且学生也不去做。就说语文的综合实践活动，有一个单元是有关战争的，让他们回家查资料，结果学生都不查，还是我讲。现在综合实践活动我们都让学生去做，可是学生基本都不做，查的资料也不带来。而且，像我教的这个班，不是好班，学生基础差，就应该强化基础知识，就必须让他们多练，考试不是还要落在笔上吗？

受到新课程的影响，教师开始尝试启发学生，让学生探究、合作，调动学生的自主性。但是教师认为"学生根本就不行"。为什么学生不行，因为"学生不能跟你配合"。实际上，我们可以发现，这里面教师有一种行为的期待和假设：教学应该是学生配合老师的，教师是主角，学生是配角。在访谈中发现，很多老师都有相似的想法。尤其是公开课和研讨课，他们认为好的教学是教师一定要能控制住课堂和学生。否则，驾驭不了课堂的感觉会让他们感觉很失败。这一点恰恰是与新课程背道而驰的。另外，教师对差班学生的固有假定和要求也影响了教师对新的教学行为的尝试。

（七）学生不适应

一方面学生习惯了教师"给予"的学习方法，另一方面，学习的压力过大。因此，对教师的一些教学设计缺乏主动探索的积极精神，这也是影响教师实践新课程的因素。

孙：让他们（学生）去做吧，难，他们也就是从练习册上找一点来对付。那些有兴趣的还行，那些没有兴趣的，或者被数、理、化压得喘不过来气的，没有精力去挖掘你语文那些东西。这一点和学生的兴趣及其本身承担的学习压力有关系。整天数、理、化、外语，压力太大了。学生总是把希望寄托在别人身上，总是想我不查总会有别人查的，我到时等着听别人的就行了。我不用查，我查不到。

  教师认为新课程实施不到位"不是观念问题，是方法问题"。但是通过实地的观察发现，实际也有观念的问题，或者说这是一个很重要的影响因素。教师认为教学是什么？——是传授知识还是培养人？教学中占主体地位的是谁？——是教师还是学生？教学的价值取向是什么？——是学生的能力培养，学生的终身发展，还是学生当前的考试成绩，抑或是自己得到领导和同事的认可？这些都是比方法更重要的影响因素。

第七章

研 究 结 论

一、这所学校

在前面的几章中，我从学校文化的分析视角，对个案学校从学校的历史、愿景与目标、学校的制度规则、学校的关系规范以及学校教师的课程实践等几个方面，呈现了 L 中学在新课程实施两年来学校的文化状况及其对课程实施的影响。在这一部分，我将以整体的视角归纳出这所学校的文化全景。

（一）教师眼中的学校文化

我通过问卷方式，对学校教师进行了调查。问卷的形式借鉴了香港中文大学教育学院大学与学校伙伴协作中心"优质学校计划·学校发展组"在校本教师工作坊中使用的一个了解学校文化的工具：同工眼中的学校文化——四色蓝图 ["香港中文大学教育学院大学与学校伙伴协作中心"优质学校计划·学校发展组"对这个工具的运用主要是通过一个活动来实行的。活动程序是这样的：1. 活动开始，每位参加工作的同事都会收到四张不同颜色的纸张，分别是绿、黄、蓝和粉红，纸上文字描述四种不同的学校文化和状态。

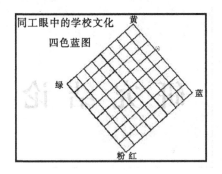

图 7 - 1

2．同事各自在"同工眼中的学校文化——四色蓝图"的工作纸上，用不同的标记点示出学校现时的位置及理想中的学校状态及位置。

3．同事在另一张相似的"同工眼中的学校文化——正在往哪个方向走"工作纸上，首先画一个圆点（现时的位置），再估计在未来数年内，若按目前的途径移动，学校的发展会往哪个方向走。同事以一个箭号表示学校的发展方向，以箭杆的长短表示改变的力量和速度。如图 7 - 2 所示：

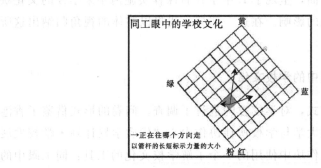

图 7 - 2

4．集合每个人的标点成一整体视觉图像，重叠后可看出同工眼中学校文化的理想与现实。

5．对这个工具作进一步的解释和分析，好让同工对学校文化有一个准确的掌握。整个工具是自 David H. Hargreaves 的"学校效能与改进"发展出来的。四种颜色纸实际上是描述学校文化的两个不同向度，如图

7 - 3 所示:

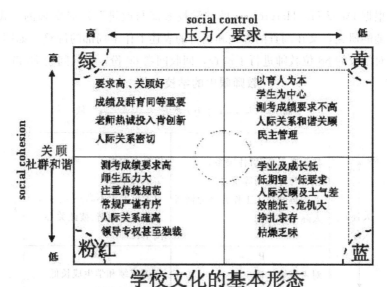

学校文化的基本形态

BASIC MODEL OF SCHOOL CULTURE

图 7 - 3

6. 图表的横轴是学校对社群的压力、控制及要求（Social Control），纵轴是学校对社群的关顾及人际关系（Social Cohesion）。按纵横轴高低不同，分为四个象限:

绿色（左上角 16 格）——要求高、关顾好的学校。对学生成绩的要求和群育成长的关顾同样重视。（香港少数极出色的传统名校）

黄色（右上角 16 格）——低要求、高关顾的学校。对学生成绩的要求不高，奉行人本教育，以学生为中心。（社工型有爱心的弱势学校）

粉红（左下角 16 格）——要求高但关顾差的学校。极度重视学生考试成绩，人际关系疏离，校内竞争性强。（香港大多数以考试为导向竞逐收生的"名校"）

蓝色（右下角 16 格）——低要求且低关顾的学校。学校成绩差，人际关系疏离。（处于困局中濒临瓦解的弱势学校）

7. 四种颜色描述的是最极端的情况，实际上只有少数学校位于最极端的四个角落,大部分学校都处于各个极端中间的某个位置上。]。该工具是根据 David H. Hargreaves 的"学校效能与改进"发展出来的。我根据香港的研究,又在调查的方式和语言的表述上作了局部的调整(如图 7-4)。对学校的 88 位教师进行了调查,回收问卷 80 份,有效问卷 78 份。

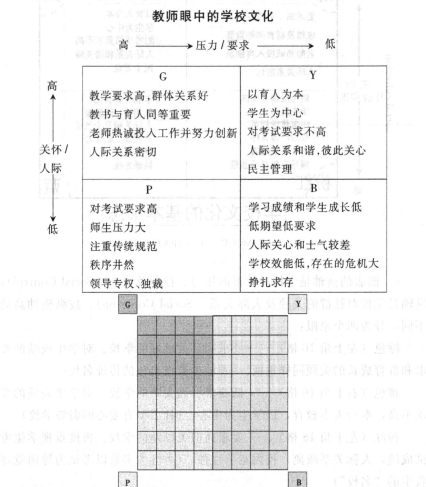

教师眼中的学校文化

高 ——→ 压力 / 要求 ——→ 低

G	Y
教学要求高,群体关系好	以育人为本
教书与育人同等重要	学生为中心
老师热诚投入工作并努力创新	对考试要求不高
人际关系密切	人际关系和谐,彼此关心
	民主管理

P	B
对考试要求高	学习成绩和学生成长低
师生压力大	低期望低要求
注重传统规范	人际关心和士气较差
秩序井然	学校效能低,存在的危机大
领导专权、独裁	挣扎求存

关怀 / 人际（纵轴：高 ↑ 低 ↓）

1. 请您用"╳"标出我们学校现在所处的位置。
2. 请您用"▲"标出理想中的学校状态及位置。
3. 请您用箭头标出学校未来发展的走向,并用箭头的长短表示变化的力量和速度。

图 7-4　教师眼中的学校文化

我将78位教师所填的"学校现在所处的位置"、"理想中的学校状态及位置"以及"学校未来发展的走向"、"学校发展的速度和力量"四个测试因素的符号标在上图中。在这里，箭头的长短没有看出明显的趋向，因此不作箭头长短所代表的学校发展的力量和速度的统计与分析。

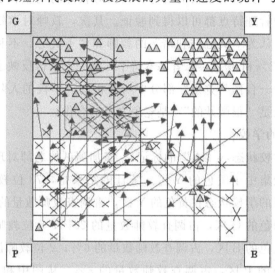

图 7 - 5

1. 现在的学校

学校现在所处的位置（"×"的标记）。参加测试的老师标记的"学校现在所处的位置"相对集中于绿色的 G 区与粉色的 P 区。根据横、纵坐标所代表的压力与人际关系状况看，这两个区域的共同特点是对教师的压力和要求高，差别主要在于人际关系状况不同。统计的结果是，在78份有效问卷中，33位教师认为学校现在的位置处在粉色的 P 区，占调查教师数量的42%；31位教师认为学校现在所处的位置是绿色的 G 区，占调查教师数量的40%；12位教师认为学校现在所处的位置是蓝色的 B 区，占调查教师数量的15%；2位教师认为学校现在所处的位置为黄色的 Y 区，占调查教师数量的3%。通过以上数据可以看到，教师对学校文化的定位和特点有比较相近的看法，表明大家在共同工作的过程中，行为方式比较接近，也形成了彼此比较认同的学校文化形态。同时，对这所学校文化所呈现的特点也可以看出比较明显的表征。根据这个图表横轴和纵轴所代表的"压力与要求"、"关心与人际"两个维度，教师都认为，首先，学校是属于"高压力、高要求"的，对教学、考试的要求都高，教师感觉压力很大，被调查的82%的教师都认为是这样。这一点通过前面几章中分析的学校的目标、校长对教师的期望、学校的制度规则以及学校的管理特点都可以得到验证。其次，教师对学校人际关系的看法不一致，认为"关心与和谐"的教师和"不关心、不和谐"的教师比例分别为42%和40%，二者基本持平，这一点恰恰反映了我在"教师与教师之间——合作与竞争"部分中所分析的，学校的人际关系用教师的话说实际上是"很微妙的"，是竞争之下的合作。

2. 理想的学校

理想的学校状态（"▲"的标记）。参加测试的老师对理想的学校状态的标记比较集中于黄色的Y区。统计的结果是，78位教师中，48位教师认为理想的学校状态在黄色的Y区，占调查教师数量的62%；23位教师选择在绿色的G区，占调查教师数量的29%；5位教师认为理想的学校状态在蓝色的B区，占调查教师数量的6%；2位教师认为学校的理想状态在粉色的P区，占调查教师数量的3%。从图中和所得数据看，教师对学校未来发展的理想状况的期望基本是一致的，都希望学校能够发展成为压力与要求变小、人际关系和谐、以育人为本、以学生为中心、对考试要求不高和民主管理的学校。这是教师对学校发展的共同期望。期望往往是对现实中无法实现的事情的一种渴望。正因为现实的学校处在高压力与高要求的状态下，所以教师希望压力能够变小。这个数据从反面说明了学校目前学校文化的不理想状态，这一点同时也验证了前面教师对学校现实所处位置的定位。

3. 学校的发展方向

学校的发展方向（箭头的标记）。图7-5显示，教师所标的学校未来发展走向的箭头，在78位教师中，去掉没有做标记的老师，在有效的64份教师问卷中，箭头指向黄色Y区的有23位，占教师数量的36%；指向绿色G区的有20位，占教师数量的31%；指向粉色P区的有12位，占教师数量的19%；指向蓝色B区的有9位，占教师数量的14%。

从图中箭头所呈现的状态和数据的统计结果看，教师对于学校未来发展的走向基本集中在黄色 Y 区和绿色 G 区，二者基本持平。这表明大多数教师认为，学校基本是向着积极、健康的方向发展的。但也有 33% 的教师认为学校发展的方向是消极的。

（二）我眼中的学校文化

从学校文化本身的性质和功能看，其有正功能与负功能的差别。从正面的角度看，每一个组织内部的文化形式都有助于提高组织的效率，增强员工行为的一致性，减少行为的模糊性。但是，学校文化也存在着某些负功能，其中最突出的是对组织变革的障碍。文化具有一定的滞后性，虽然文化在形成时期对组织发展有促进作用的因素，但是文化具有了稳定模式之后便可能成为一种阻碍发展的因素。也就是说，当组织的共同价值观与进一步提高组织效率的要求不适应的时候，组织文化就成了束缚的因素，尤其是当组织环境处于急剧变动的时期，那些根深蒂固的组织文化可能就不合时宜了。它很可能束缚组织的手脚，使组织难以应付变幻莫测的环境。基于学校文化功能的这一特点，我从课程变革的角度，按照消极与积极两个维度来分析我眼中的个案学校文化。

1. 阻碍课程改革的消极的文化特征

（1）升学主义主宰的考试文化

新课程改革虽然在不断地强调学生的全面发展，关注学生创新思维的培养以及批判与反省能力的提高。然而，在 L 中学，我们看到更多的是升学主义主宰的考试文化。课程改革的最终目标要回归到学生的考试分数上；学校发展的目标是在学区考试中"争第一，保第二"；学生奋斗的目标是在考试中取得更好的成绩；家长对学校的期望是中考率成为市乃至省的一流；教师在教学中关注的是学生的考试成绩，对他们寄予厚望，愿意付出额外的时间和精力，监督学生的学习，帮助学生操练"应试"的技巧；学校对教师奖惩的条件是以学生在考试中取得的各种"率"为最重要的砝码；教师为了学生能在考试中取得好成绩，宁愿放弃自己认为正确的教学方式；教师担心同事在考试和升学率上超过自己，工作上常常是"披着、藏着","就自己整自己的"。在实地调研的一年时间里，无论教师说得有多么符合新课程理念，学校的公开课做得有多么精彩，你都能感觉到"繁华"背后隐藏着"一只看不见的手"：升学率对教师行为的控制。教师就像一只风筝，尽管校长赋予了教师课程改革的权力，承诺对教师全力支持，但是升学率是一条控制线，教师有划定的"自由度"，那就是一定要在保证高升学率的范围内实践新课程。

（2）优胜劣汰的竞争文化

以竞争机制带动教师的责任感，促进教师的发展，这是学校管理上的导向。"校长经常在大会上提要打破教师的铁饭碗，给教师一种紧迫感。铁饭碗养了很多人，现在就是要打破它，引进竞争机制。"落实竞争机制的一个根本的措施是教师竞聘制和教师评价制度。学校编制的限制，使这里的教师竞聘制是从根本上落实的。"区里给我们学校的编制是110人左右，而我们学校现在接近150人。那就说明有30～40人要下岗了。"学校通过每年一度的教师竞聘大会，淘汰失败的教师。这种竞争给教师心理带来了巨大的压力。另外，对教师的奖惩制度，也强化了教师之间的竞争。

L中学整体的文化氛围是强调竞争的，不仅教师管理制度和教师行事方式以竞争为主，学生之间在学业成绩上也是以竞争为主的。通过学生周记和学生访谈发现，自己考试成绩的多少和在班级的名次，已经成为决定学生喜怒哀乐的一个重要原因。另外，在学校发展上，校长和教师都乐于强调学区之间不同学校的比较。

（3）注重权力等级的权威文化

校长试图通过人文性的管理来提高学校管理的效率。但是，从学校领导和领导之间的关系以及教师对待领导的方式看，这里的人还很注重角色地位所带来的权威。例如，学校科研室主任对校长专制的工作风格的抱怨："校长一点也不讲工作的艺术，全靠命令式的"；"在这里，你哪有说话的权力，你就照着做就行了"。教学副校长对校长管理措施的不满："我们校长只是口头上重视科研，那是做给别人看"。这些都是私下里的故事。

学校里尽管有很多教师佩服校长个人的能力，但在彼此的关系上还是严格地遵守管理者与下属的等级。教师在很多事情上都是不和校长说的。这一方面是因为"不想说",另外也有其他的原因:"不能和领导说","人家是校长,不敢说"。

(4)高压力与高期望的危机文化

在前面"教师眼中的学校"调查中,我们发现,在调查的 78 位教师中,认为学校目前的文化状况是"高压力、高要求"的比例高达 82%。这个结论与我的观察是一致的。在这里,经常听到老师抱怨工作的压力太大。"压力很多,来自于各个方面的,领导、家长、学生,让你无法应对。"

高压力的管理方式与校长的管理理念有直接的关系。校长希望通过给教师施压,增强教师的紧迫感。施压的一个重要方式是强调学校发展的危机和教师自身发展的危机。

"现在的生源越来越紧张。而且将来发展的趋势是初中生越来越少。因此,学校如果想有勃勃生机的话,必须改制。实践证明,也有很多成功的例子。只是风险比较大,要求教师的责任感和荣辱感也要特别强。这样老师就不能像公立学校的那样,可以懒惰,好坏也不在乎。"(教学副校长)

"现在大家知道,教师的素质是相当关键的,没有一位好老师,你的业务不精,你的师德不高,你的管理不强,你的学生就不能全面发展。现在正是招生阶段,家长都说了,哪位老师怎么好,哪位老师怎么不好。现在教育面临着生源大战,大家都想选好学生,那么好学生选什么?好学生选择好老师。你没有好教师,人家就不到你学校来。你要是不好,人家到你的学校来,到你的班级,听你讲课,他也感到后悔,感到不满意。我们老师一定要提高综合素质。"(校长)

校长是一位有危机意识的管理者,面对激烈的生源竞争,考虑学校未来的发展,他希望能通过高压力和危机意识促进教师的发展。但结果却没有预想的那么理想,这种管理的方式带来了教师对学校的不满和工作的疲惫。"在这里工作的最大感受,说实话,我还是感觉累,特别累","我希望老师的压力不要太大,学生更好"。

(5)层次分明的差别文化

学校的班级是按照分层次原则来划分的,即把同一个年级的学生按照学习成绩分成 A、B、C 三个不同的层次，外加上一个"特区"——小班。这种划分的方式相应地带来了学校管理上的一个特点：层次性的差别文化。

首先是教师分配的层次。一个默认的潜规则是教 A 班的教师都是好教师。相应地，对教师的奖惩也是有层次的：教不同层次班级的教师在奖金的额度和等次上都有不同的对待。其次是对待学生的差别。学校和教师会按照学生的不同层次，分别给予不同的对待方式。初三学生按照成绩，前 70 名有资格住校，参加每天晚上的自习辅导答疑。初三学生自习辅导答疑是按照成绩排座位的，如果哪名学生想换一下座位，那是绝对不可能的。对学生作业要求也有不同。学校给每个年级的老师都下达了考试的优秀率、及格率指标，所以老师们会根据学生的成绩，在自己的班级确定几个指标，落实到人头，然后有重点地批阅自己确定的"重点对象"的作业，课堂上有重点地提问。

（6）遵守传统秩序的保守文化

这是一所注重传统规范的学校。中国传统文化的很多思想在管理者和教师的身上体现出来，从学校的领导权威、教师权威、教师行事的方式到教师的教学观、师生观都有中国儒家文化以及中国教育传统的印记。例如，中国传统文化"中庸"的思维倾向，主要体现在教师个体对教师群体的依附心理方面。在大一统的文化熏陶下，个体的矜持内敛、谦虚谨慎成为优良的品德，这种思维倾向导致教师对改革的态度是，"枪打出头鸟，我可不出那个风头。改好了还行，改不好糟了。还不如不改呢"。"年轻人就要谦虚一点。我们集体备课的时候，只有非常少的老师才会说一些教学方法什么的，我们以前都是跟着老教师学习的。中国人就是这样一种思想，你是新教师，你刚刚毕业，你没有说话的资格，你一定要谦虚地向老教师学习，而且不要轻易地说你自己的想法。"

又如，中国传统文化的权力等级思想。儒家文化是强调君臣等级的，这一思想体现于国家、社会的各个方面。迁移到教育领域中，就成为管理者对教师的权威、教师对学生的权威。在 L 中学是非常重视权力等级的。"我赞成要尊重学生，但是一定要有层次问题。我是老师，你是学生。这就像在家里，父子、母子关系一样，师生不能同等看待"，"人家是校长，说了算，我们这些老师就管好自己那一亩三分地就行"。

传统的学习观："老要张狂少要稳，早就概括好了。你说学生内在的东西什么都没有，怎么张扬（个性）啊？""学生就是要看着，就要训。你说过去私塾里不都这样吗？""学生的学习就是要靠时间一遍一遍地磨出来。"

2. 促进课程改革的积极的文化特征

任何文化中都蕴涵着积极与消极双重性质的因素。在这所学校中，同样存在很多促进课程改革的积极的文化因素。只是因为消极的学校文化因素占据了主流，使这些积极的文化因素对课程变革的促进功能变得不那么明显。

（1）良好的物质文化

L中学所处的学区为长春市经济发展最好的区。学区教育行政部门经济条件好，能够为学校的发展提供一定的物质支持。另外，学校临近几所大学，家长一般有一定的社会地位，学生的家庭背景好。这种"地利"的优势为学校的发展提供了重要的支持。

（2）具有强烈发展意识的校长

学校管理的取向是强调竞争，强调教师要有危机意识。实际上这里面渗透了校长个人的管理哲学。这是一位有发展意识的校长，从1998年学校处于发展的低谷阶段上任，学校一直在艰难地爬坡，直到2001年带领学校走出低谷。在两个三年规划中，学校借助几项改革举措，形成学校"科研兴校"的局面。无论目前教师对待科研的态度如何，我们能够感受得到校长对科研的重视，校长还善于借助课题形成学校发展的理论基础和行动指南。

这是一位敢于变革的校长。其在任期间，为了促进学校的发展，有过几个大的改革举措。目前，面对激烈的生源竞争，校长意识到，学校要发展就必然形成自己的发展特色。因此，校长试图借助新课程来带动学校的改革。可以说，任何一所学校在发展的过程中，都要面对是否变革的矛盾，需要在维持现状与变革之间进行两难的抉择。因为学校一旦选择变革，就必然会打破内部的习惯和行为，重新分配既得利益与地位，从而引发学校现存状态与外部挑战之间的矛盾与冲突；而如果不进行变革，学校又将失去发展的动力与活力，走向封闭与死寂。因此，维持现状与变革是学校的一个进退两难的境地①。研究表明，从校长的角度看，校长更加倾向于做维持现状、不冒险的人。但是，在 L 中学，六年的时间里，校长能够考虑外部世界的压力与影响，也能照顾学校的传统，表现出较强的发展目的性，能在"由上至下"和"由下至上"的变革之间取得平衡。借助于不断的改革，使学校走向发展的上升阶段。

（3）具有敬业传统的教师

教师是建立有利学校文化的关键人物。在 L 中学，不管是出于学校奖惩的导向，还是教师竞聘制度使然；不管是教师出于自身的职业道德，还是教师对自己职业日常行事规范的认知，这里都形成了教师敬业的传统，形成了学校"认干"的文化特征。无论是校长还是普通教师，无论是新教师还是老教师，都认为本学校区别于其他学校的一个突出的特征就是"这里的老师肯干"，"认干"，"敬业"。这种"认干"已经变成教师自觉的意识和自觉的行为，不用领导强迫要求的自愿、群体行为。所以，在这里，经常能够看到教师早来晚归，看到教师向别的教师要额外的课时，看到教师每天待在办公室里，没有自己休闲的时间。

（4）注重教师专业能力的提升

校长意识到，"好学校要有好教师"，"家长对好教师的需求太迫切了"。因此，学校注重教师专业能力的提升。通过强制性的行政指令，采取多种手段提高教师的教学素质。要求全校教师必须都参加东北师范大学举办的研究生课程班；每个学期末都有校本的教师微机培训，从而提升教师运用现代多媒体技术的能力；每两周有专门的教师业务学习时间，督促教师学习。每个学期举行 2、3 次公开课、研讨课，促进教师教学能

---

① 丹·洛蒂（Dan Lortie）曾经研究美国校长总是试图维持现状的理由。第一，是聘任制与社会化的问题。校长是从不同等级的教师中招聘来的，他们没有多少备选的经验，他们知道人们很少花时间和精力去走出一条新路，他们也知道，他们必须被同事们接受。第二，校长用以奖酬的方式很少，如果学校发生变革，校长往往完全依赖员工对变革的接受性。要说服员工相信变革需要付出"代价"，是很难的事情。第三，校长不断地受到来自上级和周围环境的压力。人们往往有一条不成文的规矩，我们不能做任何可能导致不平衡或潜在不平衡的事情。但实际上，大多数发展过程都会导致"不平衡"。第四，校长的职业前途取决于他是否能够赢得教师、上级和家长等几个方面的认可。一位富有创新精神的校长不得不冒险，这很容易触犯他人，这样做也很容易使校长失去升迁的机会。因此，校长很少冒险，这已经成为一个定律。

力的提高等等。

(5) 鼓励教师合作

这是一所竞争占主导地位的学校。但是学校在强调教师竞争的同时，也通过一些强制性的制度要求，以"人为合作"的方式引导教师合作。[①]例如，学校的集体备课要求："同学科必须集体备课；集体备课每周举行一次，每学期不少于 12 次。由备课组长主持，每次活动要设主讲人，主讲人由组员轮流担任，须在此之前作好准备，组长要做好记录，以待备查。"教师相互听课要求："每位教师每月听同学科五节课，每月被听两节课，鼓励 35 岁以下教师多听课，小科可以听相关学科。"这些人为合作的形式，是教师走向"自然合作"的前提条件。它鼓励教师之间的联系，鼓励教学技能和专长的分享、学习和提高。教师合作文化的形成不一定是自然演进的产物，它可能通过一系列正规的、特定的官僚程序来增加教师相互讨论和学习的机会。例如，强迫的小队教学、为合作计划提供办公室、同伴教练法以及为新教师安排指导教师等，都是一种人为合作的体现[②]。人为合作的重要之处在于体现一种组织导引的价值追求，旨在通过操纵教师工作和生活的环境，培育教师自下而上的解决问题和改善学校的能力。在学校的人为合作引导下，学校里产生了一些教师自然合作的形式。例如，日常的交流、同事互相观课、班主任与其他教师的合作以及学科教师的资源共享等。

---

① 哈格里夫斯（Hargreaves）区分了两种不同的合作——"人为合作"和"自然合作"。所谓"人为合作"是指"以具有一套形式的、具体的官方程序为特征……诸如在特别提供的房间里进行的同事辅导、名师教学、联合计划、对处于咨询角色上的那些人形式上已排定的会议和清楚的工作描述以及训练计划。与此相对的概念"自然的合作"是指教师出于自发和自愿而进行的合作。
  Crimmett 和 Crehan 把人为合作又进一步分为两类：行政强加的（administratively imposed）和组织导引的（organizationally induced）。行政强加的合作是行政部门采取自上而下的方法直接操纵教师的行为和实践。组织导引的合作也是行政部门采取自上而下的方法，但是旨在通过操纵教师工作和生活的环境，培育教师自下而上的解决问题和改善学校的能力。组织导引法反映了行政人员试图以更加自然的方式培育合作文化的良苦用心。参见：全国课程专业委员会秘书处编. 21 世纪中国课程研究与改革. 北京：人民教育出版社，1999：608.

② 全国课程专业委员会秘书处编. 21 世纪中国课程研究与改革. 北京：人民教育出版社，1999：607.

二、学校文化对课程改革的影响

"每一所学校都有自己的情境限制，有成员的价值情感，这些都是比改革方案本身的特点更需要被重视的事情。"[①] 不同的学校文化情境会带来不同的课程实施效果。有的学校充满活力，士气很高，对于任何课程革新，充满好奇，愿意花费时间去了解与尝试。这种学校气氛，和热心的实施者一样，易于采用并实施新课程。相反地，有的学校士气低落，教职员工钩心斗角，互相倾轧，对于教学不感兴趣，也不负责任。这样的学校，即使采用行政命令，规定其实施新课程，恐怕结果至多仍只是表面文章而已。在课程变革的背景下，L 中学的文化因为其保守性和外部生态环境的限制，并没有应外部的冲击而发生根本的变化。这是一所高期望、高压力的学校，在以竞争为主的人际关系下，教师之间的关系很微妙；这里强调领导对教师的权威和距离，强调教师对学生的权威和距离；这里对教师教学的要求很高，对考试的要求很高，教师的压力很大；这里强调管理的层次，好学生与差学生、好班与差班之间有着明显的区别；这里的老师保持着很强的传统文化观念……这就是这所学校的典型的文化特征。让我们再来回忆一下导论部分所呈现的新课程对理想学校文化的期待和诉求：教师之间合作、人际关系和谐；民主、平等；教师乐于研究和学习；学校与外部保持开放。理想与现实之间存在着巨大的反差。那么这种文化上的差异必然会影响新课程在这里的接受和实施。在前面对 L 中学学校文化描述的过程中，实际上已经展现了这所学校课程实施的状况：教师对新课程改革的认同程度较低，新课程的实施还未成为"日常化"和"常规化"的行为。绝大多数教师对新课程的使

[①] L. Stoll. School Culture: *Black hole or fertile garden for school improvement*? *In J. Prosser* (ed). London: Paul Chapman Publishing Ltd., 1999: 41.

用还停留在"机械化使用"的阶段①。学生的学习方式基本没有改变，学生奋斗的目标就在于考试的分数和名次。

综上，在积极的文化要素与消极的文化要素并存的学校文化状态下，消极的文化要素占据了上风，成为控制学校的主流文化。那么，我们就来看一看实然的学校文化对课程改革的推进究竟产生了哪些影响。

（一）学校文化对课程改革的消极影响

1. 历史：对新课程的怀疑

学区和学校既往的改革历史对当前的改革有着重大的影响。同一个改革方案，可能在一个地方成功，而在另一个地方失败，这与地区和学校的改革历史是密切相关的。不同的地区和学校在以往改革中的表现，会在很大程度上影响当前的改革。如果教师在以往的改革中有更多的负面经验，他们就会对当前的改革抱有怀疑的态度。很多人都进行过相关的研究。例如，香港的罗耀珍研究了三所学校在校本课程实施方面由于学校的历史所造成的课程实施程度的差异。我本人在参加新课程高中阶段课程改革前期准备阶段的调查中发现，素质教育作为中国教育改革的一个历史，对当前课程改革有很大的消极影响。很多老师提到："改革会不会像素质教育一样，做表面文章"；"会不会像素质教育一样表面轰轰烈烈，实际上应试教育扎扎实实"；"会不会像素质教育一样虎头蛇尾"……②这么多的"像素质教育……"，可见素质教育这场改革在教师心目中留下了难以抹去的伤疤和对改革的消极认识。

在 L 中学，"历史"是一个双重的概念。其一方面是学校发展的兴衰历史，一方面是中国素质教育这个"大历史"。在本文第三章"背景故事：这所学校"里，L 中学的校长讲述了学校兴衰的历史。从这简短的介绍中，我们可以看出，实际上决定学校兴衰的一个关键的因素是"家

---

① 这里借用了 Hall 的"使用水平"的概念。Hall 认为，改革中人的行为是有不同的水平差异的。他把改革的使用水平分为八个层次：未使用、定向、准备、机械地使用、常规化、精致化、整合和创新。其中前三个层次是属于"非使用者"之列的。

② 摘自高中新课程实施预评估宁夏区调研结果整理。

长认了"，而"家长认了"的背后就是升学率。换句话说，升学率决定了学校的兴衰和成败。这段历史使学校的校长和老师产生了深厚的升学率情结。无论如何发展，如何改革，一定不能影响升学率。另外，这里的人总结出学校历史上形成的一个特点："教师肯钻研，形成了学科发展的优势，主要体现在学科竞赛上。不管你学校发展怎么样，但是在竞赛上看，一直在长春市、学区都不错，学科基础比较厚。"这使教师对于学科基础知识的问题相当重视。而大多数教师认为实施新课程会带来学生对基础知识掌握不牢的后果。因此，其影响了教师对新课程的接受和认同。

素质教育这个"大历史"对教师的影响也是很突出的。对以往改革消极认识的固有心理定势，使教师仍然戴着有色眼镜来看待今天的新课程。"很多改革都是领导在搞政绩。你说一位新领导上任，头三脚总是要踢的，总是要有一些不同的东西拿出来嘛。这就要改革，但都是表面的东西，那是在给自己铺路呢！""中国的教育改革太多了，整天改革，这套教材还没用完、没适应呢，又来新教材。""教育改革万变不离其宗，不管你怎么改，反正升学率一定要上去。而要提高升学率，就是传统的教师讲、学生听、反复练习是最有效的。"对以往改革的这种消极认识，影响了教师对新课程的态度和行为方式。在这所学校里，一部分教师尽管赞成课改，但是很担心其会流于表面；一部分教师担心课程改革会虎头蛇尾，坚持不下去，因此从行为上应付；还有一部分教师担心课程改革会影响升学率，因此在课堂教学模式上不敢去尝试和冒险。历史的积淀形成了文化，文化决定了人们如何对待问题。时间的累积，使这些非正式的东西成为共同的形式和价值。以至于当新课程走进学校的时候，也难以摆脱历史的影响。

2. 难以割舍的"率"情怀：新课程改革目标的背离

无论是学校独特的兴衰历史，还是现实的社会文化价值观，都造成了学校的"升学率情结"。升学率文化的形成是一种历史的积淀。它形成于科举时期的考试文化，在我国有着深厚的历史根基，这是中国历次改革都难以动摇的。由此也造成了"考试型学校"① 的诞生。

在 L 中学，无论是体现管理者思想的学校文本化目标，还是教师、家长和学生追求的目标，无疑都被刻上深深的"分"与"率"的痕迹。管理者把学校的目标分为"大的教育目标"和"小的教育目标"；家长对学校的期望有"高尚型"与"世俗型"之分；教师尽管关注学生的发展，但是作为组织中的人，他们无法放弃分数；学生的全部生活世界里就只有成绩和分数。考试文化标明了学校的价值追求，学校的一切活动都以此为中心，这是一个潜规则，尽管没有明文规定，但是学校里的每一个人都认为这就是一个事实。这一目标的"确定"带来学校教育目标和教师行为的异变，由此也导致了与新课程目标的南辕北辙。

3. 竞争文化：教师发展的保守与孤独

合作与竞争，作为人的社会交往中对称性社会互动的基本形式，是整个社会生活中最为常见的现象。尽管二者在形式上是对立的，但在社会生活中却是相伴相随的，无法用一种二元对立的思维方式来考虑二者孰优孰劣的问题。在学校组织中，也是既有竞争，又有合作。但是，对于处于教育变革情境中的学校来说，在管理的导向上应该是以竞争为主流还是以合作为主流，这是关乎改革成败的一个策略性选择。

在 L 中学，出于教学的需要，很多教师已经意识到教师合作的必要性。"组内教研是十分重要的。有些东西你不懂，你想啊，一个人的思维毕竟是有限的。这一节课怎么讲，你想了很多，看了很多资料，但是就没有人家的一句话来得那么快。往往就是那一句话给你启发，忽然就有了灵感。有时候讲课，一位老师先讲的，他可以把他课堂上出现的问题告诉我们，提出来，这样效果不就更好？那我们也就不能再犯同样的错误。就像学生一样，一名学生的问题，可能另外一名学生就能解答了。教师之间合作，既解决问题，同时效率也高。"学校管理的竞争导向带来

---

① 借用了福柯的概念。在《规训与惩罚》中，福柯指出，考试始终伴随着学校的教学活动，考试不仅标志着一个学期的结束，而且已经成为一个永久的因素，由此学校变成一种不断考试的机构。参见：米歇尔·福柯. 规训与惩罚（第二版）. 刘北成，杨远婴译. 北京：生活·读书·新知三联书店，2003：210.

的教师之间的人际关系是"竞争之下的合作"，即竞争是根本的，在竞争的基础上，存在一些合作的形式。但是，这种合作已经演变为"刻意设计的同事合作"。

竞争带来了教师发展的保守，拒绝和同事分享自己的成功经验。"这里的老师就自己整自己的"；"弄个什么东西都掖着藏着的"；"在竞争的压力之下，你想让自己班级的成绩高于其他班级，那么你有一些精品的东西，非常有经验的知识性的东西，你会有所保留，你不会和别人去说的。说了的话，别人可能就超过你了，怎么办？"

竞争带来教师发展的孤独。在合作和竞争的文化氛围里，教师的工作感受是不同的。一种是"我们是一块的"，另一种是"没什么希望，也就没有什么失望"。这是两种截然不同的感觉。"我们是一块的"感觉，使教师能够怀着快乐的心情投入工作，教师们共同学习，共同分享教学的快乐，共同承担课程改革带来的不确定和课程决策的责任。而在人际关系不好的教研组里，我们看到"吕老师"的孤独，"我就自己闷头干我自己的"，这使其他教师无法分享她成功的经验。同时，她也要独自面对教学里的一切困惑，有一些问题只能是暂时束之高阁。有的老师为了避免出现问题，选择尽量少与同事交流。

竞争使学校某些教师合作制度流于形式。中国文化是注重集体主义的，我国有着传统的教师合作形式，例如教师集体备课、师傅带徒弟等，这些形式对教师的专业发展发挥了重要的作用。但是在以竞争为主流的文化氛围里，这些制度往往流于形式，失去了本真的价值。"（师傅带徒弟）有，也形同虚设，没指导什么，再说有同行之间竞争问题，人家只是形式上的指导你一下而已。"

4. 权威文化：教师对课程参与和决策的疏离

L中学权威文化的表现是注重不同角色的权力等级，校长、教师，甚至包括学生在内，各自在自己的范围内行事，下属对上级的意见不敢质疑。从学校的课程实施过程看，绝大多数情况下都是校领导班子制定出学校的课程方案，教师只要按照预先设计的方案执行就可以了。这种忠实实施观一方面使教师成为学校课程决策的边缘群体，另一方面导致教师对课程参与和决策的疏离，缺乏热情。泽达（A. Zander）曾经分析文化在具体的变迁过程中阻力发生的情境①，其中之一是"如果只是要求受到变迁影响的那些人转变自己的思想和行为，而不能参与变迁计划的制定、对变迁的实质进行讨论以及作为一个团体共同作出决策，也有可能产生对变迁的阻力"。因此，教师的课程决策边缘群体地位，必然影响教师文化的发展和变动。

另外，学校的权威文化导致管理者在课程领导过程中，无法知悉教师真实的情感。改革过程中人们不可避免地会遇到忧虑、担忧、压力，会有不同的关注事物。而学校的权威文化，使教师不敢向管理者表达自己对改革的困惑。正像 L 中学的老师，他们在改革中的很多想法是不能向校长说的，无论是"不想说"、"不敢说"还是"不能说"，都注定了管理者无法了解教师在改革中的真实的情感表现。如果采取的变革不能适当地关注到人的情感和尊重人的人格，就有可能遇到阻力。

在注重权力等级的学校里，管理者一般倾向于通过行政的强制手段来强迫教师进行教育革新。但是，强制权力往往是非常有限的，往往形成教师表面接受、内心抵制的状况。一旦压力停止，教师的教学行为就会回到从前的老路。例如，在 L 中学，尽管学校采取了很多干预的措施，通过各种教师专业培训方式提高教师的专业能力，但是似乎有费力不讨好之嫌。教师把这看成"额外的事情"、"没用的课题"。因此，企望教师形成自主的专业学习和交流就更难。

---

① 泽达曾经分析文化在具体的变迁过程中阻力发生的情境。（1）如果那些将要受到变迁影响的人们并不明确变迁的实质，就会出现对变迁的阻抗，也就是人们并不知道变迁会产生什么样的结果，对他们自身来说有什么益处，不清楚自己应该采取什么样的行为等，就有可能阻止变迁；（2）对于要发生的变革，不同的人对它的认识不同，也会形成变革的阻力，特别是那些认为变革对自己不利的人来说，会尽力阻碍变革的进行；（3）当促进变革的强大推动力与妨碍变迁的强大阻力交互作用时，受到这种作用影响的那些因素会成为变迁的障碍；（4）如果只是要求受到变迁影响的那些人转变自己的思想和行为，而不能参与变迁计划的制定、对变迁的实质进行讨论以及作为一个团体共同作出决策，也有可能产生对变迁的阻力；（5）如果采取的变革不能适当地关注到人的情感和尊重人的人格，就有可能遇到阻力；（6）如果变革忽视了团体内已经确立起来的有关机构，也会遇到阻力。参见：A. Zander. *Resistance to Change：Its Analysis and Prevention*，*in Advanced Management*，Vols. 15～16，January 1950，9～11. in The Planning of Change，544～546.

5. 危机文化：教师对改革的风险趋避

在学校强调高压力、高期望的管理下，教师对工作最突出的感受是"累"。这种文化氛围对改革是十分不利的，其从某种程度上导致教师对改革的抵制。因为任何变革都存在着风险，有成功的可能，也有失败的可能。在学校的高压力下，教师对改革的成败非常敏感和谨慎，在没有看到改革的成效之前，他们不敢轻举妄动。因此，目前教师对改革的态度是倾向于保守的。

"其实有很多老师是很希望改的，也都厌倦了现在的教学。但是都没有那个勇气。本来工作就很忙，没有时间，改革还要冒很大的风险。因为改革总是要探索，刚开始的时候不一定能够见成效，也许会影响成绩。如果对改革的老师能有一个长期的标准还行，比如说三年或者五年的。但是现在是每学期、每学年的都评。谁还敢啊？还不如不改呢！你也说不出来什么。"

从变革本身来说，额外增加的工作负担还不是教师对课程变革抗拒的主要原因，关键是我们需要为教师提供宽松的支持变革的氛围，让教师能够卸下包袱轻装上阵，而不是捆住教师的手脚，让教师上前线战斗。

6. 差别文化：违背改革的道德目标

L 中学对不同层次班级和学生的差别化管理，形成了学校的差别文化：教师对待不同层次的学生，有不同的期望和互动方式。这种行动模式导致的结果是教师的期望效应在学生的学习表现上得到了验证：好的学生更好，差的学生更差，通常情况下是这样。从教育改革来说，有其变革的道德目标，"即对学生的生活产生积极的影响"。这种道德目标如果超越个体，从群体的角度来定义，使它在本质上变得更加宏大，那么，就变成"成绩优异者和成绩较差的学生之间的差距要明显缩小，这样的结果对整个社会所产生的积极影响比大多数人所意识到的要大得多。"①从这一角度说，学校的差别文化违背了改革的道德目标。

---

① ［加拿大］迈克·富兰. 变革的力量. 中央教育科学研究所，加拿大多伦多国际学院译. 北京：教育科学出版社，2000：18.

另外，教不同层次班级的教师对课程改革的态度也不尽相同，教低层次班级的教师普遍对改革缺乏尝试的热情。"就说自主合作的问题吧，的确开发学生的创造性，好班的学生还可以，但是普通班和差班的学生让他们自主是很难的。""有些差班学生的作文，你根本别求他写的有什么优点，只要他能把字给你写对也就很好了。这是很现实的事情。教学的设计和学生本身的素质有相当大的关系。你说学生连字还不会写呢，你怎么拓展呀？""我班的学生（C层次班级），素质不好，上课你让他们讨论，也说不出什么东西，要不就瞎说。"

在这种差别文化下，学校里形成这样一种课程变革的局面：低层次的班级，教师认为学生的素质不好，根本无法实施新课程所倡导的探究、小组合作和讨论等教学方式。久而久之，也不去尝试新的教学方式。高层次的班级，是学校升学率的重要砝码，由于承载了过多的校长、家长和学生的期望，教师如履薄冰，没有勇气大胆地改革。

7. 保守文化：传统规范约束下的课程革新

中国的传统文化养育了中华民族，但其中有一些文化也成为发展的桎梏。社会领域的发展是这样，在教育改革中，也能够感觉到传统的保守文化对改革的影响。例如，中国传统文化的权力等级思想体现在学校的管理者与教师、教师与学生的关系规范中。权力等级思想是影响文化的一个十分重要的因素[①]。这一点在中国的传统文化思维中表现得非常

---

① 霍夫斯泰德（Hofstede，1984）曾经调查了世界各地50个国家的大型跨国公司，他发现文化的差异主要表现在四个主要的维度上。当然这个维度是对不同民族和国家的研究，对于组织文化来说，还有一些不同的地方。但是其中的几个维度对组织文化研究来说是有借鉴作用的。（1）权力距离。是对社会上不平等程度的测量，是通过对权力、威望和财富这些内容进行比较。也是对文化中不平等现象的象征事物的测量。在高权力距离的文化中（高层的人与低层的人之间在等级上存在相当大的权力差距），这种不平等表现在上下级关系上存在的非常明确的等级分界，在这种文化中，下级不敢对上级的决策提出疑问。而低权力距离则相反。（2）不确定性回避。关心的是人们对模糊性和不确定性的忍受程度。在这一维度上得分高的文化，倾向于寻求那些回避不确定性的方法，这一点常与组织中的官僚形式结合在一起，具有validity所有不可测事件的正式规则。对不确定性回避低的文化可以在不确定性的环境中生存，而不需要正式的规则。（3）个人主义和集体主义。是关于社会结构中松散性和紧密性程度的偏好倾向。在"个人主义文化"中，个体之间的联系是松散的，每个人只关心他自己和他最亲近的家庭成员。在"集体主义文化"中，个体被归属于一个更大范围的群体中，这个群体具有保护和关心个体的责任，而个体也对群体负有责任。（4）男性化和女性化。参见：［英］波特·马金，凯瑞·库帕，查尔斯·考克斯. 组织和心理契约：对工作人员的管理. 王新超译. 北京：北京大学出版社，2000.

明显。我国是高权力距离国家。在这种文化中，高层的人与低层的人之间在等级上存在着相当大的权力差距，这种不平等表现在上下级关系中存在的非常明确的等级分界，下级不敢对上级的决策提出疑问。L中学的老师，包括中层领导，在行事中都遵循着严格的等级观念，"人家是校长"的观念使他们对校长的决策很少公开地提出疑问。

另外，中国传统的"中庸"的思维倾向使教师恪守共同的职业规范，形成了从众思想，谁也不为人先。改革意味着对长期例行的教学习惯的革新，对常规教学方式、教学活动的变化，对"统一"的打破与挑战。因此，改革的先行者可能会招致群体对个体的一种疏离与拒斥。在L中学，"起起落落的故事"，即一位教师因为改革而受到同事的排挤的故事就深刻地说明了这一点。"由于我的教学方式和一般的老师都不太一样，他们就是老师讲，学生听，下课反复地练习。因此，同事们都不理解我，也都孤立我，领导也不太认可我。当时的心情，就想起历史上很多文人、诗人得不到重用的失落。唉！真是太难受了，当时想死的心情都有了。一直到新课程改革，大家忽然发现，新课程倡导的教学方式，和我从前的教学如出一辙，才逐渐地开始认可我，我也开始得到重用，担任学校语文备课组组长，当了小班的班主任。"实际上这则故事非常典型地反映了一位大胆改革的老师所受到的群体排斥的孤独心理。这种整体观的群体意识心态与思维方式在一定程度上阻碍了教师课程改革意识的形成。

（二）学校文化对课程改革的积极影响

从L中学决定采用新课程到我离开的一年时间里，学校文化所表现的特质更多的是对课程变革的阻碍。学校文化对课程变革的积极的影响显现的程度比较小，或者，我们可以把它看成这所学校文化的潜功能。当课程实施达到一定程度的时候，这种功能会比较明显地得以彰显。

1. 校长：课程改革的启动者

L中学的校长是一个有发展意识的人。为了形成学校发展的特色和竞争力，他及时地抓住了课程改革这个机会，借自己"南巡"之机把新课程引入学校。"我从南方考察回来之后，感触很深，现在的生源竞争很激烈，学校发展也很难，我感觉学校要生存，就一定要有自己的特色。而这一点，我们正好可以借助课程改革。所以我考察回来后给老师开了一个会，把我的一些想法，包括新课程的一些理念讲给他们听，同时也让他们有紧迫感。"这时是 2002 年 10 月，也就是说，校长把新课程引入学校的时候，长春市还不是实验区。校长是学校课程改革的真正启动者。有学者曾经研究，面对课程改革，学校参与出现了盲目抢搭、不闻不问、犬吠列车的现象。实际上这个现象的背后就是参与动机问题。学校参与课程改革的动机多种多样，如实事求是型（真的想把课程改革做好）、争取经费型、赢得好名声型、借力使力型（凭自己的力量，很难撼动目前的状态，因此从外部寻找力量）和转移焦点型[①]。L 中学的领导，把学校发展的目标定位为"和谐"与"特色"，为了实现这个目标，试图借助课程改革的力量来改变学校目前的现状，是典型的"借力使力型"。从另一角度看，校长的发展意识带来了学校对课程改革的需要。对于外部改革来说，能够内化为学校的需要，这是影响课程实施的重要条件。

2. 敬业：对改革的投入

这是 L 中学文化的一个潜功能。新课程带来了教师教学范式的转变，带来了教师生活方式的转变，有很多从前没有接触过的崭新的东西要处理，这势必造成教师工作量的增加，教师感觉负担沉重。绝大多数教师反映课程改革带来了工作量的增加，工作压力、精神压力过大，时间紧张，没有自己的时间和空间来研究教学、科研，这是全国义务教育课程评估前三次调查中发现的一个共同的结论。已经有很多教师在呼吁要关注教师的身心健康。"新课改的实施，教师的负担、压力明显增强，上级领导和社会对教师的期望过高，导致教师身心健康不佳"；"教师时间紧，工作量大，没有时间静下心来钻研教材及反思"；"课程改革非常好，但教师尤其是中学教师压力太大，生存在疲于奔命的状态中，创造力受到极大的遏制"……在认可课程改革的前提下，只有具有敬业精神的教师，才会不计较个人的劳累，全身心地投入到课改中。

---

① 庄明贞主编. 课程改革：反省与前瞻. 北京：高等教育出版社，2003：11～13.

3. 教师专业发展：改革的赋能

改革中，如果说有某一种单一的因素能够影响课程改革，那就是教师。理想的课程方案，要经由教师的理解和实践，才能走入课堂。教师是课程改革成功与否的一个十分关键的因素。教师个人的知识、能力、观念、行为方式以及教师集体的因素都不同程度地影响着课程的实施程度，左右着课程改革的进程，是一个贯穿改革全过程的问题。加拿大教育家迈克·富兰的研究结果表明，教师在课程实施时所接受的训练和其后的实施程度有关：训练越充分的，课程实施程度也越高[①]。L 中学注重教师专业能力的发展，通过各种手段，甚至包括强制性的措施，提高教师的专业能力。为教师参与课程改革赋能，同时也带来了新课程的某些转变。例如，课堂教学的一大变化——"多媒体技术的使用"，即是学校不断培训的结果。

4. 教师合作：互动的专业主义

对于改革来说，合作的关系才能真正促进变革。因为变革是学习新鲜的事物，新的意义、新的行为、新的技巧和新的信念在很大程度上依赖教师是作为孤独的个体工作还是相互交换理念、互相支持和对工作充满乐观。如果人们相互团结，就会很乐意地接受变革。但是如果教师的派别很强，就会导致改革偏离目标、延迟改革或者使改革过程停止。尤其是对于教师的专业发展，教师合作有利于教师持续的专业发展。合作的教师文化能够减轻教师的专业孤独，允许教师分享成功的实践和为他们提供支持。合作能够提高教师的道德感、热情和成效感，使教师乐于接受新观点。[②] 教师的专业化不是"孤立自主的专业化"，而是"互动的专业主义"。[③] 在一个互动的职业团体里教师会成为一个持续的学习者。

---

① Fullan, M. G. (with Stiegelbauer), *The New Meaning of educational Change* (2rd ed). New York: Teachers College Press, 1991.

② http://www. sedl. org/change/school/culture. html

③ 富兰批判孤立自主的专业化，他认为教师和其他在小群体中工作的人在计划和检验新观念、尝试解决不同的问题以及评价绩效等过程中不断互动。在这个意义上给予并接受建议和帮助是很自然的事，这是互动的。教师在一个互动的职业团体里会成为一个持续的学习者。*Michael Fullan. The New Meaning of Educational Change* (3rd ed), New York and London, Teachers College Press, 2001: 127~128.

尤其是面临变革的情境，教师会有众多的"不确定感"和焦虑感，这些往往需要教师们共同讨论才能得以解决。也就是说，教师需要参加技巧训练的工作坊，他们也需要有一对一的和集体的机会去接受并给予帮助，更简单地说就是去交流有关变革意义的看法。在这些条件下，教师学习怎样使用革新，以及在获得更多信息的基础上判断他渴望得到的东西；教师在一个更好的条件下去了解是否应接受、调整或拒绝变革。这无论对于外部开发的理念还是对于由其他教师决定或开发的革新都适用。有目的地相互交流对持续的提高而言是至关重要的。"假设教学提高是一项集体的而不是个人的事业，和同事们共同地分析、评价和试验就是教师提高的条件。在这种条件下，教师取得进步。"[1]"在一起共同工作的经历使教师们能够、也有勇气对同行的思想和实践提出异议。"[2]

在 L 中学合作比较好的教研组里，教师们通过集体备课、日常交流和同事观课等不同的形式，共同探讨改革的实施，共同解决教学中的疑难问题，共同承担改革的风险。

三、学校文化影响课程改革过程的特征

（一）学校文化对课程改革的影响是一个复杂的过程

学校文化是一个整体性的存在。文化中的各种因素彼此交织在一起，形成一个文化网，每一个人都"悬挂在意义之网上"，由此作出自己的行为选择。因此，往往很难判断某一文化要素对人的行为的影响。在 L 中学，我们可以看到学校文化中的积极的因素，也可以看到消极的因素，还可以看到某些因素中，既包含着积极的意义，也包含消极的意义。这是一个非常复杂的系统。因此，对于一项改革来说，如果试图利用和转

---

① Michael Fullan: *The New Neaning of Educational Change* (3rd ed). New York and London: Teachers CollegePress, 2001: 26.
② （加拿大）迈克·富兰. 变革的力量. 中央教育科学研究所，加拿大多伦多国际学院译. 北京：教育科学出版社，2000: 80.

变文化的因素，就需要对文化有一个精细的分析过程。

（二）学校文化对课程改革的影响具有一定的隐秘性

影响课程变革的因素是多元的，人们关注和看到的往往是教学的材料、物质资源、学校机构和制度等可见的、外显的因素，而较少能够看到行为背后的文化观念的制约。这是因为，文化对人的行为的影响是"日用而不知的"，是文化主体无意识中的选择。"文化本身是限制个人行为变异的一个主要因素。法国著名社会学家埃米尔·杜尔干（Emile Durkheim）强调说，文化是我们身外的东西——它存在于个体之外，而又对个人施加着强大的强制力量。我们并不总是感到文化的强制的力量，这是因为我们通常总是与文化所要求的行为和思想模式保持着一致。然而，当我们真的试图反抗文化强制时，它的力量就会明显地体现出来了[①]。如果人总是遵循文化的规范，那么将看不到生活的环境对自己行为的影响。

（三）学校文化对课程改革的影响具有长期性

任何一项改革都要经历启动、实施和制度化的过程，一般来说，这一过程要经历 3~5 年的时间。那么，在整个改革的过程中，无论是启动阶段对改革的采纳、接受与认同，还是实施阶段的课程实践以及制度化过程的管理，都伴随着文化的深刻影响，这是一个长期的过程。

改革的复杂性决定了任何一项改革的成功实施都是不容易的。有时，即使你具备了成功变革的多数条件：完备的资金、政策的支持、社区的合作以及改革本身的灵活性和需要性等等，改革的进行也不是一帆风顺的。因为在改革过程中存在着许多不定的因素，这些不定的因素从某种程度上破坏了系统的平衡。但是，通过以往国外的研究和我对 L 中学的研究，应该引起对学校文化这一因素的重视。在推行课程改革的时候，如果我们企图依靠外力，不管是行政力量还是学术力量，去改变教师和学校的文化终究是不可能的，唯一的出路只能诉诸于学校文化的内在转

---

① C·恩伯和 M·恩伯. 文化的变异. 沈阳：辽宁人民出版社，1988：3.

变。在这种情况下，无论是改革者或专业发展者，大家似乎都应该正视这样一个事实，即改变教师的各种计划不能依靠外力强制性地进行，而是创造一定的情境，让教师自己发觉变革的必要性，自己参与计划的规划、实施和评估，从而主动、自觉地改变自己的行为和观念。

四、课程改革挑战之下学校文化转化的萌芽

学校文化与课程改革之间是一个互动的过程：学校文化作为一种生态环境，影响与制约着课程改革的发展与推进；同时课程改革作为一个外在的动力，对原有的学校文化又有一定的影响和促动。

尽管目前在 L 中学，我们感受更多的是学校文化对课程变革所造成的阻力，但实际上，在我调研的一年多时间里，通过自己的观察和与教师访谈发现，相比从前，这里还是有一定的变化，或者说学校文化在新课程的挑战之下，正在悄无声息地发生着渐变。

（一）教师传统观念的动摇和行为选择的多元

新课程的实施，带来了学校文化价值观的冲突和多种价值观并存的局面。面对新课程，教师感到非常困惑和迷惘，很多传统观念开始动摇，许多教师从前认为是真理性的东西和指导自己的规范已经失范，这是学校文化转变的前奏和序曲。发展的趋向或者是回到从前，或者是向着支持课改的方向。总之，当前这种解冻状态为学校文化的变革带来了转机、希望和空间。

学校价值观的多元，带来了教师行为选择的多元。数学课的"概率教学"是一个非常典型的例子。在新课程理念的促动下，学校教师对同一个教学内容，已经出现两种不同的教学方式。其中一位老师的做法是："你不可能总让学生去活动啊，因为这不是小班教学，你控制不住。一个班级五六十人。你要是让他抛硬币，他们就活跃起来了，课堂纪律很乱，控制不住，而且时间也不够。老师就是要把结论给他们，让他们课下去

练习。"另外一位老师则认为:"一定要让学生大量抛,才能发现规律。尽管这样做(让学生动手做)很浪费时间,但我仍然坚持这样做。课下再找大量的习题给他们做。"

这就是一种转变,在新课程理念的挑战下,教师的行为选择开始多元化、多样化。教师意识到在传统的"教师讲、学生听"的模式下还有一种让学生活动的模式,为教师尝试新的教学提供了一个机会。在 L 中学,我们看到,在这个新旧价值观交替更迭之时,也是价值观冲突最激烈的阶段,教师处于新旧观念与行为,或者说新旧文化的碰撞与融合时期,他们在努力地把新旧价值的要素统整到一个连贯一致的价值系统中,从而形成一种在新旧价值之间保持平衡状态的价值定向。

(二)教学文化有了一定的转变

新课程的倡导、教材的转变以及多媒体技术的发展,使学校教师的教学文化开始有了一定的转变。有些教师在条件允许的情况下,开始有意识地尝试新的教学方式。

"教材换了之后,我就比以前教课灵活多了。……不是老师一味地传授、灌输,绝不是。这是非常大的变化。以前没进行课程改革的时候,我讲课就是照着参考书讲,不允许你改变,答案都是固定的,非常死板,一点也不灵活。现在它的答案就不统一了,允许学生有不同的见解,从多个角度来看待问题,非常灵活。……现在课堂教学气氛感觉和以前不一样了。随着教学内容的改变,教学方式、教学方法也随着改变。"(李老师)

"教学中要让学生合作,尽可能地培养学生的多种能力。合作互动要作好前期的准备:形成学习小组,培养教学助手,扫除心理障碍,敢于畅所欲言。同时要训练合作技能,教会学生运用,激发竞争意识,营造学习的氛围。合作的方式有读书置疑、互相置疑、合作解疑、汇报交流和互批作文。"

在日常的教学中,无论教师的教学实践行为是否符合新课程理念,在备课这一环节上，很多老师还是都考虑了是否要让学生探究、合作，是否要采用讨论的方式，在他们内心深处还是有一个权衡的过程。

（三）教师合作机会开始增多

尽管学校里很多教师合作的形式，例如教师集体备课，都带有很强的"人为合作"① 的色彩，但是人为合作也意味着鼓励教师之间的联系，鼓励教学技能和专长的分享、学习和提高，协助新方法和新技术的实施。而且，在这里我们看到更多的是"组织导引的合作"②。虽然学校里再没有更多的强制性要求，但是我们欣喜地看到由新课程带来的教师日常交流、合作的增多，作为自然合作的日常交流、同事观课和班主任之间的合作经常发生。教师们已经意识到面临新的教材和繁重的教学任务，单靠一个人的力量是很难发展的。

在真正实施新课程的教研组里，按照新课程的要求，教师之间的合作开始增多。例如，前面提到的"'我们一起商量决定的'——一年级小班数学组的课程决策"的故事，是最精彩的教师合作的案例。有一些教师因为"新课程改革后教材变化的幅度大，感觉不知道怎么教学了。所以有一些问题还需要向别人请教"，还有一些教师的合作体现在资源的共享上。

---

① 哈格里夫斯（Hargreaves）区分了两种不同的合作——"人为合作"和"自然合作"。所谓"人为合作"是指"以具有一套形式的、具体的官方程序为特征……诸如在特别提供的房间里进行的同事辅导、名师教学、联合计划、对处于咨询角色上的那些人形式上已排定的会议和清楚的工作描述以及训练计划。与此相对的概念"自然的合作"是指教师出于自发和自愿而进行的合作。"深度的、个人的和持久的"。它们不是"按具体的方案或事件计量的。合作的文化由教师的日常工作组成，并以其为绝对中心"。Little 和 Grimmett，Crehanye 也有过相类似的划分。

② Grimmett 和 Crehanye 把人为合作又进一步分为两类：行政强加的（administratively imposed）和组织导引的（organizationally induced）。行政强加的合作是行政部门采取自上而下的方法直接操纵教师的行为和实践，组织导引的合作也是行政部门采取自上而下的方法，但是旨在通过操纵教师工作和生活的环境，培育教师自下而上的解决问题和改善学校的能力。组织导引法反映了行政人员试图以更加自然的方式培育合作文化的良苦用心。参见：全国课程专业委员会秘书处编. 21 世纪中国课程研究与改革. 北京：人民教育出版社，1998：608.

（四）对学生主体地位的认可与实践

教师在处理教学的方式上和与学生的关系上发生了一定的转变，承认学生是课堂活动的主体，已经意识到课堂上赋予学生主体地位所带来的教学效果，在实践上探索如何给学生活动的空间和时间。

"如果讲课的时候你都不能把学生作为一个独立的人来看待的话，你这节课讲得再好也没有用，他根本就不听你的。你要让他感觉到他自己是一个人物，这个课堂就是我的，就要看我的。这样学生才能积极地去学习。这点一点疑问都没有。所以在我的课堂上，我对我的学生说：'这个课堂就是你们的。老师和你们一样，老师也不会，我们可以共同切磋，你不会问我，我不会可以问你们。'所以课堂上一般要让学生去说，要让他体会到他是课堂的主人。"（李老师）

"现在中学生知识面广，信息量大，自主意识强，思维日益成熟，若再把他们看成小孩子，随意支配，不仅不能激发兴趣，反而引起学生的反感，所以应该充分发挥学生的主观能动性，集思广益，使学生成为课堂的主人。要想使学生成为课堂的主人，我认为应该首先把时间留给学生。……要把课堂空间留给学生。为学生营造一个民主愉悦的教学氛围，把思维的空间留给学生，把知识教活，使学生活学活用。……要把自由留给学生。"（杨老师）

（五）教师课程资源意识的增强

现代信息技术的发展、学校具备的信息硬件技术以及新课程后教材与教参的变化，使教师越来越具有课程资源开发与利用的意识。在日常的教学生活中，为了丰富学生的学习内容，除了使用传统的教材和教参外，教师能积极利用网络，开发丰富的资源。尽管这项活动需要大量的时间，带来了自己备课量的增大，但是教师能够意识到这种活动对自己专业发展的价值："有好处，教师知道得更多了"。

这所有着 30 多年历史的学校，有着自己特有的文化传统和形式规范。例如，学校重视升学率、强调竞争、强调层次和管理的权威。它们

是伴随着学校发展而成长的，是难以改变的。历经 3 年的课程改革，经
受了教育行政部门的改革干预，学校文化发生了转变的迹象，在某些方
面产生了新文化的萌芽。但是相对来说，学校变化的幅度是非常小的。
变化小并不意味着不能从根本上发生变革。林顿指出："所有文化，即使
是最简单的文化，都处在持续的变化之中。"只是这种变化需要时间作为
最根本的保证。因为文化本身具有一定的稳定性和保守性。稳定性是文
化系统的一个典型而重要的特征，趋于稳定的固执倾向是各种文化的共
性。组织文化具有内在的保守性。作为一个组织，它总是或强或弱地建
立自己特有的组织文化，通过对一系列共有的假设、价值和习俗的维护，
以保障对某种意义的信奉和持久占有。机构文化这种最基本的保守性决
定了其面对变革的态度和行为。长期关注学校变革的萨拉森指出，学校，
同大多数组织一样，总是以选择最少量的变化，甚至以保持不变为行事
的原则，因为现状具有的巨大力量（如支撑和维持现状的信念和假设、
权力关系的具体操作模式以及对变革正确性、自然性和适当性的看法和
理解等）总是自动地将变革的可能性筛选出去。

五、学校文化成因溯源

对于课程改革来说，当前的学校文化中既存在着积极的促进因素，
也存在着消极的阻碍因素。按照力一场分析的观点来看，消极的力量似
乎更加强烈，主导了学校文化的主流。为什么在课程改革的挑战之下，
学校文化形成目前的发展态势？理论研究的结果表明，学校文化的形成
是多重因素制约的结果，校长、教师、周围的环境、社会的发展以及学
生家庭的背景等，无疑都会对学校文化产生影响。

（一）学校内部的因素

校长的影响。学校内部的因素是复杂的，但是从学校文化的塑造看，
校长无疑是最重要的。校长的领导是学校发展过程中的一个独一无二的

最具影响力的因素。校长扮演着学校的"文化领导者"角色，是塑造学校文化的重要人物。L 中学很多文化特质的形成，都与校长的管理和个人风格息息相关。例如学校的高压力与高期望的危机文化，优胜劣汰的竞争文化，层次分明的差别文化，注重权力等级的权威文化，注重教师专业能力的提升，这些都是校长管理哲学和管理方法的最直接的体现。从某种程度上说，校长引领了学校文化发展的方向。

另外，学校发展的历史、教师的背景、教师文化固有的一些本质特点以及中国传统文化的根基，也影响了这所学校文化的形成。

（二）学校外部的文化生态环境

从文化生态学的观点来看，文化是人与组织对环境适应的结果。也就是说，外界环境是决定文化变革的一个重要因素。学校文化情景模式认为，学校作为社会的一个子系统，学校文化与现存事物和社会政治状况是互相影响的。波尔·达林认为，学校与其环境之间、教育系统与整个社会之间的相互作用，是教育改革中至关重要的"动力装置"。不全面理解这些关系中的各种作用因素，并把这种因素理解作为有计划的教育改革的基础，就不可能产生真正的教育改革。[①] 可以说，影响一所学校运作的社会因素有很多。例如，国家的意识形态、教育理想、社会制度与组织方式、社会文化价值、学生的亚文化与反文化等，这些因素交织在一起，构成学校文化的绚丽多彩的总体画面。当然在这里，我们并不否定文化主体在文化变革中的主体能动选择，但是毕竟要考虑社会环境脉络为学校发展所提供的发展空间。人们的观念、观点和概念，一句话，人们的意识，随着人们的生活条件、人们的社会关系、人们的社会存在的改变而改变。

1. 社会的多元文化背景

学校文化虽然植根于教育，形成于校园，有着自己独特的体系和价值，但是学校作为社会有机体的一个构成部分，其存在和发展也受到社会方方面面的影响，是社会文化在学校中的折射。一方面，社会的文化

---

① ［美］波尔·达林. 教育改革的限度. 刘承辉译. 重庆：重庆出版社，1991. 1.

规范及其价值取向规定着学校文化的目标。另一方面，通过各种渠道渗透到学校内的社会文化，无不构成了学校文化丰富的内容。从这个意义上说，当前经济转型带来的社会的多元文化背景对当前学校文化的形成，从更直接的意义上说，对 L 中学学校文化的形成，产生了举足轻重的影响，使学校改革面临的文化生态环境和文化价值选择更为复杂。例如，市场经济带来的对主体精神、多元、差异、平等和宽容的强调，极大地冲击了传统的师生观、教学观和交往观。

2. 家长、社会期望的无形束缚

如果说学校成员不同的价值观构成了不同学校的文化，那么社会人士对学校教育的理解与阐释就构成了社会层面的学校教育文化。前者是一种学校组织层面的文化，而后者是一种社会层面、公众对学校教育期盼的辐射①。这种期盼对学校教育和文化发展的走向无疑也是一个重要的影响。当前的情况是，社会本身对学校教育的期盼也充满了矛盾：既希望学校实施改革，培养多元化、高层次、有创新意识和批判思维的人才，同时又不忍舍弃"考试主导"的传统精英筛选模式，凡事追求达标和排名。那么，学校如何在两者之间取得平衡呢？因此，复杂的学校教育文化难免对学校组织内的文化产生影响。在 L 中学，我们看到校长和教师都是非常重视家长的，以家长是否认可学校作为学校发展兴衰成败的衡量标准。因此，家长的期望对学校的发展目标和教师的行为选择在无形之中产生了重要的导向作用。前面我分析过这所学校的学生家长对学校发展的期望、对教师对待学生方式的期望以及对教师教学方式的期望，这些都是学校办学中无法回避的。"领导也有领导的苦衷，学生分数不好，招生招不来。再说学生花钱择校，就是要分数的。你考得不好，家长也不允许呀。"

3. 学区教育行政部门的非正常干预

中国的课程管理体制是以中央集权为典型特征的，强调自上而下的

---

① Finnan, C. & Levin, H. M. *Changing the School Culture*. In: H. Altrichter&J. Elliott (ed). *Images of Educational Change*. Buckingham: Open University Press, 2000: 87~98.

垂直管理。上级教育行政部门对学校享有"生杀大权"。因此，对于上级的命令、指示，学校是不敢忽视和怠慢的，尤其涉及评价这类影响学校发展的问题。在这种背景下，学区课程实施的管理对学校课程改革发展的走向和学校文化的影响是不言而喻的。在 L 中学所在的学区，很多干预的措施对学校文化发展的走向有重要的影响。例如，对学校进行考试排名以及过多干预学校管理自主权等非正常的干预。

从现实学校文化变革的要求来说，不能忽视每一所学校所面对的具体的生存环境的压力。"健康的国家才有健康的学校"，社会、家庭、学校，组成了一个教育生态圈，那么怎样才能让这个生态圈保持平衡？每个系统都负有不可推卸的责任。学校作为社会的一个子系统，无法以围墙为屏障而真空式地生存，它必然受到社会的影响。例如，学校对升学率的过分追求，难道仅仅是学校的责任吗？校长很累，他要为学校着想，为全校的教师生活着想，为学生的未来发展着想，这是迫不得已的追求。正是社会、家长对学校的不健康期望和教育行政部门某些不正确的制度导向促成了学校对升学率的追求，使教师在学生的全面发展和纯粹应试的两极目标中苦苦地挣扎。因此，为了实现成功的变革，系统变革就成为必然的选择。

结　语

如何借助学校文化的
力量推进课程改革

　　学校文化的影响因素是复杂的，其中既有学校内部的因素、学校外部的因素，也有教育内部的因素、教育外部的因素。因此，对于学校文化的重建，有些是我们力所能及的，有些则是我们无能为力的。对于改革的推进者来说，重要的是能够分清楚：我们应该从何着手，如何做。

　　国内外的很多研究已经表明，学校文化是影响课程实施的重要因素。在个案学校中，我们也已经看到既有的学校文化对课程改革的双重影响，有积极的、有利的影响，也有消极的、不利的影响。那么，对于改革的推进者，包括各级教育行政部门和学校的校长来说，在明确了学校文化对课程实施产生影响的过程和结果后，关键的一点是如何利用学校内形成的使用者与非使用者文化来推进课程改革，同时借助课程改革的力量实现学校文化的变迁。这是这所个案学校研究对其他学校的关键启示所在。现实的状况是很多人已经意识到学校文化对课程改革的影响，但是真正从学校文化的角度推进实施的，还很少。在 L 中学，对学校文化力量的利用以及对学校文化的变革，可以说还是一个无意识的过程。

一、反思：我们做了什么

在这里，我们借用 Hall 提出的"干预"① 的概念来表达改革的促进者对课程改革做了什么。所谓干预，是指在改革过程中，任何影响参与过程的行为和事件。不同的干预主体对改革的干预不计其数，有学校层面的、学区层面的、社区层面的、省市教育行政部门层面的以及国家教育行政部门层面的等。对这所个案学校的研究，我主要从对其有直接影响的干预者入手，参照 Hall 的研究结果，从政策—实践的维度，主要选择了学校层面的校长和学区层面的教育行政部门与教师进修学校，旨在分析这些不同的干预主体在课程实施管理的过程中，如何影响学校文化发展的走向。

（一）学校层面

学校层面在课程由计划到实施的阶段所采取的措施基本可以从两个层面来描述：个人水平的干预和组织水平的干预。

1. 个人水平的干预

成功的改革始于并终于个人水平，组织中每个人的变革才意味着组织的改变。学校是变革的单元，但是学校的改变是通过学校中的个体人的变革来实现的。机构或者组织是不会改变的，而组织中的个体却能改变。当个体改变组织时，组织反过来会对个体产生深刻的影响。

学校在个人水平上采取的干预措施主要是通过不同形式的培训来促

---

① 这里所谓的"干预"，是指在改革过程中，任何影响参与过程的行为和事件。例如，教师进修学校的教研员带给正在实施新的综合课程的教师一台显微镜，这是支持教师运用改革的干预。如果一位大学教授指导三位校长的教学领导，这是为了校长的角色进行的干预。如果一位校长引导职员发展合作学习能力，校长就提供给员工一种干预。干预的概念是广义的。从其性质上来看，可以是有计划的，也可以是无计划的。从其表现来看，可以是行为方面的表现，也可以是一个事件。从其影响来看，可能是正面的、积极的影响，也可能是负面的、消极的影响。从其时间来看，可能是长期的，也可能是短期的。

进教师个人能力的提升。新课程实施三年来，学校采取了多种措施促进
教师业务能力的提高。首先，初期的新课程通识培训，主要是借助学校
每两周进行一次的业务培训来进行，采用的形式是学校领导在台上念材
料，教师在台下记笔记。后期的通识培训除了仍采用这种形式外，有时
候也借助校园网在网上公布学习的内容，让教师自学。其次，为了提高
教师运用现代信息技术的能力，学校在每个学期末都举行教师微机培训，
由本校的微机教师来承担培训的任务。再次，学校在 2003～2004 年上半
学期，举办了"走进新课程教师论坛"，利用每两周一次的业务学习时
间，由教师走上讲台，来交流自己实践新课程的体会。

2. 组织水平的干预

管理文化理论认为管理"主要关心的对象是人的集体而不是个人"。
在课程实施的管理过程中，学校从组织的角度，也采取了一些干预的
措施。

首先是制定改革的计划，包括学校总体的课程改革方案、校本课程
实施方案和教师专业发展计划等。其次是资源支持。为实施新课程，学
校为教师购买了《走进新课程》、《教师行为转变》等书刊。在学校现代
信息技术建设方面，也有很大的突破。2002 年，学校投入 300 万元资金
进行学校现代化设施的建设，建立起千兆骨干的校园网络，每个班级都
配备了彩电和电脑，每位教师都配备了一台液晶计算机。再次，选择考
试压力比较小的初一、初二年级的骨干教师作为改革的拓荒者。厄斯金
·卡林（Erskine E. Cullen）指出，要启动学校的变革工程，必须在学
校内先凝聚一定的启动力量①。从某种程度上说，利用骨干教师是学校
从组织角度所采取的战略之一。学校通过骨干教师的引领和示范，通过
举行各种研讨课、汇报课活动，引导学校向优秀的教学文化和模式发展。

（二）学区层面

在学区层面，我选择了行政干预主体教育行政部门和专业干预主体

---

① E. Erskine. Cullen. *School-University Partnerships as change agents*：*One Success Story*. School Effectiveness and School Improvement. 1995，6 (3)：192.

教师进修学校。从课程改革的角度来讲，学区可以有所作为的地方很多，例如，课程改革工作的进程、规划和组织方式，实验经费的落实情况，政策保障和其他方面的支持与协助，教材的选取和使用，不同层次的培训、研修工作及效果，专业支持系统（课程专家、教研员等）对课程实验的指导，中考以及其他评价与考试改革的政策及效果，对家长和社会的实验宣传活动及效果，国家和省级课程改革实验区工作经验的宣传与借鉴等。在 L 学校实地调查的一年多时间里，通过对教师的访谈、文件分析以及自己的观察，在此主要选择认为是对学校影响比较大的几个方面来阐述。

1. 经费的投入

走进新课程之后，学区教育局不仅在政治战略上重视，在经费方面，由于学区的经济条件好，也增加了大量的投入。例如，名校长年薪 5 万；名教师年薪 4 万；区学科首席教师，一个月补贴工资 1 000 元；校首席教师，都是区里出钱。

2. 转变观念与能力的提升

学区认为，观念是改革的头等大事，因此，对学校的校长和教师在新课程通识培训方面投入了很大的精力。对校长，学区通过每月一次的专题讨论以及开设新课程实验系列论坛等形式，提高校长对课程改革实验的领导能力和教育教学的指导能力。

3. 对教师的教学指导

通过常规的教师集体备课以及各种研讨课活动对教师的教学进行指导。另外，为了保证学区在考试中的成绩，学区教研员通过每个单元的调研题、期中考试题和期末考试题来调控教师的教学。

4. 构建学区交流的平台

通过举办以基地校为龙头的全区性的校际联动教研活动、全区性的校长论坛、全区性的教学开放日以及全区性的教师论坛等活动，搭建学校之间交流的平台和教学观摩的平台。

5. 对学校办学水平的评估和对学校课程实施情况的监控

每学年末，对学区内的学校进行办学水平的督导和评估。

二、变革过程的参与者如何解读这些干预

对于改革的推进者而言，真正重要的并不是你做了什么，而是人们怎样看待和解释你所做的事情。变革过程的参与者对实施变革的目的以及不同变革促进者的意图有着许多不同的感想和解释，这些解释构成了对改革的另外一种无法预料的干预①。

（一）教师对学校教师专业发展干预的反应

在调查中发现，教师除了对学校微机培训很感兴趣外，其他的一些培训方式，都被他们视为"没用的事情"。

场景：走进新课程教师论坛

第七节课上课的铃声响了，全校教师陆续地走进四楼多功能教室。有的腋下夹着几本书，有的拿着一摞试卷，有的抱着教案和参考书。按照规定，同一个学年组的老师坐在一起，从事行政的教师坐在一起，领导坐在前排，都有规定的座位。这样安排，是便于清点人数。首先由各年级主任负责清点本年级组的出席情况，然后是学校人事处点名。接下来副校长布置最近的工作安排，然后开始进行新课程教师论坛。

全校一百多位教师，几乎看不到谁在认真听台上的老师介绍经验，大家都埋着头，或者忙着批改作业，或者忙着写教案，或者忙着看书，甚至有人趴在桌子上小憩。几乎没有人关注台上的教师。讲完后，学校领导再讲几句话总结一下，论坛就结束了。

学校"师生共发展——新课程理念下的教师论坛"，每隔四周举行一次，一学期共举行了 5 次。每一次教师论坛中教师的表现都像政治学习

---

① Hall 用"蘑菇型干预"来生动地展现这种干预。蘑菇的隐喻很贴切，也很醒目。因为蘑菇可能是有营养的，也可能是有毒的。蘑菇型干预行为同样具有这样的特征。它们中的一些能够帮助推进变革的过程，而有一些则会侵蚀变革的过程。蘑菇有许多不同的颜色和形状，同样，变革过程中蘑菇型干预也有很多不同的形式。参见：吉纳·E. 霍尔、雪莱·M. 霍德著. 实施变革：模式、原则与困境. 杭州：浙江教育出版社，2004：215.

一样，毫不理会台上的人说什么。

（二）教师和校长对学区干预的反应

"区里组织的教师集体备课收获并不大，就是纲要性质地说一说。"（王老师）

李：你看这个区里的考试卷子（开始给我分析），很多题根本都没有什么意义。区里每个单元都有调研题，发给各所学校。区里要统一规划。

我：老师自己不是完全可以把握每个单元的教学重点吗？

李：可以，但是区里要统一规划的。有时候考试会从这里面出一点。

我：那你们老师反映一下行不行？

李：是啊，我说了，但是人家说了，"你不考，你怎么和其他的学校来比这个成绩呀？区里有统一规划呀，成绩要排名的。"

我：现在感觉区里对学校的控制如何？

李：非常严格。我们学校，你说下到学校来听课，你不都得听学区的安排吗？他要怎么听，你得听他的安排。学区有大型的考试，用这种考试你才能衡量各所学校的水平和分数。你要不参加他们的考试，你不就比不出来了吗？所以必须参加他们的考试。咱们的一切教学活动都受学区的管制。

我：上级行政部门对学校的办学有什么影响？

校长：检查太多，净整那些纸片。其实你不弄那些东西，我们也在做。另外，行政的命令干扰太多，学校的办学自主权太小。上级的命令你不围绕它转也不行。你要再碰上一个不懂教育的人来管教育，就更糟糕。他不是内行，你说话他还不听。

三、"借力"何以可能

前面我呈现了为推进课程改革，学区和学校分别采取了不同的措施，可以说学校和学区在现有的条件下作为很多，对新课程的实施尽了很大的努力。例如从学校的层面看，能够拿出大笔的资金配备学校的多媒体设施，这为新课程在课程资源上提供了必要的保障。开展"走进新课程教师论坛"，给教师提供了关于新课程交流的空间与平台。为推进学校教师参与科研，成立了科研室。从学区的层面看，在教师发展的导向上，无论是名校长还是名教师、学科首席的评比，都能从新课程的角度加以引导，并且能拿出丰厚的物质奖励。致力于"在全区营造很浓厚的改革的氛围，让教师意识到不改革不行"。这些措施对新课程的推进无疑是非常重要的。但为什么 L 中学的课程实施情况并不像设想的那么理想，这涉及影响课程实施的因素，当然是一个极其复杂的问题。通过前面的分析，我们已经发现，这里面有一个非常关键的因素：学校文化的影响，学校固有的历史、发展目标、学校的人际关系规范和制度规则等文化要素所构成的文化的整体特征，构成了对课程实施的阻碍。同时，课程改革的干预主体，也难辞其咎。要真正地促使改革的深入进行，除了进行表层的教材的更新和新技术的使用等改变外，更深层次的要着眼于学校文化的变革，关注学校群体的行为，不仅是让教师意识到改革的必要性，更重要的是为改革营造一个支持的环境。人的行为是其和环境相互作用的结果。教师是组织中的人，其行为必然受到组织的制约。因而，要想改变教师的行为，必然首先改造组织。组织的状况是课程改革成功与否的关键。"我们需要创建一个新的组织文化——一种工作和解决问题的新环境——需要参与者对事情产生新而有效的反应，采取和以前不同的行为方式。就像每个教育者都敏感地意识到，人的活动方面发生的变化，并不常常是了解了新而有效的工作方法的结果，还必须给人提供能够在实践中形成新行为的机会。简单地说，就是需要从做中学，通过再教育，树立更加有效的、以工作为导向的新的行为规范。"① 而我们的干预措施恰恰忽视了这一点。现实的情况是，在"从上至下"的课程实施策略下，改革的推进者借助职权，通过行政的强制性措施强迫教师支持变革；关

---

① 罗伯特 G. 欧文斯. 教育组织行为学. 窦卫霖，温建平，王越译. 上海：华东师范大学出版社，2001：212.

注新材料的使用和结构的调整与改变，希望新的结构能够导致新的行为和思想；关注教师个体的能力发展，而忽视教师群体的互动；关注教师对课程改革的成功的做法与经验，而忽视教师对改革的焦虑、担忧等这些真实的情感；关注自己站在上层的职位上，对教师采取了哪些支持与引导的措施，而忽视了和教师一起做的概念；关注为教师制定行动的蓝图，而忽视了给予教师参与课程决策的机会；关注课程实施的结果，而忽视了实施过程中教师在精神上所承受的压力和焦虑……这一切导致了处在保守的教师文化下的教师们，在倾向于维持现状与对新课程的怀疑状态下，失去了尝试课程改革的热情和机会，从而导致对新课程的低度认可与低度实施。

那么，对于一项大规模的课程改革来说，要借助学校文化的力量来推进课程改革实施，需要做的是再建当前的学校文化。如何再建，结合前面文献综述部分，我们可以发现一些普遍性的策略与路径，这些同样适用于 L 中学。

（一）识读、评估与理解当前的学校文化

这是学校文化再建的前提，是学校实施新课程的必要环节，是学区对学校采取干预措施的一个重要依据。学校在采纳新课程后，一个重要的工作是评估与诊断学校当前的文化，明确学校发展的抑制力和推动力。对于学区来讲，深入地了解学区内学校的文化特色也是很重要的工作。因为，对学区内学校课程改革的干预，在前两年可以采取统一的措施。但是从改革的第三年开始，学校之间的课程实施程度开始出现差异，这就要根据不同学校的需要采取有差别的干预。

重建学校文化的认识论前提是文化反省，既对现有的学校文化作出客观、准确的认识和评价，发现它的结构、特征、矛盾、规律和趋势，分辨其中积极与消极的因素，以确定应该否定的和应该弘扬的。对现有学校文化反省的目的是要达到文化自觉，使人们对身处其中的学校文化有真切的了解和判断。从某种程度上说，没有文化的反省、认识和评价，不实现文化的自觉，文化的变革将是任意性的和情绪性的，不会产生预期的结果。因为人往往只能自觉地改变他所能认识和感觉到的那一部分文化，而对于他未认识和感觉到的文化是难以自觉地触动的。文化结构具有不同的层次，人们的文化反省达到何种层次和深度，文化变革相应地会达到何种层次。

对学校文化的反省、分析与诊断需要一定的策略，需要借助一定的测试工具。例如，前面我使用的"同工眼中的学校文化"工作坊、学校文化访谈①、学校文化问卷②和力—场分析图③等。通过采用一系列的文化调查工具，我们可以了解学校文化的基本现状与层次，明确文化中适应、支持新课程改革的因素以及不适应、阻碍新课程发展的因素，从而为下一步寻找学校文化重建的切入口提供前提。对于文化的诊断，可以采取内部人与外部人共同诊断的方法。霍夫斯泰德认为，成功的文化变革必须有一位掌权者和一位专家这两种人的联合作用，即强权促进者和专家促进者。因为，文化往往以"日用而不觉"的方式影响人的行为，组织内的人往往因为"身处庐山"，难以"识其真面目"，难以深刻地洞悉其中的优劣，所以可以借助"外部专家"来协助学校文化的诊断。

在 L 中学，通过调查发现，这里的人，包括管理者在内，一方面对学校文化的特色缺乏系统而深刻的认识，另一方面，对新课程所诉求的理想的学校文化模式缺乏认识，因此很难确切地诊断出学校文化中对课程改革的推动力和抑制力。无论是通过访谈还是通过对学校采取的干预

① 例如，学校文化访谈可以讨论以下问题：（1）我们学校文化的领域（专业合作、共同分权、效能感和自主决策）哪一方面最强？为什么？（2）作为一个学校共同体，我们能为维持或提升这些领域做些什么？（3）我们学校在专业合作、共同分权、效能感和自主决策等方面面临的最大挑战是什么？（4）作为一个学校共同体，我们能为解决这些问题做些什么？

② 参见第一章"研究的问题与方法"部分，介绍了学校文化问卷的基本情况。

③ 力—场分析的观点认为，组织的现状是两股相反力量之间均势所造成的平衡状态。促进变革的力叫做推动力；与此对立的、维持不变的力叫做抑制力。当这两种力—场形成均势的时候，我们就得到平衡——没有变革。显然，当两股力量中的一个力被撤销和削弱的时候，平衡就被打破，变革就会发生。如果参与者引进一种新的工作技术或获得一种新的技能，都可能导致不平衡。然而，一个组织主要是以平衡为特征的稳定的实体，打破平衡会带来重新调整，又会造成新的组织平衡。要想更好地了解一个组织，就要深入地分析和鉴别组织发展的抑制力和推动力，从而为变革提供一定的行动计划。参见：罗伯特 G. 欧文斯著. 教育组织行为学. 窦卫霖，温建平，王越译. 上海：华东师范大学出版社，2001：273.

措施的分析，都能够得出这个结论。通过对访谈资料的整理发现，这里的人对学校文化的诊断是不全面的，能够知觉到的仅仅是局部的特征，最常提到的是"我们学校的老师都很认干"，"老师都很有上进的精神"，"教师都很老实"，"老师有研究的精神"。而其他的就很少提到，或者他们并不认为这是学校的文化特征。另外，根据人们对"学校里有利于与不利于新课程实施的因素有哪些"的回答，也可以发现他们对课程改革实施条件的认识往往停留在物质和制度等层面，很少反省更深层次的文化价值观念。从管理者对改革实施过程采取的干预和管理措施看，也缺少对当前学校文化和新课程所要求的理想学校文化的自觉。L 中学校长"南巡"后意识到，可以借助新课程改革来形成学校发展的特色和竞争力，因此他决定采用新课程。他的策略是给教师施压，形成教师发展的紧迫感，以竞争为导向，以考试的分数作为物质奖赏的依据，推动教师实施新课改。可以说，校长没有有效地利用自己学校文化的优势，也没有避免学校文化发展的劣势，甚至还没有意识到措施与新课程精神的背道而驰。例如，这所学校的老师是很认干的，是多年形成的传统和特色。面对改革的风险和额外的工作负担，实际上需要的不是"加压"而是"减压"。又如，新课程需要的是合作的教师文化，而学校的很多措施恰恰都在强化教师之间的竞争，这使新课程在这个本来就以竞争文化为主导的学校里更加难发展。这所学校的老师很"老实"，对参与决策没有兴趣，他们的兴趣就在自己的"一亩三分地"上，那么校长的改革策略就不是自上而下地为教师制定好行动的方案，而是让教师共同参与课程的决策。可以说，学校的管理取向是"管"，重在通过行政的强权来强制教师实施变革，重在增加改革的推动力。实际上，从改革的策略来讲，按照力一场分析的原理，"改变两组力之间的平衡点有两种策略：增加推动力的强度与数量和减少抑制力的强度与数量。两相比较，减少或排除抑制力的方式更好一些。因为为了加大变革的压力而增强推动力，会导致变革的抑制力同时增强。减少或者排除抑制力则不会产生抵抗。因此，减少抑制力通常是两种策略中最有效的。进一步说，作用于现实情境的力越少，处于情境中的人的紧张度就越低"①。

不明确自己学校文化发展的优势与劣势，就不能有目的地回避和利用学校文化。因此，现实的要求是一方面要对自己学校文化进行系统的诊断和分析，另一方面，校长应该明确新课程需要的理想的学校文化模式，这是学校文化变革的目标。尽管学校文化是千差万别、各具特色的，在这个多元的时代，我们也强调学校文化的多元。但是，对于实施一项改革方案来说，还需要一定的理想文化的支持。因此，需要我们的管理者尤其是学校的校长首先明确有利于新课程实施的文化特色是什么，然后才能有意识地塑造。

（二）寻找学校文化重建的策略与路径

在课程改革的背景下，如何建设学校文化，从而实现学校文化的健康发展与新课程的成功变革，这既是新课程改革的手段，也是新课程改革的目的，即实现学校文化与课程改革二者的双赢。

学校文化的主体很多，学校文化重建的任务是共同的。但是，文化的变革更多是从上至下的，校长在学校文化建设中是最关键的角色。迪尔和彼德森指出，领导对学校文化及他们在建构学校文化过程中的作用了解得越多，就越容易避免所有变革或改革共同的缺陷。一旦领导对学校文化完全理解了，他们就会对建构或强化文化的需要进行评价。因此，这里的策略与路径更多地是对校长和管理者所说。

1. 抓住当前文化冲突的机遇

学校文化的建设可以说渗透与弥漫于学校整个发展的过程之中，每一时刻，每一地点，一个小小的仪式，一个精心设计的图腾，都反映了文化建设的过程。但是，对于学校文化的变革来说，处于冻结时期或处

---

① 罗伯特 G. 欧文斯. 教育组织行为学. 窦卫霖，温建平，王越译. 上海：华东师范大学出版社，2001：276.

于解冻时期，采取的策略和力度都是不同的①。面对新课程，L 中学固有的文化与新课程的价值理念和追求之间产生了矛盾和冲突，这引起学校内作为新课程实践者的教师在观念和行为上感觉无所适从。例如，师生关系应该是民主、平等的还是要强调教师的权威与对学生的规训？同事之间应该是竞争还是应该合作？教学除了知识目标的落实外，如何实现"三维目标"？在繁重的以升学率为主的中学里教师如何做科研？……这一系列的问题，教师都处在矛盾和冲突中。冲突与矛盾意味着学校文化解冻的前奏和开始，这是学校文化发展的根本动力。文化变迁的动力来自于应然与实然之间的矛盾斗争。文化的产生是出于对现存条件、新奇的变革、对失败的挑战和对模棱两可与矛盾的忍受的反应。因此，学校应该抓住这样的一个时机，以新课程为契机和突破口，把外在的要求转化为内部的动力，在实践新课程的过程中促进学校文化的慢慢转化。

2. 着眼于合作型教师发展

个人主义是国内外教师文化的特性。教师因为工作繁忙或空间距离，同事之间少有合作。L 中学以竞争为主导的管理取向带来了教师专业的独立和保守，导致学校一些传统的师傅带徒弟、教师集体备课等形式的表面化，导致教师孤独地面对新课程的焦虑和困惑。新课程倡导"专业化团队发展"，倡导营造合作的文化氛围。我国有着良好的教师合作传统，也有较大的教师合作空间。2001 年和 2003 年两次国家教育部组织的对全国首批课程改革实验区的评估调查结果均证明：当教师得到帮助时，最有效的来源是同伴教师，其次是管理者和专家。教学工作中绝大多数的教师能够经常与同事交流②。在实践的学校管理中，应该通过教师之间的合作文化，来改变教师之间的人际关系，促进教师能力的提高

---

① 库尔特·勒温根据力一场分析的原理，提出了组织变革的三阶段：解冻、变化、冻结。根据不同的阶段，采取不同的策略。根据这个观点推论：为了能有效地进行组织变革，首先必须打破力一场平衡，也就是说组织必须解冻。一旦组织解了冻，就有可能引起变化，从而把组织推向一个新阶段。第三阶段是重新解冻。这一阶段是一个制度化的过程，其目的是维护和保证变革的长期存在。当然，重新解冻含有一种新现状的意味。对于一个呆板僵化和抱残守缺的组织来说，解冻可能是一种十分痛苦的经历。但是，为了使组织不断取得更大的灵活性，解冻也能够成为其生命周期的一个正常组成部分。

② 参考 2001 年、2003 年教育部全国课程改革实验区评估结果。

和学校的改善。

教师文化是基于学校与课堂的社会语脉而生成的人际关系，是紧扣课堂实践生成的。教师文化的生成舞台是课堂，它的根基在于课堂结构本身①。因此，对教师合作文化的塑造和生成要紧紧围绕教师的教学实践。学校应该通过教育政策、组织、领导、资源和培训等不同的方式，对学校内稳定、持久的合作关系给予支持。在塑造合作文化中，须要注意这样几个问题：避免刻意的合作；正确处理集体性与个体性的矛盾；注重知识的创新；营造相互信任的文化环境。

3. 权力关系的改变

权力是组织行为的核心，尤其是权力观：突出的是认为权力为某人的等级系统位置所授予或拒绝的管辖权，还是认为权力来自于各层人们在组织的每个位置上的共同合作。可以说，学校的权力关系是引起变革的中心②。在学校里，校长是重要的，但是也必须激发教师参与领导的积极性。尤其是新课程，倡导教师行动研究，教师参与课程决策，教师对课程实施的调适，这一切都有赖于平权互动式的扁平组织，让教师感觉到更大的集体的存在，在改革中有主人翁感。而不是校长管理的权威和教师对参与决策的远离和漠视。要改变学校的权力关系，形成民主、平等的管理风格，有效的办法是通过教师和行政的共同努力，在学校发展一种更加合作的文化。这也可以通过一些手段：例如，找出教师和全体职员合作参与学校决策的方法，包括非正式的组织和召开咨询会；寻找方法重新对教师和行政人员的角色和权威进行定位。要以课程为中心来领导学校，校长更多的是进行课程领导而不仅仅是布置教师执行上级行政单位下发的任务。学校是一个专业机构而不是科层机构，实行权力分享，共同决策。行政的职能更多的是对课程实施进行支持和帮助，而不是对教师进行行政支配和权力领导。

4. 培育学校课程实践的"英雄"

启动学校的改革工程，必须首先在学校内凝聚重要的变革力量

---

① ［日本］佐藤学. 课程与教师. 钟启泉译. 北京：教育科学出版社，2003：262.
② 罗伯特 G. 欧文斯. 教育组织行为学. 窦卫霖，温建平，王越译. 上海：华东师范大学出版社，2001：246.

(*critical mass for change*)①。也就是说，在当前大多数教师对新课程的长期性、操作性、可行性缺少信任的时候，我们需要学校课程实践的"英雄"的示范力量，让教师看到新课程所带来的学生学习和自身职业生涯发展的变化，使新课程真正得到教师群体的认同，这才是改革的启动力量。香港的优质学校计划采取了"以点带面，保旧立新，循序渐进"的策略，即先从个别层面展开改革的序幕；先从考试压力比较小的年级试行新的教学模式；先组织比较活跃的老师进行共同备课、协作教学和观摩示范等教学活动；累积新的教学模式的成功与失败的经验；分享及表扬新教学模式下学生所展示的转变；尽量在行政和资源上配合新教学模式的推行②。对于保守和倾向于维持现状的教师来说，也许以长远目标为特征的改革并不具有吸引力，他们真正关心的是如何改善当前的教学。只有在看到课程改革的效果后，教师才会积极地参与新课程。否则，即使有十分清楚的策略，在实施中也只会出现貌合神离的现象，原因是教师根本未曾在价值上予以接受。结果，一切的改变都有可能流于形式，改革计划一旦结束，教师便回复到"旧我"。从这一点上说，目前学校和学区通过骨干教师来带动课程实践的做法是非常可行的。

5. 给教师以全面的支持

教师文化固有的保守性使教师面对改革，倾向于遵循维持现状的原则。所以这样，基于以下五个因素：了解和熟悉能够提供安全；维持现状可以免除因无能和失败招致的焦虑；维持现状可以避免短期失败……避免在尝试实施新的教育策略中失败的可能性；维持现状能使一个人保持稳定的专业身份（改变一个人的专业实践会造成其专业身份的改变，因而也就失去了其现有的安全感）；维持现状很容易，因为这样工作只需要付出最少的努力和能力③。教学作为一种职业，有其固有的特点，例

---

① E. Erskine. Cullen. *School-University Partnerships as change agents: One Success Story*. School Effectiveness and School Improvement. 1995，6 (3)：192～203.

② 汤才伟，陈可儿. 推动学校改进：阻力与突破初探 [OL] http：//www. fed. cuhk. edu. hk/～qsp.

③ [美] 戴维 W. 约翰逊. 领导合作型学校. 上海：上海教育出版社，2003：60.

如"风险趋避"、注重技艺和教师孤立等，都很容易导致教师对变革的抵制[①]。更何况要让教师戴着镣铐来跳舞呢！在课程改革情境下，教师面临着新旧观念的冲突，承受着旧制度的束缚，他们的时间很少，工作很多，压力很大。更致命的是，历史上一次又一次教育改革的失败令他们不敢坚信课程改革一定就是对学生有益的，他们对新课程的理性充满了怀疑。"任何一种实验都要经过实践的检验。现在的新课程改革谁也不能说它一定好，至少要等到这一批孩子长大以后才能说。"这一切，都导致教师对课程改革表现为消极性抗拒[②]或者站在旁观者的立场上静观其变。更多的教师则站在功利化的立场上，努力地追求自己的"率"。

我们承认社会行动主体的能动性和创造性，但人首先是社会人，其行为中的理性选择既受制于文化，也受制于制度，文化与制度提供的环境—路径条件对于社会人的理性选择行为具有决定性的影响和制约作用。在某些情况下，行动者个人的能动性和创造性往往是有限的，他们往往是依据现有和现实的文化与制度环境—路径条件确立自己的行为。在 L 中学，我们看到更多的是教师受制于应试的文化观和制度规则，为了追求高"率"而努力的工作。

改革是复杂的，需要多方面的支持。当前，很多学校为教师实践新课程提供了必要的物质基础，在课程资源上满足教师的需要。对改革来讲，需要的是一个支持性的环境。这个环境的营造，不仅包括塑造环境的物质特征，给教师以必要和持续的教学指导，更重要的是能够从制度上给实验教师以保障，在精神上给教师以支持。在一个奖惩和评价都保持既定结构的框架内，教师受到旧有制度的束缚，只能是戴着镣铐跳舞。而精神上的"不在家"和"孤独"更加让教师面对改革而退缩。就教学

---

①　操太圣，卢乃桂. 抗拒与合作：课程改革情境下的教师改变. 课程·教材·教法，2003（1）：71~75.

②　詹纳斯认为，教师对变革表现出的抗拒情绪有程度的差别，一般可以分为三种类型：挑衅性抗拒、消极—挑衅性抗拒和消极性抗拒。第一类抗拒主要表现为直截了当拒绝，其不合作的态度异常鲜明；第二类表现为委婉的拒绝，以缺乏时间和精力等为由，达到不合作的目的；第三类则表现为阳奉阴违，即口头上接受变革，但并不真正落实在实践中。参见：M. Janas. *Shhhhh, the Dragon is Asleep and Its Name is Resistance.* Journal of Staff Development，1998（3）：13~15.

本身来说，它是一项充满情感色彩的事业，要求教师改变其固有的价值观念和行为习惯，势必直接影响教师的切身感受。因此，改革中不可忽视的一个因素是教师的情感因素。"即便教育改革者对教育变革的情感向度置之不理，但情绪和感情总是会从其他途径进入变革之议程。"①

① Hargreaves, A. Restructuring: *Post-modernity and the Prospects for Educational Change*, In: A. H. Halsey et al. (eds), *Education: Culture, Economy, and Society*. Oxford; New York: Oxford University Press, 1997: 108~109.

参 考 文 献

1. 基础教育课程改革纲要（试行）. 教育部文件教基［2001］17 号

2. 靳玉乐. 新课程改革的文化哲学探讨. 教育研究，2003（3）

3. 裴娣娜. 我国基础教育现代化发展的根本转化. 北京大学教育评论，2004（2）

4. 黄书光. 中国基础教育改革的文化使命. 北京：教育科学出版社，2000

5. 赵祥麟，王承绪编译. 杜威教育论著选. 北京：人民教育出版社，1981

6. 叶澜. 实现转型：新世纪初中国学校变革的走向. 教育学（人大复印报刊），2002（10）

7. 苏鸿. 基础教育课程改革与学校文化重建. 课程·教材·教法，2003（7）

8. 马延伟. 学校文化重建与课程改革. 长春：教育科学学院，2003

9. 联合国教科文组织，国际教育发展委员会编著. 学会生存. 北京：教育科学出版社，1996

10. 刘慧. 交往：师生关系的新概念：当代教育转型中师生关系的理论探讨. 山西大学师范学院学报. 2001（4）

11. 余灵灵. 哈贝马斯传. 石家庄：河北人民出版社，1998

12. 冯大鸣. 美、英、澳教育管理前沿图景. 北京：教育科学出版社，2004

13. 季萍. 学校文化自我诊断. 北京：教育科学出版社，2004

14. 马云鹏，唐丽芳. 基础教育课程实施的问题与对策. 东北师范大学学报（哲社版），2002（1）

15. 丁钢. 价值取向：课程文化的观点. 北京大学教育评论，2003（3）

16. 富兰. 变革的力量：透视教育改革. 北京：教育科学出版社，2000

17. 袁振国. 教育改革论. 南京：江苏教育出版社，1990（1）

18. 马云鹏. 课程实施探索：小学数学课程实施的个案研究. 长春：东北师范大学出版社，2002

19. 叶澜. 教育研究方法论初探. 上海：上海教育出版社，1999

20. 格尔兹. 文化的解释. 上海：上海人民出版社，1999

21. 黄瑞琴. 质的教育研究方法. 台北：心理出版社，1991

22. 陈向明. 质的研究方法与社会科学研究. 北京：教育科学出版社，2000

23. 佐藤学. 课程与教师. 钟启泉译. 北京：教育科学出版社，2003

24. 杨启亮. 走进"田野"：课程研究理论化趋向的改造. 教育学（人大复印报刊），2003（1）

25. 赵慕熹. 教育科研方法. 北京：北京教育出版社，1991

26. 佐藤学. 课程与教师. 钟启泉译. 北京：教育科学出版社，2003

27. 周宗伟. 高尚与卑贱的距离：大众社会中的学校文化研究. 南京：南京师范大学教育科学学院，2002

28. 司马云杰. 文化社会学. 济南：山东人民出版社，1987

29. 伯顿 R. 克拉克. 高等教育系统. 王承绪等译. 杭州：杭州大学出版社，1994

30. 殷海光. 中国文化的展望. 上海：上海三联书店，2002

31. 塞缪尔·亨廷顿，劳伦斯·哈里森主编. 文化的重要作用：价值观影响人类进步. 北京：新华出版社，2002

32. 庄锡昌. 多维视野中的文化理论. 杭州：浙江人民出版社，1987

33. 克拉克洪. 文化与个人. 杭州：浙江人民出版社，1986

34. 波特·马金，凯瑞·库帕，查尔斯·考克斯著. 组织和心理契约：对工作人员的管理. 王新超翻译. 北京：北京大学出版社，2000

35. 俞国良. 学校文化新论. 长沙：湖南教育出版社，1999

36. 郑金洲. 教育文化学. 北京：人民教育出版社，2000

37. 刘进田. 文化哲学导论. 北京：法律出版社，1999

38. 王邦虎主编. 校园文化论. 北京：人民教育出版社，2001

39. 黄显华，李子建. 课程：范式、取向和设计. 香港：香港中文大学出版社，1994

40. R. 帕. A. 阿索斯著. 日本企业管理艺术. 北京：中国科学技术翻译出版社，1984

41. B. 马林诺夫斯基. 科学的文化理论. 北京：中央民族大学出版社，1999

42. 新课程实施过程中培训课题研究课题组编写. 新课程与教师角色转变. 北京：教育科学出版社，2001

43. 颜明仁. 教师改革认同感与学校文化研究. 香港：香港中文大学，2003

44. 罗耀珍. 校本课程的发展：香港三个个案的研究. 教育发展研究，2001

(4)

45. 庄明贞主编. 课程改革：反省与前瞻. 北京：高等教育出版社，2003

46. 冯大鸣. 美、英、澳教育管理前沿图景. 北京：教育科学出版社，2004

47. Allan A. Glatthorn. 校长的课程领导. 单文经译. 上海：华东师范大学出版社，2003

48. 吴刚平. 课程资源的理论构想. 教育研究. 2001（9）

49. 刘大星. 共同愿景：创建学习型组织培训教程. 北京：北京大学出版社，2004

50. 黄政杰. 课程改革. 台北：汉文书店，1988

51. 郭亮. 学校评价的社会标准与教育市场化出路. 教育发展研究，2002（11）

52. 季萍. 学校文化自我诊断. 北京：教育科学出版社，2004

53. 戴维 W. 约翰逊，［美］罗杰 T. 约翰逊. 领导合作型学校. 唐宗清等译. 上海：上海教育出版社，2003

54. 迈克·富兰. 变革的力量. 中央教育科学研究所，加拿大多伦多国际学院译. 北京：教育科学出版社，2000

55. 艾伦 C. 奥恩斯坦，弗朗西斯 P. 汉金斯. 课程：基础、原理和问题. 柯森主译. 南京：江苏教育出版社，2002

56. 丁钢主编. 历史与现实之间：中国教育传统的理论探索. 北京：教育科学出版社，2002

57. 重庆两百初中生集体聚会抗议学校周末补课. 重庆晨报. 2004-10-31（6）

58. 教育观察：为何众多家长追捧"县一中模式". http://www.sina.com.cn/2005/02/18

59. 钟启泉：课程改革纲要与"学校文化". 海峡两岸新世纪小学课程与教材改革学术研讨会论文集，2002

60. 鲁洁. 教育社会学. 北京：人民教育出版社，1994

61. 全国课程专业委员会秘书处编. 21 世纪中国课程研究与改革. 北京：人民教育出版社，1999

62. C. 恩伯和 M. 恩伯. 文化的变异. 沈阳：辽宁人民出版社，1988

63. 波尔·达林. 教育改革的限度. 刘承辉译. 重庆：重庆出版社，1991

64. 罗伯特 G. 欧文斯. 教育组织行为学. 窦卫霖，温建平，王越译. 上海：华东师范大学出版社，2001

65. 汤才伟，陈可儿. 推动学校改进：阻力与突破初探. http://www.fed.

cuhk. edu. hk/～qsp

66. [美] 戴维 W. 约翰逊. 领导合作型学校. 上海：上海教育出版社，2003

67. 操太圣，卢乃桂. 抗拒与合作：课程改革情境下的教师改变. 课程·教材·教法，2003（1）

68. A. R. Cohen and others, *Effective Behavior in Organizations*. （3rd ed）. Homewood，IL.：Richard D. Irwin，1984

69. Brian Dumaine. *Creating a New Culture*. Fortune，1990

70. D. Tyack&W. Tobin. *The grammar of schooling：Why has it been so hard to change?* American Educational Research Journal，1994，31（3）

71. D. Fink. *Good schools/real schools：Why school reform doesn't last*. New York：Teachers College Press，2000

72. Erskine. E. Cullen, *School-University Partnerships as change agents：One Success Story*. School Effectiveness and School Improvement，1995

73. Finnan, C. & Levin, H. M. *Changing the School Culture*. In：H. Altrichter&J. Elliott（ed）. *Images of Educational Change*. Buckingham：Open University Press，2000

74. Fullan，M. G. *The New Meaning of educational Change*. （2rd ed）. New York：Teachers College Press，1991.

75. Gene E. Hall，Shirley M. Hord. *Implementing Change：Patterns，Principles，and Pltholes*. America：Allyn and Bacon，2001

76. Graham，G. *The public school in the new society：The social foundations of education*. NY：Harper and Row. Cited in Miller，Jeffrey L. *A cultural perspective of and elementary school and mainstreaming：An ethnography*，Ph. D. Dissertation，Michigan State Yniversity. 1986

77. Hargreaves，A. *Restructuring：Post-modernity and the Prospects for Educational Change*。In：A. H. Halsey et al（ed），*Education：Culture，Economy，and Society*. Oxford；New York：Oxford University Press，1997

78. Hopkins，D.，Ainscow，M. and West，M. *School Improvement in an era of change*. London：Cassell. 1994

79. http：//www. sedl. org/change/school/culture. html

80. Jon Prosser. *School Culture*. London：Paul Chapman Publishing Ltd.，1999

81.　Laurie Brady, *Curriculum Development* (3rd ed). Australia: Prentice Hall of Australia Pty Ltd. , 1990

82.　Louise Stoll, Dean Fink. *Changing our Schools: Linking school effectiveness and school improvement.* Buckingham Philadelphia: Open University Press. 1996

83.　Lunenburg, F. C. and Ornstein, A. C. *Educational Administration: Concepts and Practices.* 1991

84.　Maehr, M. L, & Parker, A. *A tale of two schools: The Primary task of leadership.* Phi Delta 73 (3)

85.　M. Ainscow, D. Hopkins, G. Southworth&M. West. *Creating Conditions for School Improvement.* London: David Fulton Publishers, 1994

86.　Michael Fullan: *The New Meaning of Educational Change .* (third edition). New York and London: Teachers CollegePress, 2001

87.　Nias, J. , Southworth, G. & Yeonmans, R. *Staff Relationship in the Primary School.* London: Cassell. 1989

88.　Patton, M. Q. *Qualitative Evaluation and Research Methods.* London: Sage, 1990

89.　Per Dalin. *Changing the School Culture.* the imtec foundation, 1993

90.　Petereson, K. D. *Positive or Negative.* Journl of Staff Development. 2002, 23 (3)

91.　P. Sammons. , S. Thomas and P. Mortimore. *Accounting for variations in academic effectiveness between schools and departments.* Presented paper 1995, European Conference on Educational Research, Bath, 1995

92.　R. E. Stake. *The Art of Case Study Research.* Thousand Oads: Sage Publications, 1995

93.　Schein, E. H. *Organizational Culture and Leadership.* San Francisco: Jossy-Bass Inc. , 1992

94.　Spindler, G. D. (ed). *Education and Cultural Process*, 1974

95.　Stacey, R. *Complexity and Creativity in Organizations.* San Francisco: Berrett-Koehler, 1996

96.　Stoll, L. *School Culture: Black hole or fertile garden for school improvement?* In J. Prosser (ed). *School Culture.* London: Paul Chapman Publishing Ltd. 1999

97. Stolp，Stephen and Stuart C. Smith. *School Culture and Climate*：*The Role of the Leader*. OSSC Bulletin. Eugene：Oregon School Study Council，1994

98. Terrence E. Deal，Kent D. Peterson. *Shaping School Culture*：*the Heart of Leadership*. San Francisco：Jossey-Bass Publishers. 1999

99. Waller，W. *The Sociology of Teaching*，New York：John Wileg，1932

后　记

　　这本书是在我的博士论文基础上完成的。经过三年的博士生活，终于完成了这本拙著。这是一个刚刚领悟到学术研究真谛的人的第一部作品，其中的很多观点还显得那么稚嫩和不成熟。因此，虽然有幸能够和更多的人来分享自己的研究成果，但心中仍然不免有些忐忑。

　　我的研究对象是学校，更确切地说是学校文化。对于文化，很多知识分子都感到很茫然。罗威勒（A. Lawrence Lowell）说得很妙："……我被托付一项困难的工作，就是谈文化。但是，在这个世界上，没有别的东西比文化更难捉摸。我们不能分析它，因为它的成分无穷无尽；我们不能叙述它，因为它没有形状。我们想用文字来表达它的意义，这正像要把空气抓在手里似的：当我们去寻找文化时，它除了不在我们手里以外，它无所不在。"尽管文化并非像罗威勒所说的不能分析、不能叙述，但是，这句话真正道出了文化研究的困难。在我从选题到整个论文结束的三年时间里，我无时无刻不感觉到我的研究对象的难以把握，它活生生地存在着，我真实地感受、体验着它，但无法把握它，有时感觉无所适从，没有一个最恰当的方式将其表现出来。所以，在论文里我所呈现的这个个案学校的文化描述，永远只是真实文化的一个部分，一个我能够用语言文字描述的部分。这也是我深感遗憾的地方。

　　本研究的研究方法是"质化研究"，这意味着我要放弃坐在书斋里读书的生活，要走进学校，走进教师和学生的生活实践。但我坚定地选择了它，不仅仅因为这种方法更加契合我的研究对象的特点，更重要的是我深信"课程是实践"，从事课程研究的人无法远离教育实践。实地调研是辛苦的，又是快乐的。我学到了书本上没有的东西，感受了课堂之外的生活，体验了实践中学习的乐趣。做研究的过程是成长的过程，学术上的成长，生活上的成长。在学校的一年多时间里，我学会了如何与陌生人打交道，如何与不同性格的人相处，如何更快地适应陌生的环境，如何做贴近教师的科研，如何从现实的角度理解中国的教育⋯⋯

在这里最想说的是无尽的感激之情。可以说，这本书能够有机会和更多的人交流与分享，要感谢无数人的关心和帮助。

感谢东北师范大学教育科学学院为中青年教师成长创造的优越的条件。

感谢我的导师马云鹏教授，三年来，给了我父亲般的关怀。对我的研究，从选题、开题、田野研究的过程直到最后的报告，导师都给了我详细的指导和莫大的支持。在我最没有信心的时候，导师一直鼓励我，给我树立我能做好的信心。导师带给我的一切，是无法用"谢"字来回报的。

感谢东北师大王逢贤教授、柳海民教授、袁桂林教授、于伟教授、邬志辉教授、陈旭远教授、曲铁华教授，为我的研究提出了很好的意见与建议。

感谢香港中文大学林智中教授、卢乃桂教授、北京师范大学裴娣娜教授，利用来东北师范大学讲学的短暂时间，对我的研究进行了悉心的指导，并提出了非常宝贵的修改建议。

感谢兄弟姐妹一样的师兄、师姐、师弟、师妹。在"师门"这个大家庭里，我不仅感受了家庭一样的温暖，并且我的研究在大家的讨论中不断得以修改和完善。

感谢个案学校的校长、教师和学生们。在短暂的一年时间里，我和他们结下了深厚的友谊。他们的肺腑之言，曾经给了我深深的震撼，也为我"看"教育世界提供了一个崭新的视角。出于研究的伦理考虑，我无法提到他们的姓名。但是我从心底里深深地感谢他们。正是他们的真诚和信任，我才能够获得这些宝贵的资料，才得以形成我的研究。可以说，没有他们的支持和配合，我将无法完成我的研究。

感谢我的爸爸、妈妈，二十多年来，他们对女儿的成长倾注了无数的心血，他们以最无私的爱、最宽广的胸怀谅解女儿没有时间和能力孝顺他们，默默地从精神上支持我，鼓励我。

感谢我的爱人，常常与我讨论论文的观点，为我整理资料、校对稿子。在我最无助、最烦恼的时候，一直陪伴在我身边。爱人深沉的宽容与理解，给了我莫大的支持和前进的动力。

……　……

真诚地感谢每一位曾经给予我帮助的人！

唐丽芳